빈손

빈손

조숙제 산문집

詩와에세이

작가의 말

나는 글이 무엇인지 모르고 쓰는 사람의 한 축이다. 그러나 글도 일종의 마음으로 일구는 농사다. 좋은 씨앗을 얻기 위해서는 책을 많이 읽는 방법 외는 없다. 많이 읽다 보면 생각이 명료하게 이미지가 그려진다.

나의 글은 내 글이 아니다. 불교 이야기는 무비 대종사님과 혜거 큰스님의 글을, 그리고 노자와 장자는 이현주 목사님과 윤재근 선생님의 글을 수시로 읽으면서 그때그때 나의 감회를 기록했다가, 다시 나의 화법으로 옮겨 적은 것이다.

모두가 무량하신 부처님의 가피력 덕분일 것이다. 목숨이 남아 있는 한, 보답하는 길을 걷겠다.

이 산문집이 나오기까지 '충북문화재단'과 '옥천신문사'에 진심 어린 감사의 말씀을 드린다.

2025년 꽃 피는 봄날
땡초법우 조숙제 배상

차례

작가의 말 · 05

제1부 영원한 오늘

여산(廬山)을 그리며 · 13
빈손 · 18
무상을 넘어 영원으로 · 23
적연자득(適然自得) · 28
영원한 오늘 · 33
무상(無常)의 노래 · 38
하늘의 그물 · 43
몽상 속의 새벽 산책길 · 48
도법자연(道法自然) · 53

날마다 새롭게 · 59
분별심(分別心) · 64
종교와 권력 · 70
내 안의 보물들 · 75
세상은 온통, 나의 스승 · 80
『금강경(金剛經)』이야기 · 85
1시간 20분 · 91
땡초의 취미삼락(趣味三樂) · 95

제2부 거꾸로 가는 세상

독립 선열들 앞에서 · 103

국민은 안중(眼中)에도 없는가 · 108

공정과 상식 · 113

국민의 뜻 · 117

당랑거철(螳螂拒轍) · 122

어찌할 것인가 · 127

어지러운 세상 · 133

실종된 상생의 정치 · 138

거꾸로 가는 세상 · 143

우리는 하나다 · 148

한국 언론의 표상, 송건호 정신 · 152

증오를 꽃다발로 · 158

비교하지 말자 · 163

나는 개새끼로소이다 · 168

제3부 소소한 행복

나부터 바꾸자 · 175
험악한 세상 · 180
농촌이 미래의 젖줄이다 · 184
바람으로 빚은 가락 · 188
소소한 행복 · 193
문질빈빈(文質彬彬) · 197
양파를 까면서 · 201
검정 고무신 · 206
고향에서 즐기는 여름휴가 · 211
가난한 사랑 노래 · 214

묘한 것이 사람이다 · 218
선시(禪詩)로 배우는 세상사 · 222
이팔청춘의 회색빛 필름들 · 227
겨울 만다라(曼陀羅) · 232
봄날은 간다 · 238
마음의 창(窓) · 243
빈 배처럼 · 248
안분지족(安分知足) · 253
병상일기 · 258

제4부 옥천의 숨결과 문학기행록

천년고찰, 용암사(龍巖寺)에서 · 263

옥천 FM공동체 라디오 방송국에 거는 기대 · 273

청소년 문학기행을 다녀오면서 · 278

황순원 문학관을 다녀오면서 · 283

옥천 청산 한곡리, 동학 유적지에서 · 288

가산사에 깃든 호국 정신 · 296

24년도 지용제 워크숍 동행기 · 304

24년 청소년 문학 기행록 · 309

36회 정지용문학상 시상식 · 315

제1부

영원한 오늘

여산(廬山)을 그리며

 봄비가 잦더니 대지가 초록 감옥을 이룬다. 작열하는 태양 아래 만물이 저마다 생장점을 끌어올리고 있다. 꽃이 꽃잎을 묵언이라는 몸짓으로 여는 여명이다.

 새벽 5시, 운동을 나간다. 아침 운동은 희유(稀有)한 일들이 많다. 특히 상쾌한 공기가 일품이다. 말끔하게 단장된 공설운동장이 산뜻한 미모로 반긴다. 멀리 삼성산의 자태도 일품이다. 구름이 자욱하게 드리운 산세는 가히 한 폭의 산수화 같은 자태로 안긴다. 걷는다는 것은 자신과의 내밀한 통로다. 걸으면서 사색을 즐기는 맛의 묘미는, 씹을수록 맛을 내는 질긴 오징어 맛이랄까. 일상에서 미처 발견하지 못했던 단어들이 밀려온다. 이 맛이 작지 않은 소득이다. 책상머리에서 비틀어서 얻는 생각과는 전혀 다른 맛이 있다. 시골길을 중얼중얼 걷는 묘미도 있지만, 여름철엔 지독한 농약 냄새가 복병처럼 깔려 있다.

 돌아와서 샤워를 한다. 샤워는 묵은 때를 벗기고 새 옷으로 갈아입는, 자신을 향한 정결한 제의(祭衣)다. 아니 즐거울 수 있으랴. 아침 밥상은 그대로가 꿀맛이다. 이것이 작지 않은 소소한 나의 일상의 낙이다.

여산(廬山)은 중국 강서성(江西省)에 있는 불교와 도교의 성지다. 보는 사람의 뜻과 방향에 따라서 다르게 보인단다. 부처의 눈으로 보면 삼라만상(森羅萬象)이 모두가 불성을 지닌 소중한 우주법계(宇宙 法界)다. 돼지의 눈으로 보면 모두가 식욕을 채우는 밥 덩어리로 보이듯이 말이다. 늘 구름과 안개가 자욱해서 선뜻, 산세의 본래면목을 드러내지 않는단다. 묘한 사람의 마음자리와 같단다.

설화 같은 재미난 이야기가 있다. 중국 주(周)나라 무왕(武王) 때 광속(匡俗)이라는 도사가 이 산속에서 도를 닦고 있었다. 유명세가 자자해지자 무왕이 그를 불러 벼슬을 주려 하자, 그는 도망을 쳤단다. 후세 사람들이 도인의 인품을 고려해서, 그가 살던 초막의 이름을 빌려 여산(廬山)이라고 산의 이름을 개칭했단다.

소동파(蘇東坡)는 "여산의 진면목을 볼 줄 모르고 몸은 아직도 산을 헤매고 있네."라고 노래했고, 백거이(白居易)는 "한 번 가버린 봄 찾지 못해 애태웠는데, 어느새 이곳에 와 있는 줄은 몰랐네."라고 노래했단다.

그렇다. 여산에서 여산을 보았으나 여산의 '진면목'은 만나지 못했다. 진면목을 외관에서 구하려면 헛된 허상에 집착하기 마련이다. 소동파는 진면목 대신, 산봉우리에 매여 있었고, 백거이는 철지난 꽃만 붙들고 헛다리를 짚었다. 진정한 여산의 매력은 도인의 자세가 말하듯, 꿈꾸는 자의 무하유(無何有)요, 마음이 짓는 무릉도원의 경지였다. 이상이 꿈꾸는 '진리의 바다'에 천착할 줄 아는 함의(含意)가 내포되어 있었던 것이란다. 집착이 시야를 가리면 진실은 허상에 가려져 겉돌기 마련.

부처님은 고구정녕히 말씀하신다. 집착은 병을 유발하는 일등 공신이라고.

집착은 대상에 존재하는 것이 아니라, 자신의 마음에 있다고. 대상이라는 그 자체는 본래 집착과 분별을 떠나, 본래가 청정하게 존재하는 것이라고.

　유마거사(維摩居士)가 병이 났다. 부처님은 십대 제자들을 보내서 병문안을 하게 했다. 이때 문수보살과 십대 제자들의 설법에 감화한 천녀가 갑자기 유마거사의 방에 화신으로 나타났다. 대보살들과 십대 제자들의 머리 위로 꽃비를 뿌렸다. 그러자 묘한 일이 벌어졌다. 대보살들의 몸에 뿌린 꽃들은 바로 방바닥으로 떨어졌지만, 제자들의 몸에 내린 꽃비는 떨어질 줄 몰랐다. 그러자 사리불(舍利佛) 존자가 꽃잎을 떨어트리려고 애를 썼다. "수행자의 몸으로 꽃을 가까이 하는 것은 법도에 어긋나는 행동이다." 천녀는 사리불에게 사자후(獅子吼)를 설한다.

　성과 속을 분별하고 법과 비법을 차별하는 것이, 바로 중생이 경계해야 할 무서운 집착의 병이다. 대보살들의 몸에 꽃이 붙지 않고 그냥 떨어진 것은, 분별이라는 경계를 벗어나 있기 때문이라고. 분별과 상에 집착하는 아상(我相)으로 살아가는 것이 중생들의 모습이라고. 아무리 훌륭한 부처님의 설법일지언정, 그것은 도를 터득하기 위한 수단에 불과할 뿐이다. 뗏목은 강을 건널 때만이 필요한 물건이다. 강을 건넜으면 버려야 된다. 강을 건널 때 요긴하게 쓰였다고, 평생을 짊어지고 다니는 우(愚)를 벗어나라고 연민 어린 정으로 오늘도 설법을 하고 계신다. 이처럼 여산(廬山)의 진면목은 무산(無山)이란다. 육신으로 보려고 하지 말고 '마음의 눈'으로 보려고 하면, 눈을 뜬 자만이 볼 수 있는 경계가 여산의 진면목이라고.

　인류 문화 자산의 영원한 보고인 『도덕경』에서 노자는 말한다.

　"가진 바를 자랑하는 일은 그만두는 게 옳다. 날카로움을 주장하는 것도 오래 못 간다. 집안에 가득한 보물은 주인을 '보물의 노예'로 전락시킨다. 벼슬이 높다고 교만하지 말라. 스스로 무덤을 자초하는 꼴을 만든다. 공을 이루고 이름을 얻었거든, 얼른 푸른 숲으로 몸을 빼는 것이 하늘의 도리다."라고.

그렇다. 어찌 그리도 먼 옛날에 구구절절 사람의 심리를 간파하셨는지, 간담이 서늘해진다. 예수님과 부처님이 만대에 걸쳐서 존경의 대상이 되는 이유는 간단하다. 그분들은 적수공권(赤手空拳), 아니 빈손으로 우주를 수렴(收斂)하셨기 때문일 것이다. 우리는 지금 한탕주의에 너도나도 몰두한 나머지, 채워도 만족할 줄 모르는 '묘한 병'을 앓고 있다. 이 병은 가벼운 병이 아니다. 크게 길하고 형통한 일은 미친 듯이 추구하는 높은 곳에 있는 듯하지만, 그것은 대단한 착각이다.

『주역』은 성인들의 우주관과 인생관을 담고 있다. 공자님도 마지막 경계에서 가죽끈으로 멘 책이, 세 번이나 떨어져 나갈 정도로 매진했던 경서(經書)다. "성실함이 있으면 범의 꼬리를 밟아도 물지 않는다. 숫양의 뿔이 휘어지는 것은 자기 힘만을 믿고서 울타리를 들이받음이라고." 경책하신다.

그렇다. 마음이 스스로 성벽을 헐면 처처가 여산(廬山)이요, 경계마다 화엄 세계(華嚴 世界)를 장식한다고. 마음이 즉, 도이며 부처요, 하늘길이라고. 이렇게 고구정녕히 설하시는 부처님의 화엄 세계는 인류 불멸의 금자탑이다. 화엄 세계는 분별을 떠나 너와 내가 하나를 이루는 '마음의 눈'이 가꾸는 세상이다. 그곳에선 돼지도 도를 얻을 수 있고, 나무와 새와 동물들도 사람과 똑같은 목숨으로 인정받는 세상이다. 모든 존재가 서로서로 존중하기에, 모두가 화려하고 엄숙한 존재이다.

화엄의 이치는 '개망초'는 개망초꽃을 피우면 되고, 장미는 붉은 입술을 밀어 올리는 작업이다. 개망초는 절대로 장미를 시기의 눈으로도, 선망의 대상으로 삼지 않는다. 우리네 살림살이만이 '에쿠스' 타는 양반이, '티코' 타는 사람을 뱁새의 눈으로 째려볼 뿐이다.

　내 이상과 향기와 빛깔을 마음껏 남과 공유함으로써, 서로를 인정할 수 있기에 내가 존재할 수 있다고 생각하는 세상이 바로 부처님의 화엄 세계다. 모든 존재가 우주법계의 주인공임을 '마음의 눈'으로 서로 인정해 주는 세상이다. 인간이 꿈꾸고자 하는 여산(廬山), 그곳이 바로 화엄 세계요, 내 마음이 짓는 세상이라니, 오늘은 묘한 이치에 이끌려 살맛 나는 하루다.

빈손

 어느 날 한 바라문이 부처님을 찾아왔다. 평소 악행을 자행하면서 위급하면 하늘을 찾고 부처님을 찾으면서, 기도를 하면 천당을 갈 수 있냐고 묻는다. 부처님은 그 바라문을 데리고 절 뒤 연못으로 가서 돌을 던지셨다. 그리고 말씀하셨다.
 "돌아 떠라, 돌아 떠라!" 하면 돌이 뜨겠냐고. 그러자 바라문 대답이 "무거운 속성 때문에 가라앉습니다." 했다. 그러자 부처님께서는 말씀하시길,
 "우리는 '빈손'으로 왔지만, 몸과 마음이 저지른 업이 두텁다. 중생의 업은 말과 행위로 스스로 굴레를 만들어 자신의 윤회를 자초한다. 그 윤회가 어찌 돌덩이보다 가볍다 할 수 있으랴." 하시면서 다음과 같이 말씀하시었다.
 "어떤 사상과 종교를 믿느냐가 중요한 것이 아니라, 어떻게 올바르게 살아가느냐 하는 것이 중요하다."고 말씀하셨다.
 그렇다. 이 과제가 인간 존재의 대명제가 아닐까. 사람 사는 이치는 자연의 섭리와 비슷하다. 봄볕이 대지를 감싸면 만물은 그것에 순응해 잎을 내고 꽃을 피우며 열매를 맺듯이, 우리네 살림살이도 아등바등할 필요가 없다. 이 가

녑지 않은 삶의 이치만 가슴으로 확인이 되면, 아니 우리의 존재 가치가 어쩌면 집착이라는 존재 인식을 바탕으로 태동된 것을 자각한다면, 우리가 추구해야 할 실존적 이상은 그 허상을 타파하면서 밀려 나오는 나 자신만의 내면의 소리다. 고로 삶으로부터 자유를 터득할 수 있는 자만이 진정한 '행복의 문'을 두드릴 수 있다. 하늘의 이치는 세상 사람들의 멸시와 천대, 우롱 속에서 시작되기 때문에.

본래 우리는 빈손으로 왔다가 빈손으로 간다. 이 소소한 진리가 얼마나 단순하면서도 공평한가. 세상사의 이치는 이렇듯 공평무사하거늘, 우리는 이 순리 앞에서 서로를 불신하면서 시기와 질투와 가식으로 난장판을 만든다. 본래는 무일물(本來無一物)이요, 빈손인데.

이 간단 명료한 사실만 제대로 터득한다면, 전도된 시야가 제대로 보일 테지만 우리는 본질은 외면하고 왜곡된 시선으로 세상을 접하기에 세상이 조용할 날이 없다. 오늘을 사는 현대인들이 길을 잃고서 방황하지 않을 수 없는 연유다. 이 한 소식만 늘 가슴에 간직하고 살아간다면, 세상의 근심과 걱정이 오히려 힘으로 발산되련만, 아니 모든 사람이 주어진 환경에 진력하면서 감사하고 감사할 시간도 부족하건만, 남을 시기하고 질투하면서 미워할 시간이 있을까.

우리는 '유일한 생명'을 가진 존재다. 그러하기에 오늘이라는 시간은 소중하다. 길지 않게 주어진 오늘이라는 시간이 무슨 날인지 자각할 줄 모르기에, 감사를 모르고 생명의 소중함과 남의 가치와 공존의 의미를 실종하는 것이다. 오늘의 가치를 제대로 인식하면 모든 것은 다르게 보인다. 이것은 작지 않은 진리다. 이 진리를 여과 없이 표현하는 것이 '자연'이다. 자연의 가락은 '빈손'[虛]으로부터 싹을 틔운다. 하늘로부터 내려와 사람 품에서 깃들다 자연에서 완성되는 것이다. 자연의 품인 공기와 물과 빛이 없다면 인간의 존재는 상상할 수 없는 법. 우리 곁에 있는 무심한 풀과 나무와 구름이 전하는 노랫가락의 의미는 하나다. 무상하다는 사실이다. 이처럼 무상 앞에서 애걸하는 우리네 살림살이이기에 오늘 우리에게 주어진 하루가, 더욱 값지고 소중하다는 이야기다. 이렇게 세상의 이치는 가까이에 있다. 이것을 터득하는 것이 삶의 존재적 가치다. 이것을 발견하는 이가 주인공이요, 무시하고 헐떡거리는 이는 영원한 방랑객이다.

중국 선맥(禪脈)의 원조는 달마(達磨)다. 그도 인도 왕의 아들이었다. 부처님의 정법을 전하기 위하여 동쪽으로 온 것이다. 그가 동쪽으로 와서 중국의 선맥은 찬란한 동양 문화의 금자탑을 형성한다. 그 달마의 선맥을 이은 마조(馬祖)가 전한 등불 가운데 재미난 이야기가 있다. 마조가 한참 선풍을 일으키고 있을 당시의 이야기다. 마조의 선풍은 간단명료했다. '마음이 곧 부처다'(心卽佛). 이것 더 이상도 더 이하도 아니란다.

"얻으려고 하지도 말고, 생각지도 말고, 닦으려고 하지도 말란다. 부처님이 형상을 나투신 이유는 이 사실을 알지 못하는 사람들을, 깨우치기 위해서 방편신을 빌려서 나투신 것이란다. 죽도록 경전을 읽고 전할지라도 이 심인법을 증득하려는 것이 어려운 일이다."고 설파하셨다.

쉽게 직설하면 미혹하면 중생이고 깨치고 나면 바로 부처란다. 이것은 마치 '손을 쥐면 주먹이요, 펴면 도로 손바닥'이 되는 이치와 같단다. 이름만 다를 뿐, 실상은 하나라는 촌철살인의 선법이다. 이렇게 선법을 펼치는 마조선사를 질투하는 홍주성(洪州城)의 대안사(大安寺)에서 강론하는 좌주(座主)라는 주지가 있었다.

어느 날 밤 지옥에서 온 저승사자가 좌주의 문을 두드렸다.

"좌주야, 나는 지옥에서 온 저승사자다. 법을 모르면서 입으로 좌지우지하는 너를 잡으러 왔다."

주지는 사색이 되어 간청했다.

"제발 제 죄는 제가 잘 아니, 하룻낮 하룻밤만 허락해 주십시오."

저승사자가 말했다.

"염라대왕께서도 네 죄를 잘 알고 계시거늘, 하루만 수행을 허락한다 해도 괜찮을 것 같다."

이렇게 해서 하루의 목숨을 연명 받았다. 급한 마음에 주지는 마조스님에게 달려가 애원했다 마조선사는 사연을 아는 듯, 내 옆에 가만히 붙어있으라 했다. 이윽고 날이 밝자 저승사자가 다시 찾아왔다. 그러나 저승사자의 눈에 주지는 보이질 않았다. 마조선사의 신통력이 저승사자의 눈을 압도한 것이다. 마조스님과 주지의 눈에는 저승사자가 보이는데 말이다. 이것이 도를 깨친 자와 깨치지 못한 자의 차이란다.

이렇듯 한세상의 본래 이치인 빈손, 무일물(無一物)의 이치를 깨치면 모두를 하나로 품을 수 있단다. 나를 향해 온갖 시기와 질투를 자행했던 벗이며 산천초목도, 벗이 아닐 수 없으며 짐승들도 도반이라는 말씀이다. 이 맛이 참 진리의 맛이 아닐까. 우리가 본래 빈손으로 와서 빈손으로 간다는 사실만 가슴속에 간직하고 매사에 감사할 줄 알고 살아간다면, 이 세상이 온갖 섭리가 내재해 있는 화엄 세계가 아니고 무엇일까.

화엄 세계는 높고 낮음이 하나요, 부귀와 명예가 순간의 뜬구름 같음을 알고, 너와 내가 함께 공존의 틀 속에서 손잡고 노래 부르며 삶의 생생지락(生生至樂)을 즐기는 세상이 아닐까. 그런 세상엔 사람과 사람의 불신과 시기와 질투는 부질없는 법.

하나가 만법으로 통하듯, 우리네 삶의 본래면목은 '빈손'. 공수래공수거임을 자각할 때, 세상은 날마다 좋은 날, 꿈결같이 달콤한 세상살이가 펼쳐질 것이건만…….

무상을 넘어 영원으로

묵묵히 혹한을 감내한 수목들이 저마다 푸른 눈망울로 기도문을 읽고 있다. 아파트 창가에서 바라보이는 삼성산과 식장산 신록의 경계가 가위 장관을 연출한다. 시성 동파(東坡) 소식(蘇軾) 선생의 만고의 절창이 밀려온다.

"냇물 소리가 바로 부처의 설법이요, 산의 청결한 정경이 어찌 청정 법신이 아니랴. 밤새 그들이 무언으로 전하는 팔만 사천 게송 들었건만, 나는 남들에게 어떻게 이 소식을 전한단 말인가."

마음의 눈과 귀가 열리면 어이 물소리, 새소리만 법음으로 들리랴. 저잣거리의 모든 소음이 인간 삶의 진실을 노래하는 부처님의 노랫가락이 아니고 무엇이랴.

오월은 계절의 왕이다. 꽃은 꽃대로, 수목은 수목대로 대지의 기운을 받아 후회 없는 오늘을 불태우는 모습이다. 부처님 오신 날을 맞아 거리마다 오색 연등이 자태를 뽐낸다. 나도 사람답게 사는 길을 자문하기 위해, 초라한 암자를 찾아서 가는 길이다. 숲속을 걷고 있느니 자연의 순결한 숨결이 온 피부로 밀려든다. 연등이 불을 밝히고 새소리 물소리 벗을 하니 홀연히 찾아오는 이 감회 앞에, 망연히 젖어 드는 행복감이 충만한 시간이다. 초라한 산사를 찾는 인적은 없다. 나지막한 산세와 아담하고 소박한 정취가 마음의 풍요와 안락을 선물하는 것 같다. 법당에 향을 사르고 혼신의 힘을 다해서 오체투지로 삼배를 드린다. 잠시 합장하고 마음의 명상길에 잠긴다. 깊은 산중은 아니지만, 흙과 나무, 꽃과 바람이 빚어내는 풍미에 잠시 나를 잊는다. 스스로가 설정한 삶의 감옥에서 벗어날 때, 사물의 참모습을 접할 기회가 찾아온다.

세상사 모든 살림살이는 인연에 연기한 것이란다. 연기란, 시절 인연이 성숙했기에 발생할 수밖에 없는 것이며, 그 조건이 지속되는 한 존재한다는 의미이다. 우리는 사랑하는 가족과 언젠가는 이별해야 하는 것이 세상사 순리다. 오늘은 이팔청춘의 혈기로 왕성한 꽃망울을 터트리지만, 우리의 건강과 부와 명예도 시절 인연이 다하면, 뜬구름처럼 흩어지는 것이 만고의 진리다. 이처럼 삶의 무상(無常)함을 늘 가슴에 품고서 살란다. 맡은 바 자리에서 최선을 다하고 하늘의 섭리대로 순응하는 것이 지론이라고, 바람이 풍경을 흔들어 은은하게 가슴속으로 밀물처럼 밀려온다.

『금강경』의 제5장, 「여리실견분(如理實見分)」이 주마등처럼 스쳐 간다. 부처님은 해공 제일의 제자 수보리에게 말씀하신다.

"수보리야, 너는 어떻게 생각하느냐? 신상으로 여래를 볼 수 있다고 생각하느냐?"

수보리가 신상으로 여래를 볼 수 없다고 말씀드리자, "모든 현상이 무상하고 허망함을 터득한다면, 상대 유한 세계에서 벗어날 것이다. 상(相)이 상이 아님을 볼 줄 안다면, 이것이 일상에서 여래(참 진리)를 접견할 수 있는 첩경이라고 말씀하신다.

그렇다. 우리는 살아 있으면서도 제대로 산 날이 몇 날이던가. 눈으로 보이는 현상 세계를 넘어서, 보이지 않는 절대 진리의 세계에 접하는 순간, 죽었어도 결코 잊을 수 없는, 영생으로 빛날 수 있는 '무상을 넘어 영원으로' 가는 길목이란다. 갑자기 무중력 상태인 듯 감당하기 벅찬 희열감에 젖어든다. 청렬한 사유가 분만한 옥동자다. 이 맛이 세상을 '빈손'으로 주유하면서도 의연했던, 사람들의 심원의 물결이리라. 무릇 세상의 모든 만물은 허망의 그림자란다. 만약에 이처럼 현상을 넘어 실상을 볼 줄 안다면, 그것이 바로 불심의 경계란다. 우리는 이 청천벽력 같은 뇌성의 언어를 이해할 수 없다. 그러나 우리의 눈은 사물을 있는 그대로 여여하게 비추지 못한다.

　다음은 『삼국유사』의 내용이다.

　의상대사가 동해의 동굴에서 수도하다가, 일주일 만에 관세음보살을 친견하고 받은 염주와 보석을 낙산사에 안치했다. 나중에 원효대사가 관세음보살을 친견하고 싶어 했다. 원효가 다리 밑을 지나가는데, 생리대를 빨고 있는 여인을 만났다. 원효는 그 여인에게 물 한 잔을 달라고 부탁했다. 여인은 생리대를 빨래하던 물을 그대로 떠다가 스님에게 먹으라고 건네주었다. 원효스님은 화를 내면서 그 물을 휙 내버리고, 상류의 깨끗한 물을 떠다 마셨다. 이때 소나무 위에서 푸른 새 한 마리가 말했다. "제호(醍醐, 열반, 불성)를 마다한 이놈의 화상아!" 놀라서 주변을 돌아보니 아무도 없었다. 다만, 신발 한 짝만이 소나무 아래 덩그러니 남아 있었다. 그제야 원효스님은 자신이 만났던 여인이 관세음보살의 진신(眞身)임을 알았다. 사람들은 그 소나무를 관음송(觀音松)이라 부르게 되었다. 스님은 동굴에 들어가 관세음보살을 친견하고자 했으나, 풍랑이 크게 일어 들어가지 못하고 떠날 수밖에 없었단다. 원효 같은 대선지식의 시야가 잠시 이러하였거늘 범부의 안목을 논할 필요가 있을까. 원효도 현상에 집착한 나머지 실상에서 벗어났거늘, 아니 관세음보살이 거룩한 몸으로 금빛 광명을 발하는 얼굴로 오실 줄 알았거늘, 냇가에서 멘스로 더러워진 빨래를 하는 누추한 여인의 모습으로 올 줄이야 상상이나 했겠는가.

이렇듯 법신의 모습은 허공과 같단다. 허공에 대고서 너는 동쪽이 되어야만 한다. 너는 상이요, 하이며, 남이요, 북이다. 아니 너는 하인이요, 나는 정승이다. 분별하고 차등하는 우리네 삶의 잣대로는 '무상을 넘어 영원으로' 가는 길은 요원한 불길이라고 설파하신다.

우리가 추구하는 모든 현상은 갈망의 흔적들이다. 실체가 아닌 허상에 놀아나는 허접한 허깨비의 춤사위다. 현상의 이미지에 집착하지 말고 실상을 직시하라고, 고구정녕히 설하건만 마이동풍이다. 고로 영명한 현대의 부처들이 추구하는 토끼 뿔과 허공 꽃의 화려한 농단에, 마음의 평화와 진정한 행복의 자유는 살수록 묘연할 뿐이다. 우리네 살림살이가 무상하고 허망함을 통절하게 터득한다면, 상대 유한의 세계에 갇히지 않을 뿐 아니라, 조건 없는 무주상보시(無住相布施)를 행할 수 있다는 말씀이다. 무주상보시는 우리네 삶의 면전에서 전개되는 모든 형상이 '부처의 눈'으로 펼쳐지면서, 사람과 사물이 하나 되고, 아니 동물과 미물들까지 서로서로 부처님으로 경배하며 받드는 내 마음의 파고가 일으키는 대방광불 화엄장의 세계란다.

장자도 그 유명한 '호접지몽(胡蝶之夢)'으로 이를 인용한다.

장자가 꿈에 나비가 되는 꿈을 꾸었다. 즐겁게 날아다니다가 깨어보니 자리에 누워 있는 본래의 모습이다. 누가 참일까. 장주가 꿈에 나비로 된 것인가. 나비가 꿈을 꿔서 장주가 된 것인가. 장자가 격변하는 무상한 세상 속에서 진정으로 하고 싶었던 속내는 과연 무엇일까. 만물제동(萬物齊同)의 세계란다. 꿈이 현실이요, 현실이 얼마든지 꿈일 수 있다는 논리란다. 하늘의 이치에서 보면 사람의 세계와 동식물의 세계는 구별할 수 없는 똑같은 목숨의 세계란다. 분별 짓는 것은 풍진사 우리네 마음의 잣대일 뿐, 하늘의 섭리는 조금도 한쪽으로 기울지 않는다는 말씀이란다.

고로 급변하는 세상의 물질 만능의 노예에서 벗어나, 그 어디에도 얽매이지 말고 스스로 생존의 활로를 찾아서 주인공으로, 당당하게 살아가라는 간절한 부탁이란다. 세상에 살되 세상 밖에서 놀 줄 아는 자세로 임하면, 아니 진흙탕 속에서 뿌리를 내려도 보라는 듯 털고 일어나 꽃을 피우는 연꽃같이, 오롯하게 오신 '오늘'이라는 분을 아낌없이 불사를 줄 아는 삶의 자세가, 순간이 영원이요, 영원이 순간이듯, 이 길이 무상을 넘어 영원으로 가는 도정이란다.

이 오탁악세(五濁惡世)의 말세에 무상을 넘어 영원으로 가는 길을, 무량의 자비심으로 설파하시는 부처님의 법을 만난다는 것은, '아마도 복 중의 복이 아닐까'를 생각하는 오월은 부처님 오신 날이다. 모든 이들의 가슴에 희망의 복전으로 가득하시길 축원하는 날이다.

적연자득(適然自得)

『삼국유사』의 원효 화상의 해골 물 이야기하련다.

원효가 의상과 함께 당나라로 유학길에 올랐다. 가는 도중 지금의 평택 부근의 한 산속, 공동묘지에서 잠을 청하게 되었다. 한밤중 잠자리에서 목이 말랐다. 주변을 더듬어 보니 바가지에 물이 있는 것 같다. 갈증 끝에 약수처럼 시원하게 들이켰다. 다음 날 일어나보니 맛있게 먹다 남은 물이 해골바가지에 담긴 썩은 물이었다. 울컥 치밀어 오르는 역겨움에 모든 것을 토해 버렸다. 문득 생각이 떠올랐다. 어제는 분명 꿀맛같이 마셨건만, 오늘은 역겨움으로 다가온다. 여기서 원효는 '확연대오'한다. 『화엄경』에서 문자로만 인식했던 '일체유심조(一切唯心造)'를 철저히 몸으로 체득하는 득도의 경지를 맛보는 것이다.

그렇다. 세상의 주인공은 나다. 이미 내 안에 삼라만상의 보물이 내재해 있건만, 나는 멀리 바깥에서 힘들게 그것을 터득하려고 온갖 고난을 감수했다. 원효라는 자체가 삼라만상의 거대한 축소판이요, 내 안의 모든 번뇌와 망상체들 자체가 나를 깨달음으로 인도하는 법기(法器)임을, 해골바가지 물로 인해 확철대오한 것이다. 원효는 발길을 다시 신라로 돌린다. 당나라 유학길을 포기한 것이다. 그리고 홀연히 사자후를 설하기 시작한다.

"삼계가 오직 마음의 조작이요, 모든 현상은 오직 마음자리가 일으키는 인식일 뿐이다. 이 마음속에 우주법계가 내재해 있거늘, 미련스럽게 또 무엇을 구한단 말인가."

깨달음을 얻자 봉두난발로 길거리에서 거지 행각을 펼치기 시작한다. 그렇게 갈망했던 득도의 길이 한순간 홀연히 깨닫고 나니, 그 밀려오는 공허감과 희열감이 육신을 주체할 수 없었다. 거지가 된들 상관하랴. 「수심결(修心訣)」에서 보조국사가 설한 "진짜 보물을 획득하려면 가죽 주머니(육신)를 버려라(若欲獲寶 放下皮囊)"라는 대목을 원효는 파계승처럼 온몸으로 실현한 것이다.

그렇다. 우리가 지금 방향 감각을 잃고서 공회전하는 이유는 바로 여기에 있다. 우리는 지금 물질문명의 최대치를 구가하고 있다. 그러나 진정으로 만족한 삶을 구가하고 있다고 자부하는 사람이, 과연 몇이나 될까. 없을 것이다. 그것은 오늘의 물질 만능이 인간의 DNA를 물질의 노예로 전락시키고 세뇌시킨데 그 요인이 있다. 우리는 지금 물질의 하수인으로 전락한 지 오래되었다. 물질이라는 현상은 존재하되 그놈의 실체는 공허한 것. 이러한 공허한 현상에 집착하다 보니, 이성을 잃고서 본질이 전도된 것이다. 존재하는 현상은 흐르는 물과 같은 것이다. 실체의 본질은 그 흐르는 물에 휩쓸려 떠내려가되, 가는 나의 의미를 부여할 줄 아는 것이다. 배가 고프면 맛나지 않은 것이 없듯이, 먹기는 먹되 먹는 그 물질에 목을 매지 말고 초연한 마음으로 즐기면서 먹을 줄 아는 자세가 바로, '적연자득(適然自得)'의 자세다. 그럴 때 원효화상처럼 썩은 해골바가지 물이 깨달음을 안기는 맑은 생명수로 치환되는 것 아닐까.

어느 시인이 노래했듯, "내가 그의 이름을 불러 주었을 때, 그는 나에게로 와서 꽃이 되었다." 그렇다. 시인의 노랫가락처럼 '우리는 모두가 무엇이 되고 싶어 한다. 너는 나에게 나는 너에게, 잊혀지지 않는 하나의 눈짓이 되고 싶어 하기'에, 우리는 지금 눈에 발광하는 것은 아닌지 묻고 싶다. 우리가 목숨 걸고 추구하고자 하는 물질의 풍요는 영원할 것 같지만, 그것은 절대 오산이다. 그것은 시절 인연이 맺는 순간적 쾌락이며 안위다. 언젠가는 없어지고 마는 허망한 것이 물질의 마력이다.

'지극한 즐거움은 즐거움이 없는 것으로써 낙을 삼을 줄 알고, 지극한 명예는 명예 없는 것으로써 삼을 줄 아는, 삶의 여유로운 자세'가 바로 적연자들의 자세다. 이렇듯 진정한 풍요는 마음이라는 이상한 놈이 짓는 짓거리이기에, 내가 누구인지를 스스로 터득할 줄 아는 것이 우선이고, 작은 것에서 의미를 부여하면서 즐길 줄 아는 소소한 삶의 복락이 바로 무루의 복덕(無漏之福德)이 아닐까.

고로 장자는 말한다. 마음, 그놈이 편안하면 그것이 대자유다. 그렇게 살고 싶다면 매달리지 마라. 제 꾀에 넘어가는 것은 세상사를 몰라서가 아니라, 너무 앞서나가다가 제 주둥이로 제 놈의 발들을 찍기 때문이라고. 그러하기에 명예의 주인이 되지 말라 한다. 세상사 잡된 일의 실마리에도 꼬이는 일의 노예가 되지 말란다. 지식의 노예가 되지 말라고 신신부탁을 한다. 그리고 마음 씀씀이를 거울과 같이 쓰란다. 오면 오는가 보다 하고, 가면 가는가 하고 놓아두란다. 그래야 물질의 노예에서 벗어나 내가 내 명을 오래도록 보전할 수 있단다.

그렇다. 세상사는 원효 화상의 말씀처럼 마음먹기에 달렸다. 그것이 바로 일체유심조 사상이다. "자기를 벗어날 때처럼, 사람이 아름다운 때는 없다." 정현종 시인이 사람은 언제 아름다운가를 묻고 있다. 자기를 벗어난다는 것은, 초월한다는 의미도 부여될 수 있지만, 남을 나같이 사랑할 수도 있다고, 역동적인 논리를 제시한다. 마음만 먹으면 원수가 은인이 될 수도 있다는 방증이다. 원수를 반면교사로 활용하란다. 이렇듯 일체유심조의 사상은 마음이 짓는 허상의 그림자를 내 안으로 끌어들이는 작업이다. 아무런 의미가 없을 것 같은 뜰 앞의 잣나무며, 산속의 바위들과 꽃과 새와 나무들도 그냥 존재하는 듯하지만, 그것은 오만한 인간들의 속내다. 그들도 하늘이 부여한 존재 가치와 책무가 존재하는 가볍지 않은 목숨이다. 그들만의 신비한 존재 가치는 내 마음의 눈이 열릴 때, 그들이 나에게로 다가와, 나의 꽃과 나비와 나무가 된다는 이론이 바로, 일체유심조 사상이다. 시인의 존재 이유가 바로 여기에 있다. 시인은 이렇듯 평범한 사물에 존재론적 화두를 설정하는 사람이다. 평범한 눈으로는 접할 수 없는 개안의 눈, 그것이 마음의 눈이요, 삶의 가락에 의미를 부여하는 작업이다.

　만물의 영장인 이유는 고난과 시련을 용수철같이 활용할 줄 아는 데 있는 것 아닐까. 닥쳐오는 삶의 풍파 앞에서 의연하게 집착하는 마음 없이, 나 자신의 삶을 주인공이 되어 의미를 부여하며 즐길 줄 아는 자세 속에서, 즐겁게 노닐다 가는 삶의 과정이 바로 적연자득이다. 내 것을 작게 하고 욕심을 스스로 내려놓을 줄 아는 삶이 나를 평안으로 이끈다. 평안은 지족이며, 그 속에서 자유를 구가할 줄 아는 사람이 진짜 주인이다.

　이렇듯 삶이 휘청거릴 때 의미를 부여하면, 고난과 역경은 주옥같은 보석빛으로 환원된다. 자기를 고집하지 않고 관조와 명상을 통해서 삶의 충만함을 스스로 창출해 낼 줄 아는 안목, 그것은 하늘이 인간에게만 부여해 준 갱생의 노래이며, 내가 나를 발견할 줄 아는 이가 획득하는 작지 않은 위안의 선물 같은 것. 그래서 아는 만큼 보인다는 말이 있다. 부평 같은 우리네 살림살이도 이 범주를 벗어날 수 없다. 무엇인가 부족하고 시련과 고난이 나를 발견할 기회를 안겨주는 윤활유 같은 것. 사람이 어려운 것이 사람의 목숨이다. 쇠똥도 약에 쓰려면 귀하다는 말이 있다. 우리네 살림살이는 만물이 공존하는 대동세계다. 그곳은 천하의 모든 만물을 하나의 목숨으로 귀하게 대접하는 세상이다. 짐승의 목숨과 사람의 목숨, 생물과 무생물의 가치를 동등하게 여기는 세상 말이다. 고로 대동세계는 내 것이 네 것과 다름없다. 모두가 네 것이 바로 내 것인 세상이다. 모두가 내 것인데 욕심과 명예가 웬 말인가. 내 것이 따로 존재할 필요가 없거늘, 무슨 나만의 '소유'가 필요할까.

현상계 물질의 찬란함에 집착하는 선비는 썩은 군자요, 아무것에도 걸림 없이 스스로 즐거워할 줄 아는 삶을, 소소한 일상에서 적연자득(適然自得)할 줄 아는 것은 하늘의 벗으로 살아가는 길이 아닐까.

영원한 오늘

부박한 우리네 살림살이는 오늘도 바람 잘 날이 없다. 왜 그럴까. 그것을 묻는다는 것은 가소로운 일이다. 우리는 모두가 바쁜 몸이다. 무엇이 '오늘의 나'를 이다지도 바쁜 몸으로 만들었을까. 그것도 역시 답은 자신에게 물어야 할 것 같다.

우리네 인간사 살림살이의 최고의 화두는 '돈'이다. 돈만 있으면 만사는 청산유수다. 공자의 제자 중 '증삼'이 임종을 앞두고 한 말이 비장하다.

"새는 죽음이 임박하면 그 우는 소리 구슬프고, 사람은 죽음을 목전에 두면 그 말이 착해진다."라고 했다. 그러나 무소불위의 돈도 죽음 앞에서는 무용지물일 때가 있다. 이 거역할 수 없는 순리 앞에서 후회는 추풍낙엽과 같다.

이렇듯 콩을 볶듯 흘러가는 무상한 인간사야 상관할 것 없다는 듯, 청산은 오늘도 묵언으로 침묵 중이다. 그 침묵의 자태가 가히 장관이다. 누가 일러 잔혹한 사월이라 했던가. 눈 앞에 펼쳐지는 신록의 저 눈부신 광휘를 보라. 그들이 취하는 것은 오직, 바람과 물과 무심일 뿐 더도 덜도 아니다. 바라는 바가 무심하기에 펼쳐 놓는 풍광이 예사롭지 않다. 풍경마다 물색이 절경이질 않는가. 어느 화가가 물감을 풀어 이 풍광을 훔칠 수 있단 말인가. 창밖으로 펼쳐지는 풍광을 읽다 보면, 저절로 자연의 위용 앞에 숙연하다.

고려 말 대선사인 무학스님의 스승이신 나옹선사의 「토굴가」의 한 절구가 스쳐 간다. "청산림 깊은 골에 일간 토굴 지어 놓고 송문을 반개하고 석경에 배회하니, 녹양 춘삼월 하에 춘풍이 건듯 불어 정전에 백종화는 처처에 피었는데, 풍경도 좋거니와 물색이 더욱 좋다. 그중에 무슨 일이 세상에 최귀한고, 일편 무위 진묘 향을 옥로 중에 꽂아두고 적적한 명창 아래에 묵묵히 홀로 앉아 십 년을 기한정코 일대사를 궁구하니 증전에 모르던 일 오늘에야 알았구나."

산속에 사는 조찰히 늙은 신선의 노랫가락이 풍진세상의 심금을 울린다. 시공을 뛰어넘는 유장한 문장이기에 심오한 경지가 가히 언어의 경계를 초월하는 것 같다. 이것이 선경이요, 몽유도원을 노니는 인간의 간섭을 넘는 도의 지극함 아닐까. 이렇듯 일상의 평범한 도의 경계는 시공을 벗어나 있다.

석가와 예수를 우리는 성인이라 칭한다. 그분들이 성인인 까닭은 영원히 살아계심이 아닐까. 평소에 '영원한 오늘'을 아낌없이 불살랐기에, 육신의 몸을 버림으로써 영생을 얻었으리라. 영원히 존재할 수 있는 것은 육신의 몸이 아닌, 정신의 자양이다. 몸은 가식이요, 순간의 빛깔이며 찰나의 곳집이다. 우리가 문명 천국을 호사하면서도 '행복, 행복'을 갈구하지만, 초라한 결말로 인생 항로를 마감하는 연유는 간단하다.

우리는 물질의 노예요, 명예의 노예며, 부귀와 권세를 좇는 부나비 인생길이다. 같은 물을 마시지만, 젖소가 먹으면 우유를 생산하고, 독사가 마시면 독이 되는 이치와 자명하다. 성자와 보통 사람의 길은 이렇듯 천양지차다. 우리는 물욕에 현혹된 나머지 짐승 같은 몸으로 행복을 갈구한다. 숲속에서 물고기를 잡겠다는 모양새와 별반 다르지 않다. 그러니 행복은 잠시일 뿐, 내가 나를 기만했던 속임수의 순간이었을 뿐, 살수록 엉망진창인 살림살이가 우리네의 자화상이질 않는가. 우리는 살림살이의 중핵인 가정을 애지중지하지만 살고 보면 실상은 상처뿐이다. 고로 우리는 누구나가 거부할 수 없는, 시름만 안고 건너가는 고달픈 나그넷길일 뿐 더도 덜도 아니다. 우리가 목숨 걸고 추구하는 '허접한 꽃'들이 발산하는 빛깔과 향기는 두 눈 뻔히 뜬 채로, 내가 나를 속이는 꿈꾸는 백마강의 달빛 같은 것. 그 처자와 권속들이 나를 취하게 하는 최고의 최면제다.

그렇기에 석가와 예수는 가정을 버렸다. 그렇다고 가정을 버리라는 이야기는 아니다. 집착을 벗으면 실상이 보인다. 그분들도 우리와 똑같이 밥을 먹고 살았지만, 그분들의 꿈은 달랐다. 우리의 꿈은 무엇인가. 권세와 부귀, 명예와 영화는 성인들의 안목에는 똥 친 막대기에 불과하다. 그 똥 친 막대기를 서로 빨아먹으려고 형제간에 싸우고, 사람과 사람이 칼부림하는 말세가 바로 오늘날의 문명 천국이다. 그곳엔 돈이 최고다. 돈만 있으면 의리와 신념은 개나발처럼 짓밟혀도 죄를 면할 수 있는 세상이다. 우리는 지금 인륜을 짓밟고 행복을 갈구하는 이율배반의 세상을 살고 있다.

그러나 나옹선사 같은 선지식들은 똑같은 꽃을 보면서도 인생을 관조했고, 세월을 초월하는 견지자적 삶을 초근목피로 연명하면서도 희구할 줄 아는 삶을 견지했다. 무엇이 그렇게 했을까. 삶을 관조하는 가치관이 천양지차였다. 그분들은 삶을 살았으되, 삶에서 벗어나서 초연할 줄 알았다. 수정 같은 눈빛으로 '영원한 오늘'을 불살랐기에 거칠 것이 없었다. 능외생(能外生)이라! 아등바등하는 우리네 삶의 좌표로는 읽을 수 없는 거리다. 그것은 당연히 욕심을 버리는 곳에서 시발한다. 하나를 버리면 만 가지로 통할 수 있다는 논리다.

살되 집착을 여의면 죽음에 임해도 오히려 열반을 노래할 줄 아는 경계다.

 석가와 예수는 자기 안의 작은 울림에서 천국의 영생을 자각한 분들이다. '자기 구제'는 자기 계발이며 발견이요, 자성의 공간에서 공명하는 나이테다. 그 공명의 울림은 역경의 와중일수록 극한 힘을 발휘하는 역동적 에너지원이다. 고로 그분들은 태어남을 만남으로 여겼고 죽음은 하늘의 길에 순종할 줄 아는, 싫어하고 좋아할 필요를 전혀 선택할 줄 몰랐던, 천하를 거느리되 천하를 벗어나서 경영했던 절세의 초인들이었다. 고로 십자가에 박힌 처참한 죽음이, 오히려 화려하게 부활하지 않을 수 없는 찬연한 동기 부여의 장이 되었다.

 우리와 그분들이 다른 점은 극히 하나다. 욕심이 문제다. 그것만 놓으면 그 무엇이라 표현할 수 없는 새벽같이 해맑은 깨달음이 밀려든단다. 그 빛이 '영원한 오늘'로 연결되는 오롯한 길이다. 그 기운은 오늘이라는 하루가 가난과 질병으로부터 절규할수록 새록새록 힘을 발산시키는 새 희망의 정수박이가 아닐까.

 미세먼지가 사라지니 신록의 장관이 눈부시다. 처처에 펼쳐지는 준동하는 신록의 향기가, 졸 졸 졸 흐르는 산간수처럼 눈자위를 정화한다. 맑고 밝게 빛나는 자연의 선물은 보고 느낄 줄 아는 이가 주인공이다. 힘든 세상사다. 지치고 궁핍한 소시민들의 삶에 고요한 달덩이처럼, 희망과 위안의 빛으로 안기는 계절이기를 갈망해 본다.

 참된 삶의 길은 욕심이 없는 곳에 있을 것 같다. 욕심은 작은 병이 아니다. 우리는 어차피 빈손으로 왔다가 빈손으로 가는 백 년 길손이다. 무아(無我)의 이치를 터득해야 진정한 행복에 눈뜰 수 있다. 희망은 정직한 자가 성취할 수 있는 마지막 보루다. 욕심에 얽매이면 삶의 고달픔이 끊이질 않는다. 일상의 작은 것에서 희망과 보람을 즐길 줄 아는 자가 참된 주인이다. 만족할 줄 아는 마음이 행복의 열쇠다.

 '영원한 오늘'이 존재하는 한 과거와 현재, 미래는 따로 존재하는 것은 아닐 것. 진정한 사람 사는 세상은 역경 속에서 용기를 잃지 않고, 희망을 노래할 줄 아는 사람이 대접받는 세상이다. 우리 모두 신록의 계절을 맞아 '영원한 오늘'을 빛낼 줄 아는 주인공이 되자.

무상(無常)의 노래

고대 인도의 나이란자나강 주변은 문명이 크게 번성했다. 그곳에 대왕국인 마가다국을 건설한 빈비사라왕이라는 사람이 있었다. 그는 부처가 입산수도할 때부터 석가세존께 귀의한 신자였다. 세존이 정각을 성취하시고, 전법 활동을 시작하시자 리자가하 교외에 '죽림정사(竹林精舍)'라는 대사원을 건축해서 기증한 분이다. 이 왕에게는 게마(差摩)라는 아름다운 황후가 있었다. 미모가 단려(端麗)했기에 왕의 더할 수 없는 총애를 받았다. 그런데 모든 사람이 석가세존께 귀의함에도, 하물며 왕까지 무릎을 꿇어가면서 귀의하건만, 게마 황후는 부처님의 말씀을 믿으려 하지 않았다.

첫째 불만은 세존께서 미모를 업신여긴다는 것이었다. 자신의 미모에 대한 자부심과 오만이 하늘 끝까지 닿아 있었다. 그럴수록 빈비사라왕은 애가 탔다. 게마 황후가 미모뿐만 아니라 총명하였기에 온갖 수단을 동원해서 황후의 마음을 잡아 부처님의 말씀에 귀 기울이게 하려 노력했다. 궁궐에서 시를 잘 짓는 시인들을 동원해서, 황후의 발심을 유도해 보려고도 했다. 그러던 끝에 황후가 궁궐 밖으로 나갈 기회가 주어졌다. 왕은 은밀히 신하들에게 명했다.

"황후께서 죽림정사에 가 세존을 뵙기 전에는 모시고 돌아오지 말아라."

부처님께서는 게마가 오는 것을 보시고 신통력을 발휘했다. 부처님의 설법은 항시 '대기설법'을 펼치셨다. 그 사람의 근기를 보고서 근기에 맞춰서 설법하시는 것이다. 의사가 처방전에 병의 근본 원인을 규명해서 처방을 내리듯.

신통력으로써 한 천녀의 모습을 만들어 내셨다. 파초의 잎을 들고서 세존의 뒤에 서서 부채질하는 모습을 연출시켰다. 천녀의 자태를 본 게마의 모습이 순간 변했다.

'아, 얼마나 아름다운 모습인가. 세존은 저런 여자의 시립을 받으시는구나. 나 같은 것은 시립할 자격도 없다. 이제껏 내가 세존을 잘못 생각하고 있었구나.' 이에 세존은 또 신통력을 발휘해서 천녀를 중년의 모습으로 바꿨다. 중년 여인의 모습에서 다시 노년으로 바꾼 뒤, 이가 빠지고 백발이 성성하며 주름투성인 노파의 모습으로 변장시켰다. 그러다 노파가 파초잎을 감당치 못하고 쓰러지고 말았다. 이에 놀라 게마가 넋을 잃고 서 있는 것을 보시고 시송으로써 말씀하셨다.

"애욕에 구애받은 사람은 격류에 밀려 떠내려가나니, 그것은 마치 거미가 스스로 만든 그물에 얽히는 것과 같다. 현명한 사람은 그것조차 끊어 버리고 얽매임 없이 모든 고뇌를 다 버리고 간다."

이 말씀에 게마는 마음의 문이 일거에 열려 성자의 위(位)에 달했다. 궁궐로 돌아온 게마는 인간사 무상함을 절감하고, 빈비사라왕에게 출가할 것을 요청했다. 왕은 흔쾌히 허락하고 비구니 승단으로 보냈다. 후에 세존께서는 비구니 중에서는 게마가 '지혜제일(智慧第一)'이라 하셨다. 게마는 웃파라반나와 더불어 비구니 중에서 모범적인 수행을 했다.

한날은 게마와 웃파라반나가 함께 스라바스디 교외에서 명상 수행에 정진한 적이 있었다. 무더위가 극성을 부리는 날이었건만 정진에 정진을 거듭하다, 두 사람은 옷을 벗고 냇가에 들어가 목욕을 했다. 이를 본 행인들이 미모에 반해 옷을 빼앗고 겁탈하려 했다. 이에 두 비구니는 행인들을 가엾이 여겨 자기들의 두 눈을 빼 손바닥 위에 놓고 말했다.

"당신들은 우리들의 이 미모를 원하는가? 그렇다면 이 봉사가 된 이 미모가 어디가 좋다는 말인가?"

행인들은 이에 질겁하고 순간 깨달음을 얻었다. 두 비구니는 세상살이가 이렇듯 종이 한 장 차이로 무상함을 절감시켰다. 이 육신이라는 것이 결코 집착할 수 없는 '무상의 노랫가락'임을 여법하게 증명한 셈이다. 순식간에 변할 수 있는 살덩이와 피와 뼈로 된, 무상하기 그지없는 부정한 것임을 깨닫게 한 것이다. 그러자 행인들은 순식간에 정욕이 달아나 버렸다. 옷을 돌려준 뒤 정중히 사죄했다. 물론 게마와 웃파라반나의 '맑은 눈'은 세존의 신통력으로 원상복구 되었다.

그런데 우리네 살림살이는 어떤가. 의사들도 돈이 되지 않는 진료과는 피하는 실정이란다. 어느 날부턴가 성형에 몰입하고 외모에 집착한 나머지 미모를 위해서는, 자신의 온갖 것을 희생해서라도 성형을 추구하는 세상이, 바로 우리가 사는 문명 천국이라는 말세다. 겉모습에 목숨을 바치는 세상, 누구나가 제 목소리를 목청껏 외치는 세상이다. 큰소리로 주장한다고 해서, 아니 권력의 힘으로 형성된 순간적인 형상은 진정한 현상이 아니다.

부처님이 영산회상에서 설법하시는데 갑자기 허공에서 꽃잎이 눈처럼 흩어져 내렸다. 허공에서 쏟아져 내린 꽃은 연꽃이었다. 부처님은 설법하시다 갑자기 말씀을 끊으셨다. 그리곤 한 송이의 꽃을 주워들고 대중을 향해 꽃을 보일 뿐이었다. 그 자리에 있던 수천수만의 대중들은 갑작스러운 부처의 침묵과

들어 올리는 꽃송이의 뜻을 알 수 없었다. 이때 유독 '가섭존자'만이 빙그레 웃었다. 이것이 바로 '염화미소'이다. 설법은 더할 필요가 없었다. 팔만 사천의 설법을 대신한 무언의 전교가 바로 현상을 떠난 한 소식이다. 문자와 교리, 말로써는 설명할 길 없는 진리의 당체가 바로 마음과 마음으로 만리장성을 쌓고 남음이 있는 것이다.

이렇듯 참 생명의 이치는 눈에 보이는 현상과는 거리가 멀다. 그래서 부처님은 『금강경』에서 간절히 말씀하셨다.

"만일 모양으로 나를 보려 하거나(若以色見我), 음성으로 나를 찾는 사람은(以音聲求我) 삿된 도를 행하는 사람이다(是人行邪道). 죽도록 갈고 닦아도 결코 여래는 볼 수 없나니(不能見如來)."

세상 만물의 이치는 제행무상이다. 변하고 변하는 가운데서 오롯하게 이생과 저생의 양식으로 존립할 수 있는 가치는, 바로 우리네 '마음자리'뿐이다. 모든 것은 마음이라는 놈이 짓는 허깨비다. 이렇게 볼 줄 아는 사람은 진리의 당체가 무엇인가를 터득한 것이란다. 우리와 함께 공존하는 삼라만상의 형상들은 모두가 부처요, 예수란다. 그런데 그렇게 생각을 못 하는 연유는 마음이라는 묘한 놈이 차별과 증오의 눈으로 보기에, 마음이 짓는 묘한 환상이 망상을 만든 것에 우리가 현혹되기 때문. 허공과 같은 진리의 본래면목을 마음이라는 놈이, 분별을 낳는 이치란다.

무언지교(無言至敎)의 가르침인 염화미소(拈花微笑)의 이심전심은 자신을 버릴 때, 눈으로 부딪치는 현상에 집착하지 말고 적연한 마음으로 만물과 하나가 될 때, 또한 '나'라는 허상의 존재를 버릴 때, 전 우주가 자기 자신 아님이 없듯이, 나와 삼라만상이 우주와 일체의 경지가 되는 순간이란다. 내가 삼라만상의 전 우주를 이미 가슴 그득히 품고 있거늘, 무엇을 집착하고 증오한

단 말인가. 이미 모두가 내 것 아닌 것 없거늘.

  우리의 육체는 본래 무상의 노래가 빚은 변주곡이다. 영원할 것 같지만 우리의 육신은 시절 인연이 다하면, 본래면목의 화(火), 수(水), 지(地), 풍(風)이라는 사대로 돌아간다. 이렇듯 내 몸뚱이인 육신이 무상이거늘, '나'라는 것이 존재할 수 있을까.

  모든 생명 있는 것들은 '무상의 노래'를 피할 수 없다. 이 육신을 깊이 사랑해도, 일단 목숨이 다하면 그땐 이승의 친족과 권속은 말할 것도 없고, 제 육신까지 버려야만 한다. 다만, 하나 가져갈 수 있는 것은 마음뿐이다. 그러므로 무상을 극복하는 길은 무엇보다 무아의 이치를 깊이 터득하고, 적정과 청정한 안온의 경지를 획득하는 길뿐이다. 마음이 짓는 미혹을 버리고 안심을 얻고, 이 세상이 불타는 화택(火宅)임을 늘 명심할 일이다. 무상한 물질의 노예에서 벗어나 청정행을 마음속으로 갈구하면서, 작은 공덕이나마 쌓으려고 노력하는 일상이 무상을 극복하는 작은 지름길이 아닐까 자위해 보는 날이다.

  바르게 보고 바른길로 무외(無畏)의 땅을 삐걱거리지 않는 육신의 수레를 끌고서 가는 것이다. 늘 자신을 참회하고 바른 생각과 마음을 기둥으로 삼으며, 바른 견해로써 마음의 창을 열고, 손이 허공에 집착하지 않듯, 허공에 걸린 달처럼 '무상의 덫'을 넘어가는 것이다.

하늘의 그물

 극심한 가뭄이 지속되더니, 한순간 내린 비가 재앙으로 변했다. 이것이 무상이다. 이제는 하늘이 하시는 일도 정도를 벗어나는 경우가 잦다. 하늘을 탓하기 전에 책임은 인간들이 벌여 놓은 밥상은 아닐까. 엄청난 재해 앞에 정부는 존재 가치가 상실된 지 오래되었다. 한다는 짓거리가 주마간산(走馬看山)이다. 민생은 뒷전이고 잿밥에만 혈안 되어 있는 오늘의 세태가 가히 가소롭기 그지없다.

 세종대왕이 만대의 성군이신 까닭은 지성으로 백성을 대하셨기에, 비가 안 와도, 비가 많이 와도 임금인 자신의 '덕'이 부족함을 자책하면서 반찬을 줄이고, 더 나아가서는 식음을 전폐하자, 그 지성이 지극했기에 백성들이 감읍했던 것.

 오늘의 위정자들의 행태는 어떤가. 젊은 청춘들이 수백 명이 순식간에 왜, 죽어야 하는지도 모르고, 순식간에 불귀의 객이 되었건만, 그 누구 하나 사과도 잘못도 없다고 오히려 생떼를 쓰며 주먹질한다. 오늘날 우리네 살림살이와 비교하자니 전설 같다는 생각이 든다. 세상살이가 인드라망의 그물처럼 얽혀 있는 '보이지 않는 이권 카르텔'이 하늘 무서운 줄 모르고, 하늘의 그물을 우습게 여기며 권력이 영원할 것 같은 행태가 가증스럽다.

시성 두보의 글 중에 '일월롱중조(日月籠中鳥)'라는 명구가 있다. 허공에 떠 있는 해와 달도 하늘의 그물을 벗어날 수 없는, 하늘의 그물이라는 조롱 속의 새라는 이야기다. 삼라만상의 유일한 '해와 달'도 조롱 속의 새이듯, 세상사 삼라만상이 부평초와 같다는 말이다. 이렇듯 우리네 인간사는 제행이 무상이다. 처처에 펼쳐 놓는 풍광들이 눈과 귀를 현혹하지만, 모두가 부질없는 순간의 영화일 뿐, 유수같이 흐르는 세월 속에 뜬 풀잎 같은 인생사가 우리네 삶이란다. 하늘의 그물은 넓고 넓어서 허술해 보이지만, 결코 이 허술한 그물을 벗어날 위인은, 하늘 아래 없단다. 하늘의 그물은 조물주가 삼라만상을 자신의 아들로 알고, 실어주고 안아주고자 쳐놓은 어머니의 품과 같은 그물이다. 고로 인간의 어설픈 그물로, 해서는 안 될 일을 함부로 감행하면 죽이고, 신중히 처리하는 용감한 자에게는 기회를 준다. 이렇게 하늘이 노하는 까닭을 아는 이가 있을까. 자연의 이치는 이렇듯 싸우지 않으면서 이기는 법과 말하지 않아도 스스로 순응할 줄 아는 가르침이다. 이 가르침을 치도로 실천하려고 노력하는 위정자가 진짜 위정자다.

우리가 추구하는 복과 덕은 일신의 영달과 부귀영화다. 그러나 성인들이 가르치시는 복과 덕은 세속의 것과는 현격한 차이가 있다. 예수님과 부처님이 추구하시고 가르치는 무루의 복(無漏之福田)은 안온한 적멸과 열반이다. 본래 진리는 적요다. 허공과 같은 것이다. 진리가 허공과 같음은, 모든 마음자리가 짓는 성현들의 국토는 비어 있다. 만물의 근본은 본래 공한 것이기에. 그런데 우리네 마음자리는 환(幻)과 같다. 즉, 복속에 화가 내재해 있고, 위기가 얼마든지 기회가 될 수 있다. 이렇게 마음이라는 허깨비가 찧는 떡방아가 바로 우리네 삶의 수레바퀴란다. 이 이치를 터득하면 세상에서 가장 높다고 칭송되는 상상의 산 '수미산'을 겨자씨 안에 집어넣어도 부증불감이요, 불구부정이란다. 집착과 분별이 탐욕을 부르기에, 우리가 추구하는 복덕인 부귀와 영달은 우선 먹기에 달콤한 감주 같은 것. 오래 먹으면 탈을 부른다. 그러나 성인들이 추구하는 무루지 복덕은 맹물 같은 것. 먹어도 먹어도 질리지 않고 만물의 성장을 돕는다. 우리는 우선 눈에 잘 띄는 현상에만 집착하지만, 현상을 통해서 감추어진 진실의 실체를 볼 줄 아는 것이 진짜 주인공이라고 가르치는 분이 성인이다.

모든 것에는 실체가 없다고 보는 것이 불교의 공(空)사상이다. 본질에 접하면 인연이라는 것이 빚은 착시요, 환각이요, 신기루이며 환상같이 볼 줄 아는 안목이 생길 때, 번뇌와 망상과 탐진치도 깨달음을 이끄는 보석 같은 깨달음의 씨앗이라는 말씀이다. 비유하자면 씨앗을 공중에 심으면 싹이 트지 않으나, 똥과 거름 위에 뿌리면 무성하게 싹이 트고 성장하면서 열매를 맺는 이치와 같단다. 너와 나, 좋고 나쁨, 증오와 멸시라는 분별이 생과 사의 윤회의 고리를 벗어날 수 없게 하는 일등공신이다.

고로 유마거사(維摩居士)는 말한다.

"참된 진리의 숲에 들어가기 위해서는, 무엇을 보거나 소리를 듣거나 냄새를 맡거나 맛보거나 간에, 허깨비의 장난으로 보고 바람같이 듣고, 맛 역시 이렇다저렇다 분별하지 않으면서 항시 참됨을 추구해야 한다고."

이렇듯 사람이 만물의 영장이 되기 위해서는 조건이 있다. 하늘의 그물 논리는 맹물의 논리다. 활터에서 활대에 활줄을 메우는 작업이다. 활대 가운데 높은 부분은 누르고, 낮은 부분은 높이는 작업이다. 여유가 있는 부분은 덜어서 부족한 부분을 보충해 주는 작업 말이다. 이것이 하늘의 그물이 가르치는 바다. 그런데 오늘날 위정자들의 행태는 어떤가. 하늘의 헐렁한 그물을 보란 듯이 비아냥거린다. 보란 듯이 부족한 곳에서 오히려 덜어내서, 지나치게 많은 자에게 채워주려고 발악한다. 또한, 하늘의 행위는 이를 성취하고도 자랑할 줄 모른다. 공을 세우고도 그 공의 자리를 취할 줄 모른다. 자신의 현명함을 오히려 감추려고 한다. 이것이 자연의 가르침이다. 이 작지 않은 가르침을 멸시하며, 제 자랑에 혈안이 되어 있는 위인들이 오늘날의 위정자들이다.

알면서도 알지 못한다고 하는 것이 정도다. 알지도 못하면서 안다고, 아니 내가 하는 일이 옳다고 삿대질해대는 세태가 바로 문명 천국이다. 정도를 이탈한 문명 천국에선 가장 비열한 자들이 성공을 거둔다. 이것이 바로 물질문명의 씻을 수 없는 병폐다. 피할 수 없는 전쟁을 하면서도 전쟁의 참극을 진정한 가슴으로, 통탄해 여길 줄 아는 진정한 지도자의 덕목이 최후의 승리를 안긴다. 이렇듯 인간성이 하늘의 가르침에 뿌리를 둘 때, 만물의 영장으로서 존립 가치가 부여될 수 있는 것 아닐까.

하늘의 그물이 품는 삼라만상은 모두가 존귀한 생명체들의 집합체다. 하늘 아래 소중하지 않은 하늘의 자식은 없다. 열 손가락 깨물어 아프지 않은 손가락 없듯, 하늘의 그물은 천지 만물의 생육을 어머니 품 안같이 보듬는다. 고로 하늘의 이치는 만물을 하나로 여긴다. 유별나게 인간만 만물의 영장이라 부추기지 않는다. 만물의 영장 논리는 인간들의 자화자찬이다. 얄팍한 인간들의 비열한 논리로 국민의 생명을 가볍게 여기는 위정자들도, 결코 하늘의 섭리 앞에서는 추구(芻狗)일 뿐, 더도 덜도 아니다. 추구는 순간 귀했다가 무상하게 신세가 변하는, 천한 신발짝처럼 팽개쳐지고 마는 풀로 만든 강아지 신세를 칭한다.

말로 잔칫상을 펼치면 굶어 죽을 백성은 하나도 없다. 제 편한 대로 외치는

'공정과 상식'은 이율배반이요, 하늘의 그물을 헐뜯는 오만한 위정자들이 펼치는 최후의 발악이다. 진리는 허공과 같다. 허공은 침묵으로 일관된 듯하지만, 비움으로써 삼라만상의 생육을 돕는다. 위정자들에게 보내는 하늘의 비수 같은 가르침이다. 부족한 자의 곳간을 헐어서, 넘쳐나는 자들의 배를 채워주려고 모략하는 위정자들은, 결코 준엄한 하늘의 그물이 가르치는 '침묵의 외침'을 가볍게 간과치 말라.

번개처럼 변화하는 무상한 세월이다. 변화는 시대정신이다. 세상에 고정된 권좌는 없다. 자연스러운 흐름이 '상선약수(上善若水)'다. 자연의 이치보다 정도는 없다. 우리네 살림살이도 이 쉬운 맹물 같은 논리가, 썩은 육법전서보다 대접받는 세상이 사람 사는 세상이다. 법을 신봉하는 자들이 벌이는 불꽃놀이는 아마도, 꿀맛이 다 소진되면, 저를 결박시키는 질긴 동아줄로, 부메랑 되어 자승자박 된다는 것이 하늘의 가르침이요, 그물의 논리가 아닐까.

몽상 속의 새벽 산책길

　엄청난 폭염이 대지를 달군다. 이 거부할 수 없는 자연재해 앞에 인간의 한계는 무력해질 수밖에 없다. 더구나 서민들의 고달픈 일상은 하소연할 데가 없다. 이렇듯 산다는 것은 고해를 건너는 일이다. 그러나 중생들의 고뇌는 부처님의 대자비심에 비한다면, 일엽편주(一葉片舟)일 뿐.

　백면서생이 새벽 5시, 자명종 리듬에 맞춰 기상한다. 새벽 공기도 후덥지근하다. 노년의 움직임은 일상의 활력과 연결된다. 지용 동산의 데크길을 오른다. 잘 정돈된 데크길이 주민들의 유일한 휴식 공간과 운동 장소다. 역시 숲을 오르내리는 사유의 길은, 힘들지만 찌든 일상의 소소한 국면을 반전시켜주는 면도 있다. 숲속에 혼자 있으면 일상과는 다른 상념에 젖는다. 몸은 세파에 찌들었지만, 그래도 숲에 기대면 눈은 침침해도 눈망울은 순간 맑아진다. 모든 사물이 대화를 나누는 장면도 숲속에서 사유의 힘이 안겨준다. 모든 사물이 가슴을 열어놓고 울면서 호소하는 듯하다. 그런데 이 눈먼 소경은 무엇이라 좁은 가슴에 받아들일 수가 없다. 그러나 이런 가슴을 즐길 수 있는 것도 작은 복은 아닐 것이라 자위해 본다. 이렇듯 가락은 하늘에서 내려와 자연의 품속에서 숙성되었다가 사람에게 깃들고, 자연의 품 안에서 오롯하게 품격이 완성되는 것인가 보다.

　숲은 자연의 보고다. 자연은 만물의 뿌리다. 어머니의 품속과 같은 공간이다. 온몸이 순식간에 땀으로 젖는다. 숲은 말이 없다. 숲속에서의 말도 일종의 공해다. 공해를 배출하는 것은 인간뿐이다. 인간의 배설물을 묵묵히 수용해서 다시 생명 순환의 고리로 연결해 주는 작업이 바로, 자연의 생태계다. 이렇듯 일상의 미미한 섭리는 멀리 존재하지 않는다. 맹자도 설했지 않았는가. 도는 먼 데서 구하지 말고, 가까운 곳에서 찾아야 된다고(道在邇). 그렇다. 세상사는 마음먹기에 따라서 지옥과 천당을 좌우하는 것 같다. 고로 지옥도 내 마음이 짓는 곳이기에, 천당으로 순간 치환될 수 있는 법. 이것이 마음이라는 묘한 놈이 벌이는 불꽃놀이다.

　지용 동산을 몇 바퀴 오르내리고, 다시 공설운동장을 걷는다. 걷는 순간순간은 내가 나라는 존재와 독백을 나누는 사유의 시간이다. 언제든지 나는 혼자일 때가 가장 편하다. 무릇 사람이란 세간의 애욕 가운데 홀로 태어나 홀로 죽고, 홀로 와 홀로 떠나는 길이, 우리네 살림살이의 부박한 이정표다. 살아 있는 동안 그가 행한 바의 선악이 행에 의해 고락의 경계로 구분돼 가는 것이다. 씨 뿌린 대로 거두는 것이 세상사 순리이듯, 자기 행의 인과응보를 벗어날 수 있는 사람은 없다. 이것이 바로 하늘의 그물이다. 거미가 쳐놓은 줄과는 다르다. 인간이 머리를 굴리면 뱉어내는 것은 욕심뿐이다. 인간의 욕심은 결국은 자승자박이다. 욕심의 속성은 바닷물을 다 마시고도 만족할 줄 모르는 것이 욕심의 속성이다. 그러나 자연의 길은 나를 벗어나 만물이 공유하는 공존의 길이다. 조물주가 쳐놓은 하늘의 그물 아래서는 유정과 무정이 한목숨이다. 분별은 없다. 고로 하늘의 그물은 천만년 변함없는 한결같음을 추구한다.

삼라만상 어느 것 하나 차별 없이, 어미가 자식을 품듯 만생 만물의 생육을 돕는 것이 무위의 그물인 하늘의 그물이다. 인간의 그물은 가식과 모략, 중상의 그물로 도배를 할 줄 아는 놈일수록, 뻗댄다. 보라! 입으로만 '공정과 상식'을 외칠 뿐, 똥구멍으로 호박씨를 까면서 자기 자신을 기만하는 놈들이 현대판 위정자들의 속내다.

혼자 있을 때 완벽한 사람, 스스로가 당당한 사람이 군자다. 군자의 삶은 맹물과 같다. 장자도 말했다. 군자의 사귐은 맑고 깨끗하기가 물과 같다고(澹如水). 이렇듯 자신이 저지른 인과응보를 대신해 줄 사람은 없다. 선업을 지은 자는 스스로 마음길이 복을 짓기에 복 있는 곳으로 가는 것 아닐까. 악업을 짓는 것은 재앙의 독을 끌어안는 것. 이것은 남이 시키는 일이 아니라 자기 마음이 스스로 짓는 떡방아다. 악은 업의 고리다. 업은 윤회의 사슬이다. 그래서 부처님은 고구정녕히 말씀하신 것 같다.

"본래의 청정무구한 마음자리인 진여(眞如)가 무명과 만나면 만물이 생성되듯이, 원망은 원망으로써 잠재울 수 없는 법. 원망은 원망 없는 자비심, 즉 한 없는 사랑에 의해서만 잠들게 된다고." 고로 우리는 힘이 있을 때, 좋은 생각과 맑은 마음을 유지하려고 노력해야 한다. 죽음이 임박해서는 서로 사랑하는 혈육끼리도 한 번 헤어지면 다시는 만날 수 없는 길이, 바로 우리네 삶의 길. 그것은 서로 마음이라는 놈이 지은 업장이 다르기 때문이다.

그런데 오늘날 우리네 삶의 가락은 어떤가. 가히 가관이다. 물질만능이 벌이는 불꽃놀이에 심취한 나머지, 파열된 브레이크 위에 올라탄 형상이다. 인륜이 도태되면 사람도 짐승 짓을 서슴지 않는 것. 사람이 사람 도리를 잃으면 찬란한 문명 천국도 결국은 말단으로 치달아, 물질 만능의 노예로 전락한 인간이 인간을 능멸하며 멸시하는 천박한 추태를 펼치는 것은 명약관화한 일.

부처님이 45년 동안 길 위에서 '팔만사천 가지 비유'로 우리네 삶을 교화하셨던 이유는, 중생의 마음은 하루에도 팔만사천 번 변할 수 있음을 방증한다는 사실이다. 우리네 살림살이처럼 무상한 것은 없는데.

인간은 발버둥 쳐 보았자, 만물의 품 안에서 잠시 깃들다 가는 백 년 과객일 뿐이다. 고로 인생은 출생입사(出生入死)다. 물이 바다로 가서, 다시 해류를 타고 하늘로 올라가서 다시 내려오듯, 삼라만상의 이치는 영락없는 다람쥐 쳇바퀴 도는 도돌이표, 반자(反者)다.

삶이 고해인 것은 욕심 때문이다. 하늘의 그물이 키우는 삼라만상 중에서 욕심을 부리는 것은 인간뿐이다. 욕심은 아무리 해도 채워지지 않는 법. 집착할수록 빨려 들어가 자신을 태우는 불구덩이 같은 것. 그러나 마음이 짓는 번뇌와 망상, 탐진치도 깨달음을 성취할 수 있는 고귀한 씨앗들이다. 아린 상처가 훈장처럼 인생의 나침판이 되듯, 시련도 다져지면 힘이 될 때가 있다. 어둠 속에서 등불을 밝혀 모든 것의 형상을 분별하듯, 자신의 소소한 마음을 등불 삼아야지, 남의 살림살이에 눈독을 들일 필요가 있을까.

이처럼 번뇌와 망상이 소중한 자산인 것은 인내하는 힘에 때 묻지 않으면, 마음결이 짓는 국토마다 묘음으로 장식한다는 것이 마음 법이다. 마음 법은 이것은 욕망이다. 고로 고의 원천이 될 수 있다. 고의 원천은 멸할 수 있다. 고의 사라짐에 이르는 길도 마음이 짓는 일이라고, 스스로가 등불을 켜 드는 작업이다.

이렇게 일상에서 맑고 밝은 깨침으로 부질없는 욕망에서 마음을 다스리는 것이, 바로 일상의 도가 아닐까 생각된다. 이러한 믿음은 부귀와 명예보다 수승한 것. 바른 마음은 마음의 평안을 깃들게 한다. 진실은 맛 중의 최상의 맛이다. 이런 믿음으로 일상의 방일을 건너서 자신을 늘 경책하면서, 부지런히 노력하는 삶이 금전만능 사회에서 나를 지키는 추상같은 신심은 아닐는지.

 진실하게 하루를 살려고 노력하는 자세로 근근자자(勤勤孜孜)를 실천하고, 성실한 마음으로 일상을 긍정적으로 사려하고 나를 비우자고, 비지땀으로 걷다가 잠시 앉아 아침 산책길에서 몽상에 젖어본다. 이만하면 부끄럼 없는 하루의 얼굴이지 않을까, 자위해 보는 새벽 산책길이다.

도법자연(道法自然)

도법자연(道法自然)이라, 노자의 『도덕경』 25장의 말씀이다.

도의 본래 뜻은 쉽다. 자연과 하늘이 하는 일이 도의 뜻이요, 길이다. 행하기가 어렵지 뜻은 이렇듯 물길 같은 것. 그런데 겁나게 머리 아픈 문자의 본체를 지칭하게 된 것은, 그만큼 실행이 어렵기 때문이 아닐까 사려된다. 고로 도는 우주 삼라만상의 중핵이요, 진리요, 생명이며, 길이다.

"천망회회(天網恢恢), 소이불실(疏而不失)"이라는 말씀이 있다.

하늘의 그물은 성글지만, 빠트리는 것이 없다는 뜻이다. 봄날의 산하를 보자. 수많은 수목과 초목들이 씨눈 하나 빠트리는 일없이, 싹을 틔우는 보이지 않는 손길을 보라. 그 섬세함이며 세세함을 그 누가 흉내 낼 수 있단 말인가. 이것이 '도'의 진면목이 아닐까, 생각된다. 고로 성철 대종사는 다음과 같이 법문을 하신 것 같다.

보이는 만물은 관음(觀音)이요
들리는 소리는 묘음(妙音)이라.

이 외에 진리가 따로 없으니

시회대중(示會大衆)은 알겠느냐?

산은 산이요 물은 물이다.

삼라만상의 대상 일체는 마음이라는 묘한 놈이 만들어 놓은 환상이다. 마음이 생기하면 모든 존재가 생기하고, 마음이 멸하면 존재의 가치도 멸한다는 말씀으로 이해하고 싶다. 깨치기 전에 보던 산도, 깨치고 나서 다시 보면 단지, 산은 산이요, 물은 물일 뿐, 더도 덜도 아니라는 말씀이다. 마음의 조작일 뿐.

무위는 자연의 숨결이다. 그래서 문명의 입김을 거부한다. 본래 인간의 본성도 이곳에서 기원했다. 인간의 본성인 심성은 어머니의 가슴에 늘 간직된, 졸- 졸- 졸- 흐르는 감로수 같은 샘물이다. 발견하는 사람이 주인공이요, 누릴 줄 아는 사람의 홍복이었다. 그러나 문명은 인간의 본성과는 반비례한다. 우리는 모두가 어머니의 탯줄을 타고 빈손으로 나왔다. 거칠고 험악한 사바세계를 무대 삼아 멋진 춤사위를 한바탕 펼치고서는, 빈손으로 다시 흙으로 돌아가야 할 나그네들이다.

험악한 사바세계지만 가슴에 맑고 빛나는, 고요한 달덩이를 하나씩 간직한 것이 우리네 본래의 성품이었다. 그 빛나던 자리가 바로, '도'의 자리였을 것이다. 서로가 배려하고 이해할 때, 사바세계는 순간의 사랑이라는 에너지가 역동적으로 분출되어서, 사람과 사람이 만날 때마다 향기를 발산하고, 빛을 전하는 세상이 바로 극락세계일 것이다. 갈대가 혼자서는 풍진 세상을 지탱할 수 없기에, 서로가 힘이 되고, 의지처가 되어 세상에 뿌리를 내리고, 서로가 힘이 되어준 잎과 줄기로 늦가을의 더없는 정취를 자아내듯. 자연의 도는 물과 같다고 생각된다. 순리, 그 자체가 바로 도의 흐름이요, 길이다. 그래서 낮은 곳으로 길을 향하고, 온갖 만물의 생명을 품는 행위가 바로, 도가 하는 일 없이 못하는 일 없는 자연의 숨결일 것이다. 이것을 문자로 옮긴 말이 바로, '도법자연((道法自然)'이리라.

부처님은 '도, 진리의 길'을 다음과 같이 설파하신다.

"길에 뜻을 둔 자는 사성제(四聖諦)를 알지 않으면 안 된다. 이를 알지 못하기 때문에 장구히 생사의 길을 헤매 그치는 날이 없는 것이다. 비구들아, 사성제란 고, 집, 멸, 도를 일컬음이니라. 고(苦)는 생로병사의 사고(四苦)와 애별리고(愛別離苦), 원증회고(怨憎會苦), 구부득고(求不得苦), 오음성고(五陰盛苦) 등이다. 이런 고를 일으키는 번뇌를 집(集)이라 하고, 그런 고의 인과를 멸하는 것을 멸(滅)이라 한다. 그 멸에 이르는 길을 '도(道)'라 한다. 너희가 그런 고를 알아 그 집을 끊는다면 바르게 심안을 얻으리라. 그런 사람에게는 헤맴이 없고 고를 길이 끊으리라."

사람이 마음 편하게 흐르는 물과 바람같이 살 수 있는 길은 소사과욕(少私寡欲)이란다. 사람도 욕심만 버리면 자연이다. 산속에 사는 사람만 자연인은 아니다. 마음에 사욕이 없어야 자연의 일부가 될 수 있는 것이다.

옛 추억을 꺼내 보자. 초여름이면 누구나 감나무 밑에서 소꿉놀이하던 추억 하나쯤은 있을 것이다. 감나무는 수많은 감꽃을 피워 온통 꽃동산을 이룬다. 놀다 보면 감꽃은 하나둘 땅 위로 떨어져 대지도 꽃방석을 이뤘던 추억 속의 기억이 있을 것이다. 감나무는 스스로가 감꽃의 일부를 버릴 줄 안다. 버린 순간부터 열매를 맺는다. 누가 시켜서 하는 일이 아니다. 버린 만큼 실한 결실을 안긴다. 이렇게 욕심을 버릴 줄 아는 가르침이 바로 자연의 숨결이다. 가을이 되면 주먹만 한 둥그런 열매를 맺는다. 자신의 욕심을 버렸기에 얻을 수 있다는 자연의 무언의 가르침이 아닐까, 생각된다.

이렇듯 '욕심'은 만병의 원인이다. 그것은 우리의 마음을 원수처럼 속인다. 그놈과 친밀해지면 해를 입는다. 그것은 내부에서 일어나는 치성한 불길이다. 치열하기가 세상의 화염보다 세다. 세상의 불은 물로 끌 수 있으나 탐욕의 불은 쉬운 일이 아니다. 맹화는 들판을 태울지라도 풀뿌리는 다시 새봄이 돌아오면 자연의 숨결인지라 다시 싹을 틔우지만, 탐욕의 불은 마음을 태우면 진실한 가르침이 거기 뿌리 내리기란 참으로 어려운 일이다. 탐욕은 세상의 즐거움을 추구하고, 세상의 즐거움은 오예(汚穢)에 침윤하기 마련이다. 고로 탐욕보다 더한 원수는 없는 법. 이것이 성인들의 가르침이다.

들으려 해도 들리지 않는 말, '희언자연(希言自然)'이 자연의 숨결이다. 휘몰아치는 돌개바람이 천지를 삼킬 것 같고, 소나기가 온통 대지를 침몰시킬 것 같지만, 그것도 순간일 뿐이다. 무엇이 그렇게 하는가. 하늘의 뜻일 뿐이다. 그렇기에 도는 항시 머리를 자연으로 두르고 물길을 낸다. 사람도 욕심만 버리면 자연 일부일 뿐, 더도 덜도 아니다. 오직 바른길만을 추구할 때 마음은 그림자가 형체를 따르듯, 인간의 바른 행위만이 저승길 가볍게 생사의 강을 건네 줄 수 있는 노잣돈이다. 이를 묵묵히 행하는 길이 바로 만물 영장의 도리요, '도법자연'의 길이다. 그 외 인간사 생사의 길은 그 밖을 보아도 고(苦)뿐이요, 그 안을 보아도 고(苦)로 가득 찬 길이 우리네 부평길이다. 이 고를 벗어나려면 자신을 이기지 않으면 안 된다. 좋은 것을 얻어도 거기 탐착하지 말고, 나쁜 것을 얻어도 거기 슬퍼하지 말라. 음식은 병을 부른다. 식욕도 무서운 병이다. 오직 몸을 지탱할 수 있을 정도의 음식만을 섭취하라. 귀하고 좋은 음식을 탐하기 때문에 미혹의 강인, 생사의 강을 끊지 못하는 것이다. 몸을 절제한 줄 알아 자신을 잘 이기는 사람은, 맑은 심안을 얻을 수 있다는 말씀이, 바로 부처님의 간곡한 가르침이다.

도법자연, 그 길은 출세간도 벗어나야 한단다. 성인들의 말씀도 버릴 줄 알 때, 언어의 길이 끊어진 곳에서, 싹을 우뚝 들이미는 길이, 도법자연(道法自然)의 본래면목 자리가 된단다. 이렇듯 깨침을 얻는다는 것은 마음의 조작이다. 이 깨우침이 광명으로 세상을 있는 그대로 따사롭게 보듬어 주는 작업이 바로 깨우친 자의 몫이다. 선사이거나 조사이거나 부처이거나 밝게 깨우친 자는 세상을, 자신의 의지대로 개혁하려 하지 않는다. 그들은 비록 깨우쳤을망정 자신이 하나의 '마음의 빛'으로 세상을 스스로 밝게 비춰주는 역할만 할 뿐이다. 자연이 하는 무위의 힘을 실천할 뿐이다. 세상 만물 스스로의 힘으로 자신을 반조해서, 자신 스스로를 바꾸어 갈 수 있게 해주는 빛이 되고 소금이 돼주는, 그 책임과 역할 그 자체가 그들만의 몫일 것이다.

그런 의미에서 '도법자연(道法自然)'을 만고의 명문장으로 도출해 낸, 중국 선맥의 활화산 같은 존재감으로 부각되는 '야부선사(冶父禪師)'의 선시 한 대목을 맛보자.

죽영소계진부동(竹影掃階塵不動) 월천담저수무흔(月穿潭底水無痕)

대 그림자 섬돌을 쓸어도 먼지 하나 일지 않고, 달빛은 호수 바닥 뚫어도 물에 흔적 하나 없다는 뜻이다. 마음의 바람결이 세파에 일렁거리는 광경을 묘사한다. 마치 빗자루로 섬돌과 뜰을 쓸고 있는 것 같이 보인다. 모두가 마음자리가 하는 짓거리가 이쯤의 경계는 돼야 한다는 비유다. 마음의 그림자가 아무리 섬돌을 쓸고 마당을 쓸고 다녀도 먼지가 일지 않는 요지부동의 자세를 견지하고 있다. 달빛이, 아니 깨친 마음의 자리이거늘 호수 밑바닥까지 환하게 비치고 쓴다고 한들, 물에는 아무런 상처나 흔적이 있을 수 없다는 원융무애(圓融無礙)의 경지를, 지금 깨친 마음의 자리를 음유(吟遊)하고 있다. 확철대오한 각자의 경지다. 따뜻한 어머님의 품속 같은 대자비심의 함유다. 도가 왜, 자연의 품속에서 하늘로 머리를 두르고 물길을 내는지를, 지금 짤막한 시 구절로 촌철살인하고 있다.

  봄이 오늘 길목에 가랑비가 부슬부슬 내리면 초목도 대지도 고개 숙이고, 있는 그대로를 받아들이며 묵언하는 자세가 바로 '도법자연'의 숨결이라고 자위하면 견강부회일까. 그 빗속에서 밀가루 반죽해서 부침개 굽고, 콧노래 불러가며 먼 산 바라보며 스스로를 위안하는 나의 마음도 나름, 도법자연의 길, 아니 자연인의 일부라고 주장하면 욕심쟁이일까.

날마다 새롭게

글을 쓴다는 일은 자기 본성을 회복하는 일이라고 나는 주장하고 싶다. 왜냐하면, 글은 고된 정신노동력의 집산물이다. 부단한 정진 속에서 끊임없는 '자기 부정'이 없는, 사물의 새로운 발견은 어불성설이다. 그 눈부신 자신과의 처절한 투혼 속에서 빚어지는 결과물인 만큼, 안주는 자기 내면을 썩히는 고루한 행위이기 때문이다.

세상에 변하지 않는 것은 없다. "변하지 않는 것은 오직 변한다는 사실뿐이다." 헤라클레이토스가 남긴 명언이다. 중국의 저명한 철학서인 『주역』은 우주론과 인생관의 원리를 밝힌, 지금과 같은 첨단 시대에도 무시할 수 없는 만물이 변화돼 가는 참모습을 파헤친 역작이다. 공자도 『주역』을 연구하고 탐독하느라 '위편삼절(韋編三絕)' 했다는 일화는 유명하다. 위편삼절은, 가죽으로 만든 책의 끈이 3번이나 떨어져 나갈 정도로, 주역에 매진했던 공자님의 학구열을 빗댄 말이다.

그 『주역』에 다음과 같은 명언이 있다. "변하지만 변하지 않는다. 그 변하지 않음이 바로 참다운 변화다(易而不易 不易而大易)."

우리네 삶도 마찬가지다. 겉으로 보기에는 변하지 않는 것 같지만, 자세히 들여다보면 변하지 않는 것은 아무것도 없다. 변하지 않으면 그것은 목숨이랄 수 없는 법. 우리도 아침엔 상쾌한 기분이었다가, 저녁에 집으로 돌아오면 허리도 아프고 머리도 터질 것 같지 않은가. 자연의 이치도 이와 같다. 같은 강물에 발을 담그지만, 하염없이 발을 씻어주는 물은 같은 물은 아니다. 똑같은 오늘이라는 하루지만, 어제 먹었던 마음과 어제 빛났던 태양은 같을 것 같지만 다를 수밖에 없다. 오직 오롯한 오늘이라는 하루에게 주어진 숙명 같은 특권이랄까.

옛 성인들은 '법고창신(法古創新)'을 통해서, 자신의 길을 밝혔다. 법고창신은, 어제의 깨침을 오늘의 변화로 유도하는 마음이 짓는 행위다. 스스로가 변화하기 위한 자구책이다. 이렇듯 진정한 자기 연마는 자기 내성의 목소리에 귀를 기울이며 변화하여 생각을 바꾸고 삶을 반조하는 과정이다. 글을 쓰는 작업이 바로 이 행위일 것이다. 자신만의 고유의 가락과 리듬을 발견해서, 사물과 세계를 보는 시각에 리듬과 속도를 부여하는 작업이 바로 글쟁이들의 숙명적 과제다. 사물과 변화의 속도를 감시하는 능력은 알량한 지식보다 몸이 먼저 개화해서 리듬에 반응할 때만이 좋은 글은 탄생이 된다. 그 리듬은 정신의 반동이요, 세상을 휘어잡으려는 역동적 에너지 속에 있다. 모든 사물은 저마다의 리듬이 있고, 가락이 내재해 있다. 그것을 내 것으로 끌어당겨 나 자신의 언어로 노래 부를 줄 아는 작업이 바로, 살아 있는 글이요, 글쟁이들의 참모습이라 주장하고 싶다.

무슨 일이든지 미치지 않으면 변화를 추구할 수 없다. 꿈엔들 잊을 수 없는 작업이 바로, 변화다. 미치게 되면 달리 보이고, 변화가 보이고 변화를 발견하면 통하는 길이 생기고, 통달하게 되면 오래도록 간직할 수 있는 법. 세상사는 이렇듯 변화하고 늘 진보하며 유전에 유전을 거듭한다는 것이, 옛 어른들의 가르침이다. 글쟁이도 이 변화의 과정을 사랑할 때, 그 대상의 참모습이 말을 걸어오기 시작한다. 글쟁이의 의식이 작동하기 전에 그 대상은 마음이 빛으로 발산된다. 그 빛 위에, 가슴에 따스하게 안기는 이미지 위에 '나만의 언어'로 자신의 영혼을 주무르는 작업이 바로 글쓰기다. 자신만의 사상과 경험관 위에 각인된 영혼의 빛으로 빚은 옷을 걸치고, 가락과 리듬을 흥얼거릴 줄 아는 운치가 바로 노래요, 가락이 아닐까?

우리네 삶도 그런 것 같다. 꿈엔들 잊을 수 없는 고향 산하가 맑은 눈빛으로 꿈속에서 다가와 말을 걸면, 꿈속에서도 반가움 뿐이다. 유년의 추억은 누군들 잊을 수 없는 삶의 자양이다. 물장구치고, 다람쥐 쫓던 그 시절은 성년이 되면, 아니 고향을 떠나 타향 객지를 전전하는 이방인들의 가슴속에는 잊을 수 없는 보석 같은 별빛 추억들이다. 차별을 여읜 동심의 세계이기에 마냥 추구했던 건, 수정처럼 맑은 눈동자가 빚어낸 행위 자체가 성인의 세계에서는, 도저히 상상할 수 없는 세계이었기에 모두의 가슴을 아련히 적셔주는 것 아닐까.

찌든 가난도 서러움도 세월의 아득한 강을 건너고 보니, 모두가 잊을 수 없는 아련한 그리움으로 다가온다. 나만이 가슴 깊게 파고든 고칠 수 없는 병일까. 아닐 것이다. 표현만 안 할 뿐, 가슴 언저리에 맺힌 정분은 같을 것이다. 나는 초등학교 시절부터 일하고 나무하는 것부터 배웠다. 일은 당연히 하는 것으로 여겼다. 땅은 더할 수 없는 무한의 놀이터였으며, 친구요, 스승이었다. 흙에서 자랐기에 흙빛이지만, 부끄럽진 않다. 여름이면 무조건 소를 뜯기고 소깔을 짊어지고 기울어가는 해를 보며, 흥얼흥얼거릴 줄 알았던 유년기였다. 청소년기의 노동은 삶의 보람이었고, 장남으로서 당연한 책무였다. 일을 통해서 땅의 보람과 부모님의 소중함도 몸소 뼈저리게 체험한 시기였다. 겨울이면 추위를 끌어안고 몸으로 뒹굴면서 나뭇지게를 짊어지고, 산으로 밭으로 야생마처럼 분주히 움직일 줄 알았다. 끼니는 고작 우거지 죽에 고구마로 연명했지만, 푸념은 배부른 소리로 알고 지냈다. 그래도 힘은 황소 같았고, 논과 밭둑에서 불끈불끈 역산했던 힘은 주체할 길 없는 청춘의 혈기였던 것 같다. 모두가 암울한 죽음처럼 냉혹하게 파고드는 가난이 낳은, 긍정의 아이콘이 배출시킨 무위의 힘이라 여기고 싶다. 가세가 기울어갈수록 의지는 불꽃같이 맹렬했고, 몸뚱이는 고맙게도 보리밥이 키워준 근력 덕분에 무병했다. 가난의 덫에 헐떡거릴수록 나를 끌어주는 알 수 없는 힘은 용수철처럼 반등했다. 가난한 농군의 자식이었기에 가난을 통해 청빈과 근면을 배웠고, 욕심이 얼마나 부끄러운 발자국임을, 만물을 두텁게 보듬으면서도 묵묵히 제 할 일만을 실천해 가는 흙을 통해 통절히 깨달을 수 있었다. 이것이 작은 복일까? 고로 가난이 키운 힘은 지금도 나를 변화시키는 일등공신이다.

고대 중국의 탕왕은 세숫대야에 다음과 같은 글을 새겨 놓고서, 매일 아침 세수할 때, 마음을 다잡았단다.

"진실로 새롭게, 날마다 새롭게, 또 새롭게 변하라.(苟日新 日日新 又日新)"

부모님이 눈물로 물려주신 가난이 오늘의 나를 '일일신(日日新) 우일신(又日新)'하게끔 단련시켜준 것 같다. 급변하는 세상에 가난을 몸소 쓰라리게 체험했던 세대만큼, 능동적으로 대처할 수 있는 자신감도 역시, 부모님께 소중하게 물려받은 재물보다 값진 자산이리라 자위해 보는 날이다. 가난했기에 늘 움직이지 않으면 살 수 없었던 궁핍한 생활이, 나에게 변화를 추구하게끔 채찍을 가한, 가시밭 같던 뒤돌아본 삶의 여정이었지만 후회는 없다. 오히려 가난했기에 사람답게 사는 길이 무엇인지를 너무 일찍 가슴에 새기는 작업은,

뒤돌아보니 쓰라린 이력이었다. 그 매서운 찬바람이 없었다면 나는 지금 무슨 모습이었을까 생각하니, 콧등이 씨근해진다. 그 쓰린 상처가 아물어 내 초라한 인생의 황혼기에 비바람을 막아준다 생각하니, 오늘따라 일찍 세상을 달리하신 부모님이 한없이 그립다.

분별심(分別心)

 손자가 초등학생이 됐다. 꽃망울 번지듯 입가에 연일 미소가 돈다. 새로운 세상의 첫 관문 앞에서, 호기심 가득한 모습이 귀엽다. 그놈이 일찍 하교했다. 차에 태우고 할머니, 할아버지와 꽃모종을 사러 이원을 간다. 가다 길옆 포장마차에서 붕어빵도 샀다. 맛을 보면서 연신 봄날 나들이 나온 병아리처럼 재잘거린다. "붕어빵은 꼬리부터 맛을 보아야 제맛을 느낄 수 있단다." 이제는 제법 자기주장도 구성지게 꿰맞춘다.

 꽃가게를 갔더니, 벌써 다양한 꽃들이 고운 자태로 유혹한다. 꽃송이 앞에 선 늙은 가슴도 불덩이처럼 달아오른다. 이렇게 작은 것 하나에서 삶의 보람과 감사할 줄 아는 마음으로, 한순간이나마 즐길 수 있다는 자체가 고마울 따름이다. 손주들과 저물어 가는 삶의 뜨락에서, 작은 꽃 한 송이를 사 들고 마음껏 웃음을 나눈다. 우리가 무엇을 접한다는 것은 마음자리가 빚어내는 순간의 열락이다. 한 송이의 꽃을 통해서 손주들과 할머니가 자연의 품이 빚은 우주 생명력 앞에서 삶을 기쁨으로 맞을 수 있다는 자체가 감사할 뿐이다.

 무엇을 본다는 것은 결국, 어떠한 대상을 나의 감각과 생각으로 내 자신의 마음이라는 그물망을 통해서 받아들이는 작업일 것이다. 고로 모든 사물은 마음의 그림자다. 마음은 욕망의 그물이다. 현상계에 존재하는 산과 강, 나무와 꽃들은 허구가 아닌 실재다. 그러나 실재에 갖다 붙이는 모든 생각은 욕망이 빚은 허구다. 그렇기에 마음이라는 그물이 건져 올린 온갖 현상들은 꿈결에 그려본 허깨비와 같이, 영원한 진실이랄 수 없는 법. 이렇듯 모든 현상계의 사물은 순간순간 변한다. 눈앞에서 펼쳐지는 현상계가 우리가 인식한 것과 다른 방향으로 존재할 수도 있다는 말이다. 비근한 예를 보자. 사람에게는 평범한 물이요 물결이지만, 물고기 입장에서는 집이요 길이 될 수도 있다. 지옥 중생들은 사람들이 보는 물이, 고름으로 가득 찬 강으로도 볼 수 있단다. 이처럼 하나의 사물도 인식의 차이에 따라서 다르게 존재할 수 있는 것이 자연의 섭리며 이치다.

  그러나 사람은 어느 순간부턴가 하늘과 자연의 순리와 섭리를 거부하기 시작했다. 고로 씻을 수 없는 길을 걷게 되었다. 주된 요인은 '분별과 시비'였다. 이 세상에 존재하는 모든 사물은 하늘의 뜻에 순종하며 섭리 앞에 복종할 줄 안다. 그러나 만물의 영장이라 주장하는 요물인 인간은 순리를 거부할 자유를 구가하기 시작했다. 이 세상에 진리 아닌 것은 아무것도 존재하지 않는다. 그렇기에 사람의 목숨만 소중하다는 것은 편견이요, 집착이다. 집착은 그 대상에 있는 것이 아니라 사람의 마음 병이다. 척박한 박토에 뿌리내린 풀 한 포기에도 하늘의 섭리와 진리는 고스란히 간직돼 있다. 그들은 섭리에 순종하며 주어진 생명력으로 오늘도 세상을 엄숙하게 장엄하고 있다. 자신의 빛깔과 향기로 남의 것 탐낼 줄도 모른다. 억겁을 무명 속에 피고 질지언정 아니, 꽃이 아니라 한들 흔들리지 않는다. 이미 그들의 가슴속 심지가 우주 만물의 생명과 맞닿아 있거늘, 무엇을 시기하고 질투하며 시샘한단 말인가. 그저 묵묵히 둔박하지만, 자신의 빛깔과 향기로 세상을 밝히고 장엄할 뿐이다. 이것이 자연의 숨결이다. 고로 만물을 낳되 소유할 줄 모른다.

예수님의 화법으로 바꿔보자.

"내 왕국은 이 세상 것이 아니다(not of this world). 만일 내 왕국이 이 세상 것이라면 내 부하들이 싸워서 나를 유다인들의 손에 넘어가지 않게 했을 것이다. 내 왕국은 결코 이 세상에서 오는 것이 아니다(not from here)."

자연은 품지 않음이 없다. 사람도 욕심만 버리면 자연의 자식이다. 고로 자연은 모든 만물의 어머니다. 물이 없으면 만물이 생명을 유지할 수 없듯이, 자연의 숨결을 거역하는 것은 인간뿐이다. 왜 그럴까. '분별과 사량심'. 그것이 인간의 발목을 잡았다. 너와 나를 가르고, 높고 낮음을 사량해서 세상을 온통 요지경 속으로 몰아넣는 물건이 바로 사람의 행위다. 제 재주를 자만하며 독선과 오만에 취해 세상과 저를 괴롭히는 온갖 시비를 낳는 것이 바로 사람만이 하는 행위다.

사량과 분별은 중병이다. 많이 배운 놈일수록 독선과 아집의 늪인, 이 병이 심하다. 법을 왜곡하고 교묘히 술수를 부리는 것은 평생을 육법전서에 목을 맨, 법 미꾸라지들이다. 농사꾼에게 법은 무용지물이다. 농사꾼의 법은 맹물 같다. '죽는 날까지 하늘을 우러러 한 점 부끄럼 없기를, 잎새에 이는 바람에도 괴로워하는 심정'이 농사꾼들의 심지다. 그저 눈 뜨면 열심히 땀 흘려 일하고, 거둔 농작물 앞에 감사할 줄 아는 것이 농군의 심성이다. 민법과 형법은 농사꾼들에겐 잡초만도 못한 허접한 쓰레기다. 잡초는 이름만 잡초일 뿐, 뭇 짐승들의 둘도 없는 생명을 잇는 먹이다. 그럼에도 법 미꾸라지들은 농사꾼 알기를 무지렁이 취급을 한다. 제 잘난 맛에 취해 세상을 온통 흙탕물로 변질시키면서도, 하늘에 대고 삿대질을 서슴지 않는 놈들이 바로 그놈들이다. 이것이 자칭 그 무엇을 남들보다 더 알고 배웠다고 자만하는 분들의 행태다. 제 잘난 맛에 취해 세상을 온통 아수라장으로 변질시키면서도 양심의 가책을 모르는 집단이다. 내가 무엇을 조금 더 알고 있다는 것은, 낙락장송이 땅속 깊이 뿌리를 내리듯, 겸양과 하심(下心)해야 할 일이다. 그것을 보라는 듯 휘날리는 위인은 결국, 제 혀로 자신을 올가미 씌우는 자가당착 행위다.

'공수신퇴(功遂身退)'라 했다. 뜻하는 바에 도달했으면, 감사와 겸양할 줄 알고 자신을 물려라(退). 이것이 자연의 도리다. 공을 이루고도 만족을 모르고, 말을 타 보았으니, 종을 두고 싶다고 욕심을 부리면, 하늘의 그물에 걸린다. 욕심보다 무서운 화는 없다. 그놈 심중의 불길은 마음을, 쇳물을 녹이는 용광로처럼 만들어 버린다.

아버지는 가산을 털어 처남의 교육에 매달렸다. 자신이 못 배운 것을 처남으로 대리만족하고 그 설움을 극복하려 했던 것 같다. 육군사관학교를 보냈다. 영리한 처남은 졸업 후 승승장구했다. 그러나 결혼 후 사정은 급변했다. 처남에게 건 기대가 독화살이 되어 가슴을 후볐다. 외숙모가 못 배우고 가진 것 없는 집안과는 상종하기 싫단다. 거기다 무식한 부모도 보기 싫단다. 장모님까지 모시는 신세로 전락했다. 외할머니와 궁핍한 살림살이 밑에서 한솥밥을 먹던 15년간의 필름이 지금도 생생하다. 외할머니는 평생 가슴에 대못을 안고 눈을 감으셨다. 마지막 가시는 빈소도 아버지와 내가 지켰다. 외삼촌들은 못나고 가난한 무지렁이 같은 매형 집이라고 발길을 끊었다. 돌아가신 후 벌초도 아버지와 내가 10년 넘게 했다. 마지막 양심은 있었던지 어느 날 갑자기 찾아와서, 이장을 해갔다. 그 이후 연락은 끊겼다. 이것이 잘 나가는 사람들이 세상을 대하는 안목이다.

세상은 변한다. 무상과 허망함의 그물을 피할 사람은 없다. 권세와 명예가 영원하길 바라는 것도 욕심이다. 땅 파먹고 산다고 죽는 날까지 궁핍하게 살라는 이치도 없다. 음지에서도 얼마든지 꽃은 핀다. 이렇게 모든 것은 변한다는 사실을 볼 줄 아는 안목이 생기면, 눈에 보이는 현상 세계에만 고집하지 않는다. 그럴 때 너와 내가 둘이 아님이 보인다. 이것은 나무에 바람이 일렁이는 이치와 흡사하다. 우리네 본래 성품의 청정함을 되찾는 작업의 서막이다. 이렇게 되면 조건 없는 용서와 베풂도 가능해진다. 내가 아낌없이 희생할 수 있는 마음 자세가 되면, 세상의 모든 사물은 나의 스승이며 도반으로 다가온다. 작은 풀뿌리 하나에서 온 지구의 이치와 생명력을 감지하면서, 만물이 존경과 감사의 대상으로 가슴 벅차게 밀려오기 시작한다. 이보다 깊고 거룩한 가르침이 있을까. 일체 눈앞의 모든 현상 세계의 형상이 꿈같은 형상임을 자각하고, 분별심과 차별심을 떠난 세계가 바로 인간이 진정으로 추구해야 할 이상세계다.

  잘나고 못나고는 인간의 분별일 뿐, 결코 대상 자체에 우열이 존재할 수는 없는 법. 너와 내가 하나라는 인식이 스며드는 순간, 병신 자식이 더 애끓듯, 조금은 못나고 부족한 자식이 부모 곁을 지키는 이치가 보이기 시작한다. 세상을 지탱하는 것은 정치가와 식자가 아니다. 나를 고집하는 독선과 자만의 욕망은, 내가 나를 가두는 아집의 불구덩이다. 진실로 맑고 깨끗한 이치는 그물에 걸리지 않는 바람결 같다. 굽은 등걸이 선산을 지키듯, 땀 흘려 일하고도 대접을 모르는 무지렁이 같은 지순한 백성들은 분별을 모른다. 오직 사람의 길, 삶의 도리를 묵묵히 걸을 뿐 침묵할 뿐이다.

  연못의 더러움에 뿌리 내리되, 그 더러움에 더럽혀지지 않는 연꽃 같은 꽃망울은, 자기가 남긴 발자취에 스스로 묶이지 않을 때 피어나는 법. 왜 그럴까. 사람 사는 세상이 지향하는 마음의 왕국은, 결국은 나를 낮추라는 '하심

(下心)'이다. 그것은 소소한 것이지만, 일체의 모든 것과 소통시키는 인드라망의 그물 같은 것이기에.

종교와 권력

이 풍진 세상이지만 지고지순한 자연의 숨결과 벗할 수 있는 '마음의 창'을 열면, 궁색한 살림살이에도 희망의 엔도르핀이 돈다. 창문을 열면 온통 산하에 펼쳐지는 녹색의 향연에 척박한 삶에도 활기가 충만한 오월이다. 대지 만물이 씨눈 하나 빠트리는 일 없이 싹을 틔우는 보이지 않는 손길을 보라. 무위자연의 덕분에 인간이 누릴 수 있는 행복은, '마음의 창'만 열면 저잣거리에서 난무하는 비웃음 소리와 싸움질하는 소리도 인간의 삶을 향한 진실을 갈구하는 온갖 부처들의 노랫가락으로 들리게 된단다.

마누라의 잔소리도 경 읽는 소리로 들리게 되면 이 경지가 바로 '이순(耳順)'의 경지다. 이순(耳順)의 경지는 들리는 소리마다 묘음이요, 벅찬 생명의 물결처럼 밀려드는 리듬이다. 마음의 귀가[心耳] 접하는 걸림 없는 경지다. 이렇게 되면 앞산과 개 짖는 소리와 개울물 소리만 법음이 아니다. 돌과 나무와 삼라만상 개개 별별 모두가 빛나는 둘도 없는 하느님의 자식이며, 빛나는 목숨으로 보이기 시작한다. 지렁이도 세상을 빛내기 위해 호흡하는 둘도 없는 생명 자리이다. 이 경계가 되면 안목이 거침이 없는, 눈길 닿는 곳마다 모두가 천당처럼 지극한 안락함을 안기는 마음자리가 된다. 이것은 바로 '목순(目順)'이다. 이 경계가 본래 우리들의 마음자리라고 설하는 것이 성현들의 참된 가르침이다.

그러나 안방에 앉으면 매스컴이 남발하는 뉴스의 오염 때문에, 다시 차갑고 각박한 세상 살림살이의 고달픔으로 돌아간다. 접하는 소식마다 백성 알기를 우습게 취급하는 통수권자의 '절대 권력' 앞에서, 서민들의 고달픈 시름은 하소연할 길이 없다. 물가는 천정부지요, 하루가 다르게 변하는 총체적 경제난국 속에서 비지땀을 흘리면서도 보람 대신 허탈감 속에서, 기진맥진 무엇으로 자신의 생을 위안할 방도 찾기가 쉽지 않은 세상이 바로 문명 천국이라는 오늘날의 우리네 살림살이다.

윤석열 정권은 국민은 안중에도 없다는 듯, 국가 예산의 비상금 격인 예비비를 용산으로 대통령실을 옮기는데 650억의 혈세를 낭비했으며, 작년 한해 해외여행 비용으로 530억이라는 혈세를 물같이 썼단다. 멀쩡한 청와대를 방치하고 용산으로 옮긴 대통령실은 '불통의 전당'이라는 오명을 전 세계에 유감 없이 각인시켰다. 곳곳에서는 민생의 절규가 밀물처럼 들끓는데, 마이동풍 격으로 보라는 듯 해외여행을 즐기면서 '대통령 놀이 삼매경'을 즐긴 것이다. 그 몫은 한 표를 잘못 찍은 유권자의 벗을 수 없는 짐으로 부메랑 되었다. 우리는 분명 너도 속고 나도 속았다. 누구를 원망할 것인가. 모두가 자가당착인 것을.

우리 마음속엔 그 무엇이 있을까? 오늘보다는 내일을 기대하기에, 오늘의 좌절과 역경을 감내할 수 있는 것 아닐까. 어느 시인의 시구처럼 "상처의 용수철이 없다면/삶은 무게에 짓뭉그러진 나비 알/상처의 용수철이 없다면/존재는/무서운 사과 한 알의 원죄의 감금일 뿐/죄와 벌의 화농일 뿐"(김승희 「솟구쳐 오르기 2」). 그렇다. 상처의 용수철이 존재하기에 우리는 어떤 고난과 역경 앞에서도 내일을 기대하며, 허리를 다시 펴고 희망 노래를 갈구한다.

극락은 멀리 존재할 것 같아도, 새빨간 거짓말이다. 극락은 없다. 죽으면 모든 것이 끝이다. 젖과 꿀이 흐르는 환상의 나라, 서방정토 극락세계는 현란한 말 잔치일 뿐, 허공 꽃이라고 중국의 활화산 같은 선의 대동맥인 육조 혜능선사는 『육조단경』에서 갈파했다. 지금 내가 서 있는, 서로가 질시와 반목으로 점철된 진흙탕보다 더러운 사바세계가 바로 극락의 산실이란다. 내가 살고 있는 현실이, 아니 내 현재의 마음 밖에서 어떤 나라도 존재할 수 없단다. 혜능선사는 결단코 말씀하신다. "내 마음이 허덕이면 고통스러운 사바세계요, 마음에 걸릴 것 없이 편안하면 그곳이 바로 극락이요, 서방정토며 피안인 극락세계일 뿐이다."

그렇다. 오늘의 나를 구제할 수 있는 사람은 결코 석가와 예수가 아니다. 그것은 자기 자신에게 내장된 내 안의 작은 울림일 것이다. 하늘로 가는 길은 하늘에 있을 것 같아도, 현재 딛고 있는 시리도록 서럽고 복통할 이 예토(穢土)에 있다. 이토록 아비규환인 현실을 끌어올려 마음 편히 살 수 있는 곳이 바로 극락이요, 정토로 변화시키는 방법 외엔 길은 없단다. 이렇듯 '자기 구제'도 비틀거리는 현재의 삶 속에서 찾아야 한단다. 그 쓰라린 역경을 에너지원으로 승화시킬 줄 아는 것도 자신의 마음이 결정하는 행위다.

부처님은 늘 국왕들에게 민중본위(民衆本位)의 정치와 베풀 줄 아는 자비의 정치 철학을 실천할 것을 권유했다. 재와 부의 공정한 분배와 실천을, 그리고 서민을 늘 살피고 보듬을 줄 아는 실물 경제를 설하셨다. 전쟁이나 공허한 말 잔치도 엄중히 경계하셨음은 물론이요, 오만한 권력의 지배와 부귀, 재물의 독점도 삶의 질을 파괴하는 민중 착취 행위로 여기시고 처단할 것을 강력히

훈계하셨다. 이에 준하여 중국의 승려 승조(僧肇 385-414)도 세속적 권력에 끝까지 저항했던 인물이다. 그는 형장의 이슬로 사라져가는 옥중에서도 일주일간의 여유를 얻어 감옥에서 『보장론』을 쓴 다음 형장에 나아가 형리의 번쩍이는 비수를 받으면서도 태연히 사자후를 설했다. "사대(四大)는 본래 공이요, 오온(五蘊)에는 주(主, 我)가 없는 것. 그러니 내 목을 흰 칼로 친다고 할지라도, 그것은 춘풍을 베는 것과 같다."라고.

이것은 다 부처님께서 "권력자는 수전자(守田者)에 불과하다. 민중의 토지와 재산을 지키는 관리자에 불과할 뿐이다."라고 하신 가르침에 근거해서 절대권력자들에게 목숨 걸고 촉구했던 종교인의 참된 중생 제도의 현실관이었다. 부처님은 이렇듯 민중의 재산을 도적질하듯, 풍수해와 화마가 약탈하듯 절대 권력자가 백성을 능멸하며 아집과 독선으로 흐르는 것을 금할 것을, 시간 있을 때마다 제왕들에게 고구정녕히 설하셨다. 인간이 인간을 착취하는 행위는 기만이요, 가식과 위선으로 포장된 짐승 같은 행태다.

종교는 평등과 무차별 세계를 지향하는 인간이 추구하는 최고의 이상향이다. 차별과 분별을 넘어서 모두가 한목숨임을 자각시키는 것이 종교의 본질이기에 종교가 시대를 초월해야 함은 당연한 책무다. 인간은 생사에도 얽매일 수 없는 '대자유인'이건대 위정자들의 독선과 아집 때문에 사회적 차별과 갈등의 벽에서 허덕이는 오늘날의 세태가 걱정스럽다.

왜? 죽어야만 했던가도 모르면서, 파리 목숨같이 희생당한 '이태원 참사'가 아직도 해결될 실마리조차 보이질 않는다. 한 병사가 안타깝게 산화한 '해병대 채상병 사건'도 이미 국민의 신망을 저버린 지 오래다. 민주주의가 심각한 도전에 신음하고 있다. 우리는 왜 이렇게 살고 있을까. 좌파요 우파는 누구며, '빨갱이' 또한 이 밝은 대명천지 민주복지국에서 왜 재등장하는 용어인가?

이렇듯 사회적 갈등 앞에서 종교인이 침묵하면 국가의 미래는 없다. 권력에 아첨하는 종교는 썩은 종교다. 아집과 오만으로 국민을 능멸하는 권력에 끝없이 채찍을 가할 줄 아는 것이 종교인의 책무다. 승조선사가 절대 권력 앞에서 춘풍을 베는 것 같이, 한목숨 버렸듯이.

내 안의 보물들

벌써 한낮 온도가 30도를 웃돈다. 이른 새벽 산책을 나선다. 새벽이 하루의 창을 여는 서막이기에 산책하기엔 가장 좋은 시간대다. 숲길을 산책하는 묘미는 한둘이 아니다. 첫째는 숲이 안기는 편안함이다. 조용히 걷다 보면 내면에서 들려오는 소리가 있다. 소나무가 전하는 말을 듣는 날이면 기분은 말할 수 없는 신선함에 젖는다. 산다는 것은 이렇게 스스로가 작은 곳에서 마음의 안식을 찾고, 그것에서 삶의 보람과 힘을 창출하는 작업이라 나는 위안하면서 즐긴다.

지용 동산을 오른다. 일상이 된 산책길이다. 그런데 이게 웬일인가. 갑자기 기분이 묘하다. 주변을 보니 독사가 머리를 치켜들고 나를 겨누고 있다. 섬뜩하다. 이렇듯 세상살이는 내 뜻대로 존재하는 것은 아닌가 보다. 곳곳에 나와는 상반된 의견들이 흩어져 있다. 남의 거친 목소리를 들을 줄 아는 것도 힘이다.

부질없는 삶도 한순간

문밖이 저승길이라 겁박하지만

마음 빗장 열지 못하면

영겁토록 찾지 못할 물건이여

망설임 없이 꺼내 쓸 수도 있고

손에 쥐고도 하염없이 찾는 것이

이놈의 묘한 행방

탁—소리 한순간에

팔만 사천 낙엽이 황금빛 날개를 펴고

구만리 장천을 장엄하는 묘한 이치여!

가늠할 길 묘연한

가깝고도 먼 심지

내 안의 보물단지는

마음 궁궐이 짓는 떡방아

—「내 안의 보물」 전문

『채근담』의 한 구절을 인용해 본다.

"하늘이 나에게 복을 박하게 주면, 나는 나의 덕을 두텁게 하여 박한 복을 맞아들이고, 하늘이 나에게 몸을 힘들게 하면, 나는 내 마음을 편안하게 하여 힘든 육체를 극복한다. 또 하늘이 나에게 액운을 내리면 나는 내 마음의 도를 넓혀서 세상사를 형통시키면, 더 이상 하늘인들 나를 어찌하겠는가?"

그렇다. 세상살이의 모든 난해한 문제의 해결은 멀리 존재하지 않는다. 모두가 내 안에 간직된 보물들을 꺼내 활용하면 된다. 소인은 그것을 자꾸만 멀리서, 아니 나 자신이 아닌 다른 곳에서 찾으려고 애간장을 녹이는 사람이요, 남 탓과 자신의 허물을 인정할 줄 모른다. 그러나 군자는 가까이서 내 안의 보물을 슬금슬금 필요할 때마다 꺼내서 활용하는 사람이 군자가 아닌가 나는 생각한다.

『금강경』에서는 '무실무허(無實無虛)'라 말씀하신다. 우리네 세상살이의 본질은 실다움도 없고 헛됨도 없다는 말씀이다. 있다고 하자니 실체가 없지만 없다고도 할 수 없는 것이 우리네 삶의 본질이 아닌가 생각한다. 이렇듯 중도의 원리로 세상을 보면 아집과 아상, 자만을 쉽게 벗어나 삶의 본질을 터득한 이상, 대자유의 삶을 영유할 수 있는 길이 열린다는 말씀이다. '중도의 원리'는 간단하다. 거문고가 있다. 현을 너무 조이면 좋은 소리가 나지 않듯, 너무 헐거워도 좋은 음을 얻을 수 없다. 적당한 거리, 편벽되지 않는 조율 속에서 세상을 보는 눈이 바로 '중도의 원리'다. 그런 안목이 갖춰질 때 훨훨 새처럼 자유자재한 삶을 구가할 수 있는 인생이 펼쳐진다고 말씀하신다. 이렇듯 모든 것이 분별과 차별만 떠나면 하나로 귀일한다는 것이 부처님의 간곡한 말씀이다. 고로 '모든 것이 불법이요, 하나님의 가르침이며, 공자와 뭇 성인들이 지향하는 바라는 말씀이다. 아집과 자만, 시기와 질투가 그대로 내 안의 깨우침을 유발하는 에너지원이 된다는 말씀이다. 고로 진흙 없는 연꽃이 존재할 수 없듯이, 진흙 그대로가 연꽃이라는 말씀이다. 시기와 질투도 내가 잘 소화 시키면, 오히려 역동적인 삶의 주인공이 얼마든지 될 수 있다는 말씀이다.

이렇게 마음을 먹으니 갑자기 부자가 된 느낌이 든다. 얼마나 자유롭고 편안한가. 이것이 바로 성현들의 시공을 초월한 가르침이다. 이렇듯 모든 것은 내 마음이 짓는 떡방아다. 내 안에 내장된 보물들이 가득한데 그것을 활용할 줄 모르고, 먼 곳에서 찾으려 방황하고 남을 탓하고 자신을 질책하는 것이 바로 우리네 묘한 마음자리요, 현재 삶의 주소다. 이 물길을 스스로 찾아내는 것이 주인공으로 사는 길이요, 물질 만능과 급격하게 변하는 세상에 능동적으로 대처하는 묘안이라 나는 생각한다.

공자님도 말씀하셨다. "과분한 칭찬을 받는 것은 군자가 갈 바가 아니고, 근거 없는 비난과 시기와 질투를 온몸으로 감당해 내면서도, 조금도 남을 책하거나 원망할 줄 모르는 길이 참다운 삶의 정도"라고.

오늘은 『채근담』의 향기에 젖어드는 날인가 보다.

"물은 물결이 일지 않으면 스스로 조용하고 거울은 먼지가 끼지 않으면 저절로 맑다. 하루 해가 이미 저물었으되 오히려 연기와 노을이 아름답고 한 해가 장차 지려고 하되 등자와 귤은 더욱더 향기롭다. 그러므로 군자는 인생의 말년에 정신을 백배로 가다듬어야 한다."

이것이 글의 진수다. 물소리가 요란한 것은, 바닥이 고르지 못하기 때문이란다. 절창이다. 그렇다. 텅텅 빈 깡통이 요란하듯, 속이 깊은 강물은 소리 없이 흐르는가 보다. 우리네 삶도 이런 이치가 아닐까. 남을 원망하기 전에 모든 문제는 내 안의 문제에서 해결하면 된다. 내가 문제이다. 내가 모든 문제를 긍정의 아이콘으로 접하고, 원만 무애하게 해결하려고 노력하면 하늘인들 어찌할 방도가 없는 것이 세상사의 이치다. 남을 원망할 필요가 없다. 물의 흐름도 바닥이 미끈하면 잔물결을 내고, 바닥이 거칠면 파고가 심한 것이 자연의 원리란다.

떨어지는 해를 곱게 단장하는 저녁놀처럼, 삶의 말기에는 백배 조심하고 자중자애하는 길이 유종의 미를 거두는 첩경이다. 가슴 깊이 새겨둘 일이다. 모과도 된서리를 맞아야 향과 색깔이 빛나듯, 내 안의 보물은 분명 내가 꺼내서 다듬고 활용하는 것이다. 새벽 산책길에 나를 향해 머리들 치켜든 독사도, 분명 나와 깊은 전생의 연분을 지니고 있을 것이다. 피치 못할 불편한 인연이 독이 되어서 나를 노려보았을 것이다. 그 독의 원인도 나로부터 기인한다고 생각하고, 이사를 할 때도 우선 필요 없는 물건부터 버리고 가는 것이 우리네 삶의 보편성의 원리이듯, 나를 되돌아보는 길이 모든 일의 순서다. 그렇다. 모든 원인은 나에게 있다.

이렇듯 내가 나의 벽을 허물지 못하는 이유는 간단하다. 내 마음에 설정된 잣대가 문제다. 분별과 사량의 잣대 대신 가슴에 한 가지 그리움을 품을 줄 아는 '마음의 그릇'이 되자.

세상의 모든 만물은 하늘이 부여한 무한의 뜻을 내장하고 있다. 내 안의 보물인 마음을 잘 활용하면 모든 것은 긍정의 자산이요, 힘의 원천으로 환원된다. 독사가 표독스러운 모습으로 나를 노려보더라도, 세상이 나를 버릴지언정, 나는 나의 길을 가는 것이다. '내 안에 내장된 보물'인, 나의 덕을 스스로 두껍게 하고, 어려울수록 내 마음을 편안하게 가지고, 내 안의 '마음의 도'를 넓게 활용하면, 어떠한 시련과 고난 앞에서도, 나는 결코 남을 원망치 않고 당당한 삶의 주인이 되리라 확신한다.

세상은 온통, 나의 스승

공자님은 다음과 같이 말씀하셨다.

"세 사람이 길을 갈 때 그중에 반드시 나의 스승이 있다. 선한 이가 있다면, 그의 선을 나의 선으로 삼고, 악인이 있다면 그의 악행을 나의 가르침으로 삼아, 나를 비추어 나갈 것이다."

그렇다. 세상은 나만 홀로 존재하는 것이 아니다. 부처님도 이와 같은 말씀을 하신다.

"벗이여, 여기 두 개의 갈대 묶음이 있다고 하자. 그 두 개의 갈대 묶음은 서로 의존하고 있을 때 서 있을 수 있다. 이것이 있으므로 저것이 있고 저것이 있으므로 이것이 있다. 그렇지만 만약 두 개의 갈대 묶음에서 한 개를 제거해 버리면 다른 갈대 묶음도 넘어져 버릴 것이다. 이와 마찬가지로 이것이 없으면 저것이 존재할 수 없고, 저것이 없으면 이것 또한 존재할 수 없는 법이다."

사물의 이치도 이러한데 사람의 존재 이유야 논할 필요가 있을까. 세상은 이렇듯 알고 있는 만큼 보이는 법이다. 무심히 흐르는 강물을 바라보면서 공자님도 흘러가는 것들의 도리를 깨달았듯이, 세상은 홀로인 듯하지만 혼자서 되는 것은 아무것도 없다. 모두가 돕고 희생하는 가운데 나의 삶이 조명을 받을 수 있다는 것이 성현들의 가르침이다. 공부는 책을 통한 공부만 공부는 아니다. 세상만사가 공부 아닌 것이 없다. 악인이 행하는 행위도 내 삶의 등불로 존재할 수 있는 법. 그의 악행의 잘못을 나를 돌아볼 줄 아는 거울로 삼으면 된다. 그럴 때 그는 나의 '반면교사'요, 역행보살(逆行菩薩)이다.

길가에 무심히 피어 있는 한 송이 들꽃도 나의 길벗이요, 스승이다. 묵묵히 자신의 길을 수행하는 겸손의 미덕과 스스로 만족할 줄 아는 지족의 자세를 발견한다는 자체가 크나큰 가르침이요 값진 체험이 아니랴. 사람만이 분별과 차별로 자기만의 인식의 잣대로 대상을 인식한다. 만물 중에서 차별과 분별로 이등분하는 이치는 사람만의 못된 병이다. 쑥부쟁이는 국화를 시샘하거나 부러워할 줄 모른다. 자신의 빛깔과 향기로 세상을 밝힐 뿐, 남의 시선엔 관심이 없다. 이것이 작지 않은 준엄한 자연의 교훈이요, 이치다. 고로 세상은 온통 나의 말 없는 벗이며 스승으로 가득함을 자각할 일이다.

무비스님이 해설하신 『화엄경』, 「입법계품」을 샀다. 이미 사놓은 책도 소화하지 못한 주제에, 또 욕심이 발동한 것이다. 손자가 장난감에 눈독을 들이듯, 나도 책 욕심이 많다. 『화엄경』은 부처님께서 6년 고행 끝에 마가다국 니련선하(尼連禪河) 주변의 보리수 아래에서, 음력 12월 8일 새벽 샛별이 떠오르는 순간 정각을 성취하셨다. 너무도 큰 깨달음 앞에 부처님은 갈등을 겪는다. "내가 성취한 깨달음은 아무리 설한들, 이해할 사람이 없을 것이다. 홀로 정각의 기쁜 선정을 누리다 열반에 들면 된다." 그러나 제석천의 간곡한 간청에 결심을 굳히고 중생 교화에 평생을 진력하기 시작하신다.

정각을 성취하신 뒤 가장 먼저 『화엄경』을 3·7일 동안 설하셨다고 전한다.

설법을 펼친 곳도 하늘과 땅을 오가면서 법을 전하셨다. 하늘에서 4번, 땅에서 3번 설하신 기록을 번역한 것이 책으로 80권이요, 7처(處) 9회 40 품(品)이라는 광대한 분량이다. 이 어마어마한 분량에 쉽게 접할 수 없고 보통 신심으로는 근접할 수 없는 부처님 가르침의 최고봉이다. 아니 인간이 낳은 인류 문화유산의 최고 걸작이라는 평가가 붙는 작품이다.

80권을 어떻게 요약할 수 있으랴마는『화엄경』,「입법계품」의 대략적인 주제는, 선재 동자가 53 선지식을 찾아가며 펼쳐지는 고난의 구법 행각이다. 천하 만물이 모두가 한목숨이며 누구나 분별과 차별을 여의면, 정각을 성취할 수 있는 청정 법신이라는 말씀이다. 그리고 어떠한 고난과 역경 앞에서도 좌절하지 않는 불굴의 의지력을 펼치는 장면은, 현대를 살아가며 방황하는 영혼들에 깊은 울림을 주는 감명 그 자체다.

『화엄경』은 지상과 천상을 오가며 설하신 장면이, 시간과 공간의 한정을 완전히 초월한 진정한 깨달음이 무엇인가를 여법하게 역사적 실존, 그 자체로 증명하는 인류 최고의 기록 문화다. 시간적, 공간적 차별을 넘어서는 인류 최초의 세계관을 보라는 듯 펼쳐 보이신, 아니 누구나가 부처의 성품을 소유한 소중한 생명 존중 사상을 불후의 언어로 설하셨다는 자체는, 인간의 존엄성을 드높인 만고의 절창이다. 나와 만물이 서로 공존과 존재 가치의 상호 융합을 설하시는 '원융무애(圓融無碍)'의 경지를 보여주는 장면은, 화엄경의 세계에서만 볼 수 있는 불후의 장광설이다.

화엄(華嚴)은 온갖 것들이 이룬 동산을 지칭한다. 높음과 낮음이 하나요, 깨끗함과 더러움이 하나며, 삼라만상과 인간, 천상 세계의 천인과 산천초목의 목숨이 사람의 목숨과 같이 오롯하게 존중될 때, 그곳의 경계가 지향하는 바가 바로 '원융무애(圓融無碍)'의 경지다. 이름 없는 평범한 범부 중생이 발현하는 무한한 우주의 생명이 약동하고 있음을 명약관화(明若觀火)하게 가르치며 깨닫게 한다. 화엄 동산은 사람만 이룰 수 있는 곳이 아니다. 꽃과 나무와 돌과 짐승이 한목숨 한 생명으로 찬란한 꽃동산을 꿈꾸면서 상즉상입(相卽相入)이라는 모습이 진정한 화엄경의 메시지다.

각자의 목숨이 상반돼서 각기 다른 것처럼 보이지만 먼 안목으로 보면 하나라는 이야기다. 일체 모든 대상이 서로 용서하고 용납해서 받아들이고(相入), 서로가 하나가 되어(相卽) 아무런 걸림이 없는 자유자재한 대자유의 세계를 꿈꾸는 '원융무애(圓融無碍)'를 지향하는 세계가 바로 화엄의 생명 사상이다.

세상은 돌아보면 모든 것이 나의 스승이요 벗이다. 선현들의 가르침의 전당인 『주역』은 성인들의 우주관과 인생관을 담고 있다. 공자님도 마지막 경계에서 가죽끈으로 맨 책이, 세 번이나 떨어져 나갈 정도로 매진했던 경서(經書)다. "성실함이 있으면 범의 꼬리를 밟아도 물지 않는다. 숫양의 뿔이 휘어지는 것은 자기 힘만을 믿고서 울타리를 들이받음"이라고 경책하신다.

이렇듯 마음의 창문을 열면 자연은 인간의 영원한 교과서다. 청정한 경계마다 늘 화엄 세계(華嚴 世界)를 장식하고 있다. 마음이 즉, 도이며 부처요, 하늘길이라고. 이렇게 고구정녕히 설하시는 부처님의 화엄 세계는 인류 불멸의 금자탑이다. 화엄 세계는 분별을 떠나 너와 내가 하나를 이루는 '마음의 눈'이 가꾸는 세상이다. 그곳에선 돼지도 도를 얻을 수 있고, 나무와 새와 동물들도 사람과 똑같은 목숨으로 인정받는 세상이다. 모든 존재가 서로서로 존중하기에, 모두가 화려하고 엄숙한 존재이다.

화엄의 이치는 '호박꽃'은 호박꽃의 향기와 빛깔로 세상을 밝히면 되고, 쑥부쟁이는 제 모양과 향기로 세상을 향해 존재의 가치를 밀어 올리는 작업이다. 호박꽃은 절대로 장미를 시기의 눈으로도, 선망의 대상으로 삼지 않는다.

우리네 살림살이만이 금수저, 흙수저를 차별과 분별로 사람을 개돼지 취급을 하는 금전만능의 굴레와 잣대에서 벗어날 길 없는 썩은 세상이다. 많이 배운 놈일수록 더러운 추태를 일삼고 뱁새의 눈으로 째려볼 뿐이다.

내 이상과 향기와 빛깔을 마음껏 자연 만물과 공유함으로써, 서로를 인정할 수 있기에 내가 존재할 수 있다고 생각하는 세상이 바로 부처님의 화엄 세계다. 모든 존재가 우주 법계의 주인공임을 '마음의 눈'으로 서로 인정해 주는 세상이다. 이 사상이 금전만능 사회에서 갈등과 분열로 점철된 현대인의 방황하는 전도된 가치관을 감로수같이 촉촉하게 적셔줄 법문이다. 인간이 꿈꾸고자 하는 이상향인 '원융무애(圓融無碍)의 정신'은 바로 화엄 세계요, 내 마음이 짓는 세상이라니, 오늘은 묘한 이치에 이끌려 살맛 나는 하루다.

불굴의 의지력으로 분별과 차별을 넘어, 마침내 정각을 누구나 성취할 수 있다는 가르침을 가슴에 간직하면서 노후를 보낸다는 사실은, 인생이라는 작품을 가일층 완성하는 길일 것이다. 80권이라는 엄청난 분량은 가히 쉬운 접근은 아니다. 그러나 죽는 그날까지 가슴에 깊이 간직하면서 죽음을 맞이한다는 것 또한 작은 복은 아닐 것. 그 험한 고난의 길을 기쁨으로 자청하면서, 한 자씩 읽고 실행에 옮기면서 나의 마지막 삶의 정열을 불태우고 싶다.

『금강경(金剛經)』 이야기

　새벽 5시 기상을 한다. 산책 겸 운동을 나간다. 찜통 같은 날씨지만 새벽 공기는 상쾌하다. 돌아와 샤워하고 일심으로 합장한다. 그리고 『금강경』을 한 자 한 자 가슴에 새겨 읽는다. 하루의 창을 여는 서막이요, 수행의 방편이다. 『금강경』에는 우리가 결코 내려놓지 못하는 '나'라고 의지했던 허망한 나를 미련 없이 떨쳐버리고, 더 큰 나, 참된 나, 우주적인 나를 만날 수 있는 불후의 명문장들이 즐비하다. 이 맛이 『금강경』만의 숨길 수 없는 묘미요, 매력이다. 『금강경』은 문자 그대로, 금강과 같이 빛나는 지혜로 우리가 끌어안고 있는 집착을 여의면, 삶의 본래면목인 진정한 행복의 문이 열린다는, 대승 반야 경전의 핵심을 이루는 말씀으로 구성되어 있다.
　저 유명한 당나라의 육조 혜능대사는 나무꾼이었다. 나무를 해다가 어머니를 모시는, 말 그대로 일자무식의 농사꾼이었다. 어느 날 나무를 팔러 나갔다가 이 『금강경』의 한 구절인 '응무소주 이생기심(應無所住 而生其心)'이라는 소리에 번쩍 눈을 뜬다. 어떤 것에도 머물지 말고 마음을 내라는 말씀이다. 깨닫고 나서야 이 말씀이 『금강경』의 가르침임을 터득한다. 곧바로 나뭇짐을 내려놓고 입산한다. 중국 선맥의 오조 홍인(五祖 弘忍) 대사와 역사적인 법거량의 출발점이다.

"너는 영남의 오랑캐인데 어떻게 부처가 될 수 있겠느냐?"

라고 핀잔을 주자 혜능은 다음과 같이 말한다.

"사람에게는 남북이 있다 하오나 부처의 성품에는 남북이 있을 수 없으며, 또한 불성에야 무슨 차별이 있겠습니까?"

이 한마디에 홍인 대사는 혜능이 큰 그릇임을 알고, 대중이 해칠 것을 염려하여 방앗간에서 일하도록 한다. 그리고 장작을 패고 방아를 찧는 사이 숙성된 법기에 도달한다. 일자 무식쟁이 혜능은 마침내 홍인 대사의 의발과 『금강경』을 전수 받아 법맥을 잇는다. 이것이 어느 곳에서도 발견할 수 없는 『금강경』만의 유일한 매력이다.

『금강경』의 요체는 '파이집 현삼공(破二執 顯三空)', 두 가지 집착을 깨트리고, 세 가지 공의 이치를 나타낸다. 아집은 나라고 하는 집착인 아집(我執)과, 나 이외의 다른 객관에 대한 집착인 법집(法執)을 말한다. 삼공(三空)은 아공, 법공, 구공(俱空)인데, 나도 공하고 대상도 공하고 나와 대상이 함께 공하다는 뜻이다. 그렇지만 그 또한 이름이 세 가지 공일 뿐이다.

부처님께서 수보리에게 말씀하셨다.

"무릇 형상을 지닌 모든 것은 허망 하나니(凡所有相 皆是虛妄), 만약 모든 형상이 진실한 상이 아님을 보면 곧바로 여래를 보리라(若見諸相非相 卽見如來)."

『금강경』을 총망라하는 핵심 요체다. 내가 보는 세계는 객관적으로 존재하는 세계가 아니라, 내 마음에서 받아들인 세계일 뿐이다. 그 세계라는 것은 내 의식에 의해 창조된 주관적인 인식의 세계이다. 주관과 객관은 실재가 아닌, 이 또한 내 의식이 낳는 분별 망상이다. 이렇듯 우리가 인식하고 있는 모든 것은 마음의 그림자에 가려 본질을 보지 못한다는 것을 깨달으면, 바로 참 진리인 '여래'를 만날 수 있단다. 만고의 절창이다. 이 한 구절만으로도 이미 법문은 끝난 것이다. 무엇을 더 말한다는 것은 사족일 뿐이다. 가슴에 중얼중얼 외면서 하루를 소일하는 맛은 누구도 느낄 수 없는 진경이다.

우리의 인식에 고정된 모든 상(相)을 상으로 보지 않을 때, 진실한 발견인 성품의 본성인 여래를 발견할 수 있단다. 그래서 부처님은 『금강경』에서 한결같이 말씀하신다.

"내가 설한 팔만 사천 법문도 법문이 아니다. 나의 법문은 단지 깨달음을 성취하기 위한 일종의 한 방편일 뿐. 그것을 결코 목적으로 삼지 마라. 나의 법문을 다만 강을 건너기 위한 뗏목이라 여기고 버려라. 자신의 보물을 심지로 삼아라."

이렇듯 정법도 버려야 하거늘, 그릇된 법을 말할 필요가 있을까.

부처님께서는 49년 동안 많은 설법을 하셨음에도 불구하고, "나는 한 글자도 설한 바가 없다."라고 말씀하신다. 이것이 바로 어떤 종교에서도 찾을 수 없는 빛나는 가르침이다. 왜냐하면 모든 중생은 이미 부처님과 똑같은 '불성'을 가지고 있다는 것을 강조하신다. '불성'이면 모든 것이 해결된다는 말씀이다. 단지 내 안의 다이아몬드보다 값진 보석을 가지고 있으면서도, 그것을 발견하지 못할 뿐이지, 부처와 중생은 차이가 있을 수 없다는 고고성은, 지구상에서 처음 설파하시는 명언이다. 부처는 이름이 부처요, 중생도 이름이 중생일 뿐, 차이가 있을 수 없다. 그렇기를 누가 누구에게 법을 설할 수 있느냐는 말씀이다. 그리고 누구나가 욕망하는 정각, 큰 깨침을 성취해도 고정된 실체인 '바로 이것이다.' 할 수 있는 것이 없다는 말씀이다. 즉, 견성 성불해도 산은 산이요, 물은 물이라는 말씀이다. 이름이 '설법, 설법'이지 실체가 없다는 말씀이다. 이렇듯 『금강경』이 지속해서 주장하는 논리는 '인불(人佛)' 사상이다. 사람이 부처라는 논리다. 한 사람이 선행을 할 때, 선행하는 동안은 부처와 같다는 논리다. 그렇다. 비근한 예로 5분 동안 우리가 눈을 감아 보자. 눈을 감은 5분 동안은 맹인인 것이다.

　이렇듯 『금강경』에서 일관되게 설하시는 논리는 '즉비(卽非)의 논리'다. 무엇이든지 본래는 없던 것을 마음이라는 묘한 놈이 만든 것이다. 만들었다 하더라도 '무엇이다'라고 결정적으로 드러내 보일 것은 아무것도 없다는 논리. 사실은 텅 빈 것이고 공한 것이 인연을 만나서 '이것은 이것이다.' 하지만, 그 역시 이름일 뿐이라는 논리. 이 이치는 세상 모든 만물에 적용될 수 있다. 예를 들면 '판사'라 하자. 판사라는 이름은 직무를 수행할 때만 적용될 뿐, 집에 가면 아버지요, 남편이며, 아들이 되는 것이 죽비의 논리다.

　고로 부처님도 한결같은 말씀을 하신다. '극락, 극락' 하지만, 극락은 없다. 모든 것이 극락이다. 이름이 극락일 뿐이지 실체적 극락은 존재할 수 없다. 내가 실존하는 세상, 그 자체가 바로 그대로 여법한 극락일 뿐이다. 진흙 없는 연꽃이 존재할 수 없듯, 사바세계가 그대로 극락 당처란다. 젖과 꿀이 도도하게 물결처럼 굽이치는 환상의 나라, 서방 정토 극락세계는 우리의 또 다른 욕심일 뿐, 갈구하지 말란다. 지금 내가 존재하는 내 마음 밖의 세상은 존재할 수 없는 욕망의 갈구일 뿐, 결국 극락은 내 안의 마음이 짓는 갈등행위란다.

　"마음이 영겁을 헐떡이면 그곳은 영원한 사바요, 지옥 고를 감내하면서도 내 마음이 편안과 자족, 안락하다면 그곳이 바로 극락 당처란다."

　이런 연유로 부처님은 49년 동안 팔만 사천 법문을 설하셨으면서도 나는 한마디 법문도 설한 한 적이 없다."라고 하신 것 같다. 나의 말이 진실로 깨달음 속에서 정법을 지향할지라도, 너의 부처는 네 안에 있다, 얼마나 신명 나는 말씀인가. 이보다 더 지극한 인간애가 있단 말인가. 네 안의 부처를 모시라. 너도 나와 똑같은 부처다. 너와 나뿐만 아니라 삼천 대천세계의 모든 만물이 오롯한 부처란다. 어떤 종교와 성현들이 이렇게 말씀하신 바가 있던가. 네 마음이 곧 부처란다(心卽佛). 그리고 세상에 믿을 수 있는 것은 오직 '자등명 법등명(自燈明 法燈明)'일 뿐, 내 가르침은 단지 네 안의 보물인 네 마음이 갈피를 잡지 못할 때, 요긴하게 빌려 쓸 뿐이다. 내가 정법이라는 이름으로 설한 법은 이름일 뿐이요, 허상이며 단지 달을 가리키는 손가락일 뿐이다. 고로 강을 건널 때 요긴하게 쓰는 뗏목처럼 유용하면 빌려 쓰다가 법이라는 자체도 집착 말고 버리란다.

'수연무작(隨緣無作)이요, 수연소구업(隨緣消舊業)하라'. 인연 따라 살면서 가식과 위선으로 일을 만들지 마라. 그리고 인연 앞에 옛 업을 녹이는 행을 실천하라. 그동안 '나'라고 의지했던 허망한 나를 떠나보내고, 작은 것에 대한 집착에서 벗어나라. 그럴 때 더 큰 나, 참된 나, 우주적인 나를 만날 수 있단다.

생과 사를 초월하는 사람과 하늘의 위대한 스승이신 부처님의 가르침은, 인류가 이룩한 최고의 승리요, 불멸의 인류 문화유산의 보고다. 그런 가르침을 설하면서도 뗏목처럼 긴요할 때만 쓰고, 가차 없이 버릴 줄 아는 삶을 살란다. 세상에는 결코 얻을 바가 없는 것이 진실한 법의 실체이므로. 고로 뜬구름 같은 속된 세상사에 집착하지 말란다.

몇 년 전, 허리 수술한 부위가 잘못되었나, 하반신 마비가 온다. 천신만고 끝에 허리 전체를 열고서 철심 40개로 허리를 로버트처럼 고정했다. 참으로 쉽게 경험할 수 없는 쓰린 악연이었다. 퇴원 후 곧장, 그 몸으로 불볕더위 속에서 허리 보조기를 차고서 『금강경』 사경을 시작했다. 글자 수만도 15,000자가 넘는다. 그러나 쓰면 쓸수록 마음은 갈증뿐이다. 그만큼 나의 전생이 무겁다는 방증일 것이다. 지금도 그 작업을 지속한다. 쓰고 수지독송(受持讀誦)하다가 죽으면 이보다 더한 영광이 있을쏜가. 오늘도 『금강경』을 수지독송하는 것이, 내 삶의 존재 이유다.

1시간 20분

춥지 않은 겨울이다. 그래도 나의 겨울나기는 눈물겹다. 수없이 많은 수술의 여운이 겨울이면 확연히 입증된다. 이제 겨우 이순의 나이인데 벌써 겨울나기 걱정이 태산이다. 하루하루가 살얼음판이다. 재작년엔 손가락을 분질렀고 작년엔 다리를 분질렀기에 더욱이 새롭다.

우거지 된장국을 끓여 점심을 먹는다. 혼자 사는 사람의 겨울철 주메뉴는 소박하다. 우거지 된장국 아니면 청국장이다. 돼지고기는 목구멍을 넘길 때 개운한 맛이 없고 비릿해서 나는 육식은 싫어한다. 더러운 성질머리다. 촌놈의 행색인 데다 인생 말년의 여유로 생각하고 스스로 즐기니 후회는 없다. 점심을 먹으면서 습관처럼 뉴스를 들으니, 세상살이가 한눈에 펼쳐진다. 어제 죽은 사람들이 그리도 살고 싶어 하던 세상이건만 어째 별것 아니다. 하루하루 살림살이가 서글프고 눈물겹다. 위정자들이 벌이는 말 놀음판이 가소롭다. 점심을 먹고서 깨끗하게 설거지해놓고 차 한 잔을 마신다. 유리창으로 보이는 앞산이 말이 없다. 나도 그냥 바라다본다. 소나무는 언제나 푸르러서 좋다.

겨울철엔 점심을 먹고서 곧장 운동을 나간다. 기온도 적당하고 먹은 것 소화하기에도 최적이다. 운동도 혼자서 하는 운동이 나는 좋다. 일종의 몽유병 환자처럼, 운동하러 나가면 모든 만물이 이웃사촌이 된다. 숨어서 사는 사람의 진정한 멋이 여기에 있다. 뒷산은 언제나 듬직한 친구요, 새들은 종알종알 내 안의 흥을 불러일으킨다. 바람결 살짝 춤사위 일으키면 바람처럼 흘러간 옛 사연들 불러내 사색에 잠기면서 들길을 걷는다. 겨울철이라지만 하루만 운동을 걸러도 나의 병든 육신은 송장처럼 뻣뻣해진다. 힘들어도 이를 악물고 걸어야 몸에 온기가 돈다.

자식 놈이 또 한방을 저질러 몇 날 밤을 혼자서 끙끙 짐승처럼 앓았다. 이 병에 걸리면 나는 볼펜을 잡을 힘도 없다. 그냥 멍하니 하늘만 쳐다보면서 하루를 보낸다. 참 많이도 그런 날들을 겪었다. 젊은 부부가 남에겐 말 못 할 사연 속에 참 많이도 울었다. 자식, 참말로지 눈에 흙이 들어갈 날까지 놓지 못할 질긴 끈이다. 다리가 자꾸만 헛발을 내디딘다.

허공을 향해 그냥 터벅터벅 걷는다. 산다는 것은 이렇게 속으로 조용히 울고 있는 것이란 어느 시인의 시구절이 생각난다. 나 혼자만 그러겠는가. 저 홀로 묵묵히 말이 없는 청산도 언제 그 깊은 속 보이던가. 걷다 보니 차가운 바람이 시원하다. 막힌 가슴이 뻥 뚫리는 것 같다. 몇 바퀴를 돌다가 집으로 왔다. 시계를 보니 1시간 20분쯤 걸렸다. 딱 좋은 시간대이다. 땀이 몸에 살포시 배고 샤워를 하고 나니 세상이 한결 부드럽다.

"따르릉—", 전화벨이 울린다. 받아보니 친구가 죽었단다. 50년 지기인데 갔단다. 이곳저곳으로 정신없이 연락을 취했다. 꽤 오랜 시간 전화기를 붙들고 씨름했나 보다. 허리가 아프다. 죽은 지 하루 만에 발인한단다. 내가 더 급해졌다. 계원들에게 총비상령을 내렸다. 모두가 먹고살기 바쁜 친구들인데 긴급 소집을 했다. 친구들에게 오늘 영안실로 모이자고 했다. 죽으면 갔다가 버리는 것은 정한 이치다. 그러나 방안 쓰레기통의 휴지도 며칠을 방안에 두었다가 버리는 데, 쓰레기만도 못한 것이 우리네 살림살인가 생각하니 눈시울이 갑자기 붉어진다. 마누라도 출근했겠다, 하염없이 눈물이 쏟아진다. 내가 생각해도 나는 참 바보 같다.

젊어서부터 사업을 하던 친구였다. 한참 잘나가던 시절엔 물같이 돈을 펑펑, 남을 위해 쓰던 친구였다. 그러나 세상살이가 어디 그리도 만만하던가. 사업은 실패로 돌았고 친구들은 등을 돌렸다. 비관과 자탄에 젖은 세월 속에서 술로 한세월을 보냈다. 나는 그의 유일한 술친구였다. 초등학교 때는 그 친구는 항시 대장이었다. 나는 그의 종이었다. 그의 심부름을 해서 나는 빵도 얻어먹고 연필도 많이 얻어 썼다.

정승 집 개가 죽으면 문상객이 줄을 잇지만, 사업에 실패하고 구름같이 떠돌던 풍운아의 상가는 한겨울의 냉기가 돌았다. 세태는 상갓집을 가보면 안다. 만감이 교차했다. 이순의 나이임에도 소주 석 잔을 가슴에 들어부으니 금방 비틀거린다. 눈물 반 콧물 반 허공을 바라보면서 꼬박 밤을 지새웠다. 첫새벽에 입관한단다. 나도 들어갔다. 싸늘한 육신은 허깨비 장작처럼 바싹 말라있었다. 유족의 통곡은 이어졌다. 젊은 명사들의 숙련된 손놀림이 더욱이 나를 슬프게 한다.

뜬눈으로 밤을 지새웠지만, 나의 눈 초롱은 더없이 맑아진다. 친구의 마지막 가는 모습을 뇌리에 명확하게 입력한다. 나도 얼마 남지 않은 생을 후회 없이 살기 위하여. 아니 스스로 더 열심히 살아야 하겠다는 소리 없는 외침이 내 가슴을 전율처럼 스쳐왔기에. 친구 여섯이 운구했다. 너무도 가볍다. 얼마나 허우적거렸기에 이렇게 가볍단 말인가. 정림동 정수원 뒷산엔 벌거벗은 나목들이 늠름히 소한 추위를 묵묵히 견뎌내고 있었다. 산새 소리 하나 없는 적

막강산이다. 기계 소리만이 정적을 울린다. 안내 방송이 울린다. 1시간 20분 걸린단다. 1시간 20분이라, 그래, 좋다. 부드득 이를 갈아 본다.

못난 놈의 속은 아무도 알아주질 않는다. 스스로 힘을 배양하는 방법 외엔 의지할 데가 없는 험악한 세상인심이다. 그 시간이면 걸어서 가면 얼마쯤 갈 수 있을까. 차로 간다면 백 리쯤은 갈 수 있을 테지. 아니 앉아서 고스톱을 치면서 술을 먹는다면 소주 2병은 먹을 시간이다. 돈을 번다면 얼마나 벌 수 있을까. 이게 우리네 삶의 현주소인가 보다. 친구야, 이제는 편히 눈을 감고서 훨훨 날아서 가거라. 그래야 남은 사람들이 또 너를 잊고서 밥을 꾸역꾸역 넘기면서 돈을 벌기 위해 죽을 기를 쓸 것이다. 또 웃고 춤을 추면서 불나비처럼 살다가 우리도 얼떨결에 딸려 들어갈 것이다. 한 생 고운 인연 길 따라왔다가 지치고 고된 삶 앞에 수고스러웠지만 잊자. 푹 자고 나면 몸도 마음도 개운하게 또 하루가 펼쳐지듯이 이승의 못다 한 끈은 미련 없이 놓아버리자.

어차피 우리는 부르면 가야 할 길. 너무 슬퍼는 말자. 아무도 이길 수는 없는 길이 우리네 무상한 삶의 길 아니던가. 후회 없이 잊는 길이 고통 없이 가는 길이라 믿는다. 오히려 죽음이 있기에 얼마나 인생이 아름답고 편안하던가.

평소에 미친 놈처럼 중얼거리던 장자의 한 페이지가 생각난다.

"삶과 죽음은 한 줄기다. 삶이 조명을 받는 필름이라면 죽음은 이후의 필름이다."

그렇다. 조명받을 때 후회 없이 사바세계를 무대로 멋들어지게 한 판 춤을 펼칠 일이다. 우리네 인생은 어차피 1시간 20분짜리 단막극이기에.

땡초의 취미삼락(趣味三樂)

거친 세상, 먹고 살기 위해서 한평생 몸뚱이를 자갈처럼 굴리면서 살았다. 그런데도 노년의 끝자락에 찾아오는 것은, 빈곤과 질병에 허덕이니 왠지 서글 퍼진다. 하루에도 수십 번씩 찾아오는 불청객, 허리 통증이 끝을 알 수 없는 인내심을 오늘도 요구한다.

차 한 잔 타 놓고 평소의 습관처럼, 비구니 원정스님의 「천수경」을 들으면서 하루의 일과를 시작한다. 오늘은 유독, 스님의 독경 소리가 서글프다. 오늘이 라는 하루는, 어제 죽은 사람이 그리도 갈망하던 하루이건만, 삐걱거리는 몸 뚱이에 찾아오는 마찰음과 나날이 늘어나는 약봉지만이 태산처럼 쌓여만 가 는 하루다. 방황하던 열아홉, 아픈 청춘보다 나을 게 없다.

음풍영월의 시인 이태백 시성은 「산중 문답」에서

"왜? 산중에 사느냐고 물으면, 그냥 빙그레 웃고 말지요."라고 하셨다. 나도 그렇다. 요즘 같은 세상에 무슨 재미로 살아가냐고 물으신다면 말이다.

어머님의 지극한 교육열에 힘입어 성인의 반열에 오른 맹자는 '군자삼락'을 주창하셨다. 그 요지는 너무도 화려하다. 부모가 구존하시며 형제가 무고함이 첫 번째의 즐거움이요. 우러러 하늘에 부끄럽지 않고, 굽어 사람들에게 당당할 수 있음이 그 둘째 즐거움이요. 천하의 영재를 얻어서 이를 교육함이 세 번째의 즐거움이란다. 시대를 초월한 절창이요, 명언이다. 나는 이 절창 앞에 절복하고 만다. 읽으면 읽을수록 가슴이 쓰리고 저리다. 어찌하여 내게는 이토록 박복하단 말인가? 부모는 조실부모요. 형제들은 질병과 초근목피로 짐승처럼 헐벗고 굶주림에 오늘도 허덕이고 있다. 하늘을 우러르면 부끄럼뿐이요, 사람을 대하기가 겸연쩍기 한이 없다. 거기다 나 자신마저 전생의 업보로 병은 깊고 무식하지 않은가? 오호, 통재라! 아련하고 비통하다. 그러나 절대 슬퍼하진 않으련다. 고향을 잃은 자가 앓는, 마음의 질병인 '향수병의 원조'인 목가적 시성 도연명 선생은 나 같은 사람을 위하여 부른 노래가 있다. 「음주」가 바로 내가 가장 좋아하는 가락이다.

끝 구절을 여기에 옮겨본다.

채국동리하(採菊東籬下)/유연견남산(悠然見南山)/산기일석가(山氣日夕佳)
비조상여환(飛鳥相與還)/차간유진의(此間有眞意)/욕변이망언(欲辨已忘言)

도연명 선생이 지방 수령인 현령 벼슬을 버리고 '귀거래사' 하시어, 고향 땅에서 흙을 일구면서 안분지족한 삶 속에서, 천명을 읽어 가면서 무위자연을 즐기시던 노랫가락이다.

우리는 지금 죽을 각오로 무한 경쟁의 시대를 살고 있다. 이 경쟁에서 생존할 자, 만족하는 자, 과연 몇이나 될까? 그러나 실패한 자여, 서러워 마라. 실패한 자에게도 얼마든지 아름다울 수 있는 법을 선생은 지금 노래하고 있지 않은가? 그 비법은 다름 아닌, 우리가 밖으로 돌린 시선을 안으로 방향을 틀라고 하신다. 내 안에서 만족을 구가하는 것이다. 인간과 어울리고 부딪치는 세계와 대조되는 또 하나의 다른 세계가 있다는 것이다.

자연과 어울려 자연의 품속에 안기는 세계 말이다. 첩첩산중에 홀로 있으면서도 미소 지을 수 있는 모습. 그 미소를 닮고자 나는 도연명 선생의 「음주」를 아픈 허리에 보조기를 차고서 몇 달을 갈고 다듬어 '예서체'로 써서 대청에 걸어놓고 매일 경처럼 외우고 있다.

이렇듯 '군자삼락'은 나를 위안하는 나의 극한 처방이다. 인간은 나약한 갈대다. 늙는다는 것도 서러운데, 병마저 깊이 들면 누군들 방황하기 마련이다. 생의 후반기에 고독과 외로움을 먹으면서 홀로 가는 길에 행복이란 단어는 선택된 사람만이 누리는 호사다. 그 긴 시간을 무엇으로 자신을 위무한단 말인가? 참 많이도 방황과 번민의 나날로 소일했다. 궁하면 통한다고 하늘이 계시를 주셨다. 거친 세상을 원망치 말고 스스로 주어진 여건 속에서 삶의 보람을 찾아가라고. 그 방도가 나 자신의 위안인 나의 '취미삼락'을 즐기는 것이다. 나의 '취미삼락'은 이렇다.

그 첫째 낙은, 옛 성현들의 숨결을 따라가 고전 속에서 내 나름 삶의 길을 찾는 것이다. 고전은 사서오경, 『노자』, 『장자』다. 거기에 불경과 성경을 가미하면 최고의 성찬을 이룬다. 짧은 혀로 간단하게 토설을 하자면, 사서오경은 '인의예지'로 얽힌 계박의 굴레에 숨을 쉴 틈이 없다. 읽을수록 머리가 아프다. 부처님은 왕좌의 권위를 초개와 같이 버리고 평생을 길에서 사셨다. 의복은 분소의를 입으시고 걸식을 하면서도 당대의 왕보다 더 많은 사람으로부터 존경과 추앙을 받으셨다. 아니, 시공을 초월한 말씀은 지금도 우리 곁에서 진리로 빛을 발하신다. 『노자』와 『장자』는 하늘을 훨훨 나는 기분이 든다. 읽으면 읽을수록 빠져드는 재미가 가히 점입가경이다. 권세와 명예와 금전이 없어도

굴하지 않고 당당하게 세상을 노닐 수 있는 경계가 여기에 그림처럼 펼쳐진다.

두 번째 취미 낙은 고전을 통해서 얻은 눈곱만한 지식을 하나, 하나 점검 체득하면서, 소가 여물을 먹고서 되새김하듯이 중얼중얼 읊조리면서 산길과 들길을 홀로 걷는 것이다. 이 낙도 짭조름하다. 나의 걸음은 느리다. 바보처럼 비틀거린다. 그래도 나는 좋다. 이렇게 절뚝거리면서라도 걸을 수 있다는 것에 매일 감사의 기도를 드린다. 걷다가 보면 작은 마음의 울림이 나를 충만케 한다. 청산과 흰 구름은 나의 둘도 없는 친구다. 물과 바람과 새소리가 들려주는 리듬은 잊을 수 없는 자양이다. 그 조화로운 향연에 절로 고개를 수긍하다 보면 삶의 희로애락은 사치요 낭비가 된다. 모든 것이 고마울 따름이고 감사하는 마음뿐이다. '얼룩백이 황소가 해설피 금빛 게으른 울음을 우는 풍미'도 나름, 알 것 같기도 하다. 청산은 말이 없어도 좋다. 그냥 그대로 만고의 병풍이다.

세 번째의 취미 낙은 글쓰기와 일상 속의 기도다. 나의 글쓰기는 나를 향한 자존의 외침이다. 허구와 가식의 틀을 벗기 위한 자정 운동이다. 어느 평론가는 글을 쓴다는 것은, 산다는 것의 볼품없음과 꾀죄죄함에서 벗어나 보려는 우아한 몸짓이라고 했지만, 그 말은 나에게는 분에 넘치는 수사다. 처절한 반성과 통렬한 자각을 통한 처연한 참회록이다. 그를 통한 새로운 나침반을 구가하는 부활 일지다. 그곳에 진정한 삶을 갈구하기 위한 기도가 병행되기를 매일매일 정진으로 지속한다. 나의 기도는 감사의 기도다. 기도를 통한 세상과의 소통의 작은 창구다.

이 육신은 영원할 것 같지만 언젠가는 반드시 나를 배신할 것이다. 나는 그때가 반드시 온다는 것을 투병 생활을 통해서 절절히 실감했다. 새벽이슬이 영롱함을 순식간에 잃듯, 인연이라는 덫이 나를 휘몰아치는 순간 모든 것은 번개처럼 소멸할 것임을 체감했기에 진솔하게 내려놓는 연습을 하는 것이다. 주어진 환경에 절대복종하고 감사할 줄 아는 방법을 터득하는 것이다. 이것이 나의 세상과의 소통 방식이다. 기도는 영혼을 정화하는 작업이다. 나는 그 힘을 믿는다. 그러하기에 그에 수반되는 외로움과 괴로움을 사랑한다. 물 한 잔 속에 담긴 우주의 깊은 뜻을 스스로 감지하면서 홀로 청산과 흰 구름을 벗하며, 가는 나의 길에 외로움과 고독을 토설하는 것은 성스러운 사치다. 이 또한 어이 작은 복이랴.

제2부

거꾸로 가는 세상

독립 선열들 앞에서

사마천의 『사기』, 「역생 육가열전」에서 역생(酈生), 이기는 진류 현의 고양(하남성 기현) 출신이다. 빈곤한 가정 출신인지라 호구지책으로 고향 성문을 관리하고 있었다. 남들은 그를 미치광이 선생이라 비하했다. 그러나 역생은 천하의 대계가 담겨 있는 가슴의 문을 유방(劉邦)에게 열어 줌으로써, 결국 불세출 세객(說客)의 명성을 휘날렸다. 그는 한의 패왕 유방(劉邦)에게 말했다.

"하늘이 하늘 된 까닭을 아는 사람은 왕의 일을 이룰 수 있고, 하늘이 하늘 된 까닭을 모르는 사람은 왕의 일을 이룰 수 없다. 왕 노릇을 하는 자는 백성을 하늘로 알고, 백성은 먹을 것을 하늘로 여긴다."

이를 방증하듯, 세종대왕은 몸소 이를 실천하셨다. 군왕이 게으르면 그 후과는 오롯이 백성들에게 돌아가, 궁핍과 고난을 면키 어렵다고 생각하시며 국사에 진력하셨다. 세종은 보위에 오른 지 몇 해 안돼 온몸이 병마투성이였다. 임금이 만병을 안고 신음에 허덕였다. 그러나 일절 내색하지 않았다. 전의만이 이를 알고서 눈물로 하소연했다. 그러나 세종은 군왕의 나태는 백성의 고초를 수반한다고 한사코 요양을 거부했다. 세종의 병은 당시로는 불치의 병인 풍질과 창, 안질과 만성 당뇨병을 끌어안고 잠시도 중단없는 국사에 불철주야 매진하셨다. 고로 성군의 지성은 천문학과 농업, 음악과 만대 후손들의 자주성과 민족성을 발현한 한글 창제를 완성하기에 이른다. 이것이 군왕의 자세였다.

절기는 이미 우수(雨水)이건만, 냉기는 하늘 높은 줄 모르고 위용을 자랑하고 있다. 찬 기운을 받으며 베란다에서 붓을 잡는다. 매서운 대지를 휘감는 기운이 고고한 선비의 자태를 닮은 양, 늠연하다. 산란한 마음을 휘감는 데는 붓의 힘이 묵과할 수 없는 저력을 발휘하는 날이 있다. 재주가 용렬한지라 수백 번을 써야, 겨우 한 획을 얻는다. 천박한 재주를 극복하는 비결은, 부단한 노력일 뿐, 비방은 없다. 붓에 힘껏 먹물을 적신다. 나름 힘껏 사력을 다해본다. 글이 품은 뜻은 비장하건만, 필력이 용렬한지라 졸필임이 확실하다. 그러나 누구를 탓하진 않는다. 기상이 가상하면 족할 뿐, 더는 바랄 필요는 없다.

"(절벽에서) 가지를 부여잡고 나무에 올라가는 것은 누구나 하는 일이다(得樹攀枝未足奇). 아득한 절벽에서 손을 놓아버리는 것이 진정한 장부다(懸崖撒手丈夫兒).

물은 차고 밤은 추워 물고기 찾을 길 없으니(水寒夜冷魚難覓), 빈 배에 무심한 달빛만 가득 싣고 돌아오는구나(留得空船載月歸)."

중국 선종의 종조, 야부선사의 선시다. 우리는 항시 보물은 외부, 어디에 있는 것으로 안다. 그러나 그것은 위대한 착각이다. 이미 자기 안에 가득 내장돼 있다 한다. 발견하기 전까지는 이것을 아는 사람은 극히 드물다. '절벽에서 손을 놓을 때' 보물을 찾는 접경으로 연결이 된단다. 이 선시는 서릿발 같은 칼날로 사바 말세를 두들기는 고고한 굉음이 천지를 진동시키고도 남음이 있다. 김구 선생이 윤봉길 의사가 일본 제국주의자들이 중국을 노략질해 제물로 삼으려 할 때, 제국주의자들의 원흉을 상해 홍구 공원에서 도륙시키려고 모의를 할 때, 윤봉길 의사는 심한 마음의 갈등을 느꼈다. 이를 감지한 김구 선생이 윤 의사에게 건네준 시가 바로 야부선사의 이 명구다. 진짜 사나이는 벼랑길에서 손을 놓고서, 아니 장부가 가슴에 품은 뜻을 온 힘을 다해 진력할 때, 백척간두에서 망설임 없이, 한 발짝 더 진일보할 수 있는 사람만이 하늘은 주저함 없이 '하늘 수레'를 준비해 놓고서, 충만한 대 자유인의 기백을 실어준다고, 윤 의사를 독려해 주던 명문이다.

누구나 한 번의 죽음은 지당한 하늘의 섭리다. 진정한 죽음은 오롯이 존재하는 무상한 현실을 철저히 성찰하는 길이 아닐까. 고로 죽음은 삶을 완성하는 작업이 아닐까.

먼 옛날이야기다. 부처님 당시 인도의 코살라국 수도 사위 성에 크리샤 가우타미라는 여인이 있었다. 그녀는 늦게 결혼은 했으나 좀처럼 자녀를 갖지 못했다. 지극한 정성이 통했는지 뒤늦은 나이에 아들을 얻었다. 세상을 다 갖는 기쁨이었다. 그런데 그 기쁨은 잠시뿐, 재앙으로 찾아왔다. 아들이 그만 죽은 것이다. 여인은 죽은 아들을 끌어안고 거리 곳곳을 다니며 미친 듯 외쳤다. "이 아이를 살려낼 약이 없습니까?" 그 사이 아들은 썩어서 냄새가 진동하기 시작했다. 그래도 그녀는 미친 듯 아들을 끌어안고 외쳐댔다. "내 아들만큼은 죽일 수 없다."

피할 수 없는 숙명의 논리다. 이 무상한 우리네 현실의 삶을 통절히 내려놓을 줄 아는 것이 '깨달음'이다. 이때 "불쌍한 여인이여, 내가 그 약을 지어주겠노라." 하는 이가 있었다. 석가모니였다. 대신, 그 여인에게 소생시킬 수 있는 약의 원료가 되는 '겨자씨'를 얻어 오라고 했다. 단 한 사람도 죽은 적이 없는 집안의 겨자씨야 된다고 하셨다. 여인은 미친 듯 이집 저집을 수소문하기 시작했다. 그러나 희망은 부질없는 것임을 온몸이 탕진되고서야 터득했다. 빈손으로 찾아온 여인에게 석가모니는 물었다.

"여인이여, 아직도 겨자씨가 필요한가?"

여인은 말했다.

"아닙니다. 이제는 필요 없습니다."

마침내 여인은 썩어버린 아들의 시신을 내려놓고, 화장을 시켰다. 여인은 자식의 죽음을 통해서 삶의 실체를 통절하게 체감했다.

그렇다. 우리는 이렇게 무상하게 왔다가, 바람처럼 자취도 흔적도 없이 사라지는 부평초다. 그런데 이 죽음을 태산보다도 무겁게 울림을 주시는 분들이 계신다. 자신의 몸을 먼지와 티끌보다도 가볍게 생각하고 조국의 광복을 위해서 산화하신 독립투사들이다. 온갖 중상모략 속에서 임시정부의 초석을 놓으셨던 김구 선생이 계신다. 그분은 불철주야 조국의 독립만을 유념하셨고, 민족의 독립을 위해 헌신하신 분이다. 의열 투쟁을 위해 김익상 의사, 김상옥 의사, 이봉창 선생, 윤봉길 의사를 배출시킨, 민족독립 운동의 중핵이셨다. 그런데 한 맺힌 독립이 되자 교묘한 정치 기술자의 사주를 받아, 피를 나눈 동포의 손에 의해 무참하게 살해됐다. 한민족의 분열, 이것이 강대국의 화두였다. 힘없는 우리가 고스란히 감내해야 할 몫이었다. 지금도 우리는 이 '블랙홀'에서 헤매고 있다. 당신은 광분하는 일본 제국주의자들을 향해 총을 겨누는 윤봉길 의사에게 백척간두 진일보하라, 그래야 그것이 진짜 남자라고 독립의 횃불을 그 누구보다도 뜨겁게 당기셨다.

그런데 오늘의 우리는 어떠한가. 백성을 향한 세종의 지극한 궁휼 지심과 김구, 윤봉길 선생의 불타는 조국애가 시궁창보다도 더 썩어 문드러진 여의도 정치판엔 없다. 오늘의 대한민국은 열혈 같은 독립투사들 노고의 덕분임을 잠시도 잊는다면, 그것은 후손된 자의 씻을 수 없는 치욕이다. 삼가 독립선열들 앞에서, 부끄럽지 않은 후손이 되자.

국민은 안중(眼中)에도 없는가

『장자』의 「응제왕」에는 설결과 왕예가 대화를 통해서 고대 성현들의 진리에 접근해 가는 과정이 기록되어 있다.

"설결이 왕예에게 묻는데 네 번 물었으나 다 모른다는 대답이었다. 설결이 이에 깨우친 바가 있어 크게 기뻐하며 스승 포의자에게 가서 이르니 포의자 말하기를, 자네는 이제 그것을 아는가? 유우 씨(순임금)가 태씨(복희)한테는 미치지를 못하네. 유우 씨는 오히려 속에 인을 품고서 사람을 대하여 또한 사람들을 얻긴 했으나 남을 아니라고 하는 경계에서는 벗어나지를 못했지."

먼 옛날 전설 같은 황제 순의 스승은 허유다. 허유의 스승은 설결, 설결의 스승은 왕예, 왕예의 스승은 포의자다. 순임금은 복희씨라는 중국 최고의 제왕에 비하면 아직 멀었다는 이야기다. 설결이 스승 왕예에게 질문을 요청했지만, 대답은 한결같이 '모른다'로 귀결되었다. 이에 감동한 설결이 스승의 스승인 포의자를 찾아가서, 스승에게 받은 깊은 감동을 전하는 이야기다. 스승인 포의자는 "자네는 이제 그것을 아는가?"라고 반문한다. 그러면서 스승 포의자는 감격에 찬 제자에게, 세상을 살아가는 진리의 길을, 아니 말 없는 가운데 전하는 진리의 참모습을 자상하게 설파해 주신다.

세상살이는 중심에서 보면 모두가 하나라는 이야기다. 이미 천지가 나이거늘 어찌 또다시 더 이상의 무엇을 구하겠다고 썰썰거리냐는 말씀이다. 온 세상이 이미 나와 한 몸인데 따로 새삼스럽게 무엇을 더 구하느냐고 힐문을 하신다. 남들이 자기를 미친놈으로 대하면 미친놈으로 살면 된다는 말씀이다. 소로 대하면 스스로 소가 되고, 개로 대하면 개다, 세상을 살아가란 말씀이다. 모든 것에 대하여 모든 것이 될 수 있는 사람이 되라고 하신다.

"이것은 이것이다."라고 설정을 하면 '이것'은 벌써 '이것 아닌 것'과 대립하게 됨으로써 세상의 불씨는 잠잘 날이 없단다. 세상의 천지 만물 가운데 다른 무엇과 구분되어 존재하는 것은 있을 수 없는 일이라고 가르치신다. 처음부터 '너와 나'를 구분하는 병이 장벽의 원인이요, 씻을 수 없는 중병이란다. 이렇듯 세상의 법은 말세의 법이요, 천박한 잣대로 휘두르는 일시적인 그물일 뿐, 세월이 지나면 그들이 힘주어 주장하는 '법의 허구성'의 깊이가 얼마나 깊으냐고 하늘 같은 우렛소리를 내리신다. 하늘의 진리는 "…… 아니다"라는 부정의 언어로만 드러날 수 있다고, 벌써 수천 년 전에 인류에게 경고하셨다.

대한민국의 5년을 좌우할 대통령 선거가 끝났다. 선거 기간 내내 유권자인 국민은 정치라는 혐오물 앞에서 진저리를 쳤다. 선거가 국민의 신성한 권리임에도 불구하고 정치를 증오하는 이유는 간단하다. 무엇이 이렇게까지 국민에게 거부반응을 불러일으켰을까는 묻지를 말자. 선택받은 권력이 무능과 무사안일, 방만과 내로남불식으로 갈라치기식 정치가 '촛불정신'의 희소가치를 끝없는 나락으로 추락시켰다. 문재인 정부는 '촛불정신'을 몇몇의 제한된 인원의 축제로 악용한 대표적 정권이다. 권력을 꿀단지로 생각한 끝에 본분을 망각하고 권력의 사유화를 즐기다, 패망을 자초한 꼴은 국민의 심판을 자초했다. 국민의 피와 눈물로 점철된 횃불 정신을 망각하고, 영원할 것 같은 권력의 마력은 민심이라는 이름으로 위정자들에게 처절한 심판을 가하는 것이 권력의 속성이다. 무엇 때문에 집값이 천정부지 해야만 했던가. 왜, 그렇게도 너와 나를 편 가르기를 하지 않으면 되지 않았던가 묻지를 말자. 이 작은 이치를 남의 일 여기듯 했기에, 그들의 권력은 오만 방자함을 벗어날 수 없었다. 위정자는 늘 초심을 잃어서는 안 된다. 늘 살얼음 위를 걷는 기분으로 민심을 살피고, 귀 기울일 줄 아는 것이 위정자의 최소한의 도리다.

역사는 현실의 거울이다. 조선 초기 '이방원'은 어떠했는가. 그는 조선이라는 신흥국가를 반석 위에 건립하기 위하여, 노심초사 권력의 사유화를, 아니 권력의 전횡과 독선을 방지하기 위하여 자신의 사심을 불살라 올린 전형적인 임금의 표석이다. 자신의 혈육은 물론, 처가 친척과 군신들까지 극형을 마다하고 자행했던 피비린내 나는 악행을 자처한 인물이다. 미래 세대의 안정적인 국정 수행 동력을 제공하기 위하여 자신을 헌신한, 권력을 어떻게 사용해야 하는지를 교과서처럼 새겨놓고 후세들의 본보기로 활용시킨 대표적 군왕이다.

그런데 오늘날 진행되고 있는 우리들의 꼬리표는 어떤가. 자신 있게 얼굴 들고 민주요, 백성이요, 민주주의를 주장할 수 있는 위정자가 있던가. 세계에서 둘도 없는 분단국이면서, 부끄러운 줄도 모르고 또다시 자행하는 너와 나, 영남과 호남, 세대 간 계층 간의 대립이 끝 모를 대치를 자행하고 있다. 세태는 희대의 괴질이 창궐하고 있고 산불이라는 긴급재난이 발생한 상황에서도, 서민들의 안위를 노심초사하는 위정자는 찾을 길 없다. 아니 국민은 안중에도 없다. 이 판국에 선거는 끝났지만, 또다시 알 수 없는 묘한 회오리바람이 분다.

왜, 청와대가 문제가 된단 말인가. 서민들의 삶은 도탄을 헤매는 와중인데, 멀쩡한 청와대를 놓고서 왈가왈부하는 위정자들의 행태가 국민의 눈에는 과연 어떻게 비칠까. 참담한 심정 말로써 표현한다는 자체가 가소롭다. 그곳이 왜, 구중궁궐이 되었단 말인가. 못 배우고 못 가진 자는 자유와 권리의 가치를 그렇게 소중하게 생각하지 않기에 구중궁궐에 입궁하는 즉시, 국민 알기를 개와 돼지 취급한 탓은 아닐까. 이것이 세월호 사건과 최순실 사건이 청와대라는 구중궁궐에서 일어난 원인이 아닐까. 청와대라는 공간의 적합, 부적합의 소모적 논쟁을 유발하는 저의가 치졸하기 짝이 없는 탁상공론으로 비치는 것은, 나 같은 무지렁이의 편견일까. 일 년 농사를 지어봤자 인건비와 자재비를 제외하면, 남는 것은 빚덩어리뿐인 것이 오늘날 농촌의 현실이다. 그러나 그들은 땅도 하늘도 사람도 원망하지 않는다. 황소처럼 묵묵히 밭을 갈고 길을 낼 뿐, 사람의 길, 자연의 섭리에 순응할 줄 아는 그들의 모습이 보이질 않는단 말인가. 이런 무지렁이 국민은 안중에도 없단 말인가 묻고 싶다. 이것이 불통의 원조가 아니고 무엇일까. 아니 그래 좋다. 청와대가 문제라고 치부하자. 그렇더라도 그것을 몇 달 사이에 옮긴다는 것은, 어느 나라의 우스꽝스러운 광대놀이던가. 황소가 웃을 일들을 지금 우리의 위대한 영도자들은, 국민을 상대로 기만의 잣대를 휘두르고 있다. 문밖을 나가지 않아도 세상 이치를 터득할 수 있듯, 썩은 보수꼴통들의 앞날이 캄캄하다.

포의자 선생이 말씀하셨듯 중심에서 보면 모두가 하나다. 자연은 질서요, 질서는 순서다. 순서를 바꾸는 것은 자연을 배반함이요, 그 결과는 묻지 않아도 자명할 뿐이다.

중국 선맥의 활안(活眼), 육조 혜능 대종사는 일찍이 중생들의 살림살이를 간파하시고 말씀하셨다. "흔들리는 것은 깃발이 아니다. 바람 또한 아니다.

바로 우리들의 요동치는 마음이다."라고.

　마음이 흔들리지 않고 백성을 긍휼히 섬길 줄 아는 지극한 마음이 조금이라도 있다면, 아니 그것이 진정한 당선인의 내면 깊숙한 진솔한 마음이라면, 너와 나를 또다시 도마 위에 올려놓고 갈라치기를 할 필요가 있을까. 이미 대한민국 국민의 마음은 태반이 갈가리 찢기고 갈라져 있다. 학의 다리가 긴 것과 참새의 다리가 짧은 것은 자연의, 아니 하늘의 분별없는 평등성의 원리다. 귀담아 들을 일이다. 대다수 국민의 설득력 잃은 불통의 정치로는 비전은 없다. 너와 나를 넘어서, 남과 북이 하나 되어, 세계 속의 자긍심 넘치는 '파이팅 넘치는, 대한민국'을 만들 수는 없을까.

공정과 상식

 사마천의 『사기』, 「상군 열전」의 내용이다. 중국 진에서 새로운 법령이 시행되었다. 일 년 만에 새 법령에 이의를 제기하는 백성들이 벌떼처럼 늘어났다. 이때 태자가 법을 어겼다. 진의 군주 위앙은 "법이 제대로 시행되지 못하는 것은 위에서부터 법을 지키지 않기 때문이다."라면서 태자를 법대로 처벌하려고 했다. 그러나 군주의 뒤를 이을 태자가 아니던가. 그래서 고육지책으로 태자의 태부(太傅)로 있던 공자 건(虔)의 목을 베었다. 그리고 태사(太師) 공손고(公孫賈)의 이마에 글자를 새기는 형벌을 내렸다. 그러자 진나라의 백성들은 모두 법령을 지켰다. 법령이 시행된 지 십 년이 되자 진나라 백성들은 매우 흡족해했다. 길에 보물이 떨어져도 줍지를 않았다. 산에서 도적이 없어졌다. 자족할 줄 알았으며 사람마다 제 분수를 지켜 마음에 넉넉함을 새기는 방법을 배웠다.
 먼 옛날의 신화가 아니다. 중국 진나라 때 위앙이라는 군주가 만백성들에게 보편타당하게 적용했던 평범한 국가 경영 논리였다. 이것이 진정한 군주의 법의 잣대다. 아니 법을 떠나서 '공정과 상식'의 기본 논리다.

"법은 위에서부터 지켜야 한다."

하늘이 우리네 인간들에게 요구하는 것은 이렇듯 간단명료하다. 그렇다. 하늘이 하는 일은 답답하게 보인다. 그래서 느리고 마치 아무 일도 하지 않는 것 같다. 그러나 그것을 얕잡아 보는 놈은 큰 코 다친다. 하늘의 그물은 성글지만, 빈틈이 없고 그렇기에 빠져나갈 수가 없는 법이 하늘의 이치다.

그런데 우리네 살림살이는 어떤가. 새 정부가 출범한 지 벌써 100일이 돼간다. 윤석열 정부는 취임사에서 목소리도 당당하게 수십 번의 '공정과 상식'을 외쳤다. 그런데 그 목소리가 공허한 메아리처럼 되돌아오는 모양새다. 이를 반영하듯 통치자의 지지도는 끝 모를 추락에 추락을 거듭하고 있다. 지도자의 말은 태산보다 무거워야 함에도, 입만 열면 보통사람들의 눈높이를 한참 벗어나 있다. 국민 알기를 우습게 여기는 처사가 비일비재하다. 임명되는 장관들의 면면이 가히 장관이다. 거기다 변명의 언어가 너무도 직설적이고 거칠다. 보라는 듯 내뱉는 언어는 독이 된다. 그러면서 국민의 지지도에 일희일비하지 않고, 국민만 바라보고 가겠단다. 자가당착의 함정에 빠져드는 모양새다. 도대체 이 오만한 발상은 어디서 나오는 것인지 아연실색할 지경이다.

법은 위에서부터 지켜야 함에도, 미래 교육의 산실을 책임질 교육 수장의 면면은 가히 용납할 수 없는 가관이다. 그런데도 그에게 "기죽지 말고 당당하게 소신껏 일하라"라고 위안을 했다니, 이것이 대한민국 최고 통수권자가 당당하게 주장하는 '공정과 상식'의 진면목이다. 이 정부가 지향하는 바가 과연 민생을 위한 정부인지, 오만 방자함을 초월하는 철권의 검찰 공화국을 지향하는지 묻지 않을 수 없다.

세계 경제는 하루가 다르게 촌각을 다투는 비상시국이다. 거기에 질병은 창궐하고 어느 것 하나 녹녹한 것은 없다. 민생 물가는 천정부지로 치솟고 있다. 하루가 다르게 직면하는 서민경제는, 가히 상상을 초월한 형국이다. 금수저로 태어나 세상 물정 모르고 온실에서 자란 탓일까. 민생의 고통을 외면하는 통치자의 안일한 발상은, 고통과 좌절의 시련을 딛는 서민의 행보와는 거리가 먼 듯, 우이독경으로 비친다. 그들 정권의 지상 목표는 서민경제는 안중에도 없는 듯, 대우조선 하청 노동자들의 피를 토하는 절규와 함성엔 '법대로'를 내세운다. 이들을 대하는 태도가 바로 서민을 대하는 잣대가 아니고 무엇이란 말인가. 노동자들의 절규하는 통절한 아픔은 외면한 채, 철 지난 북풍 몰이로 여론을 몰아가는 저의를 읽을 줄 모르는 국민은 적다. 지지도가 이를 방증하듯 말이다, 세계 유수의 언론들도 논하질 않았던가. 북풍 몰이는 현 정부의 위험한 도박이라고.

 국민의 눈높이는 그리 많은 것을 요구하질 않는다. 선거가 끝난 판국에 국민은 굳이 여당과 야당을 가르지 않는다. 가르고 부추기는 것은 위정자들의 썩어빠진 골수다. 대다수 국민은 누구의 눈에도 타당한 '공정과 상식'이 제대로 돌아가길 간절히 바랄 뿐이다. 우리의 뼈아픈 헌정사가 말해주듯.

 집을 많이 소유한 부자와 투기를 조장하는 파렴치범들을 너그럽게 용인한단다. 경제, 경제를 입버릇처럼 사탕발림하면서도 노동자들의 피맺힌 절규를 착취하는 악독 대기업들, 이들의 말과 귀를 담는 정책을 견지하는 한, 새 정부의 미래는 묻지 않아도 훤할 것 같다. 파렴치한 탈북 어민의 인권을 주장하기 이전에, 자국의 하청 노동자들의 처절한 절규에 먼저 귀를 기울일 수는 없는가. 말로만 '공정과 상식'을 주장하지 말고 곳곳에서 드러나는 채용의 난맥상은, 젊은 청년들의 아우성을 면치 못할 것이다.

 서민들의 삶은 도탄의 아비지옥 직전이다. 국가의 동력은 말없이 묵묵히 산업전선을 지키는 노동자의 몫이다. 위정자는 최하위다. 법으로 다스릴 생각

말고, 아니 북풍 몰이로 국론분열을 획책하지 말고 당당한 국정을 운영하라. 왜 남의 탓에 목을 매는가. 공정과 상식을 전 세계에 주창한 만큼, 설사 문재인 정부가 실패한 정부라고 주장하고 싶더라도 이미 칼자루는 쥔 것 아닌가. 밥상을 엎으려 말고 보라는 듯 비전을 제시하라. 세계 경제의 악조건 속에서도 당당하게 국민을 안심시킬 저력을 지닌 통치자가 될 것이라고 믿었기에, 국민이 표를 준 것 아닌가. 법, 법, 법 대신에 정치를 대승적 차원으로 격상하자. 분열된 너와 나를 하나로 묶어서 큰 틀의 통합된 물줄기를 형성하는 작업이야말로 진정한 국민 통합의 길이 아닐까. 이것보다 큰 당면과제가 있을까. 하늘이 미운 놈, 도둑놈과 패륜아에게도 패 가르지 않고 '공정과 상식'을 훌쩍 뛰어넘어 골고루 비와 햇볕을 제공하듯 말이다.

하늘이 요구하는 공정과 상식의 도는, 넘쳐나는 것을 덜어서 긍휼한 마음으로 부족한 것에 보탬을 주는 것이다. 세상이 아무리 말세라 치부해도 노동자들의 최소한의 생존할 권리를, 서민들의 애간장을 녹이면서 친재벌 정책 노선으로 선회하는 한, 복지강국은 구호에 그칠 뿐 공염불임은 자명한 사실. 부자들과 재벌의 세금을 감면하는 정책적 '후진기어'로는 대다수 국민의 신망을 얻지 못할 것이다. 이제 국민은 위정자들의 공허한 말에 신물이 났다.

조조(曹操)의 삼남 조식(曹植)은 형 조비(曹丕)가 자신을 죽이고 패권을 거머쥐려고 하자, 그 유명한 '칠보 시(七步詩)'에서 이렇게 노래했다.

"콩을 삶는 데 콩깍지로 불을 때니, 콩은 솥 안에서 우는구나. 본래가 한 뿌리이거늘, 서로 살육하는 모양새가 어찌 이다지도 급하던고."

만백성이 하나가 되어 당당한 대한민국, 일본과 중국을 능가하는 민주요, 복지 강국으로 가는 첫걸음은 대통합의 길뿐이다. 설마 그 길을 위정자들이 모르지는 않을 터….

국민의 뜻

유수 같은 세월이라 했던가. 벌써 아침저녁으론 온도의 차이가 완연하다. 귀뚜라미 경 읽는 소리가 낭랑하다. 작열하던 뙤약볕도 고개를 숙이기 시작했다. 이렇듯 자연의 섭리는 무상의 그물이다. 하늘의 그물은 성글지만, 이 하늘의 그물을 벗어나 자유로울 인간은 없다.

새벽 5시, 기상한다. 제법 아침 공기 상쾌하다. 운동의 묘미가 살아난다. 돌아와 샤워하면 일상의 시작이다. 흐르는 땀 냄새에 취하며 붓을 잡는다. 흥건히 화선지를 적신다. '천자문'을 행서와 예서로 병행해 써본다. 서예는 문자를 통해 '도'를 갈구했기에 선비들의 추앙을 받았다. 그러나 도는 악필에도 존재한다. 꽃에도 양귀비와 호박꽃이 혼재하듯, 서예도 명필의 길만 길은 아니다. 이것은 궁색한 나의 변명이다.

명필은 이완용도 당대의 명필이었다. 그러나 그것을 아는 사람은 많지 않다. 안중근 선생과 김구 선생의 묵향이 역사에 귀한 보물로 존재하는 이유는 무엇일까. 일본의 식자들도 이완용의 명필에는 침을 뱉는다. 그러나 안중근 선생의 유묵은 가문의 보물이요, 믿음의 성전과 같은 대접을 받았다. 이유는 굳이 말하지 말자.

천자문을 쓰다 보니 쉬운 천자문이 아니다. 선현들의 마음 자세와 세상만사의 이치가 천자라는 싯구 속에 오롯하게 내재해 있다. 한 구절만 제대로 가슴에 명심하고 실천에 옮긴다면, 굳이 '육법전서'를 더듬을 필요가 없다. 육법전서를 읽고 세상을 흙탕물로 더럽히는 '법 미꾸라지들', 이들의 행적과 비교해 보니 더욱더 천자문의 가르침이 가슴 깊이 밀려든다.

그 한 구절을 음미해 본다.

"애육여수면 신복융강(愛育黎首 臣伏戎羌)이요, 하이일체가 솔빈귀정(遐邇壹體 率賓歸王)이다."

거칠게 직설해 본다. 백성을 친자식처럼 대한다는 소식이 있으면, 적들도 신하를 자청해 달려와 엎드리고, 원근을 불문하고 일체가 되어 의지하고 굽실거린단다. 법의 미꾸라지들이 신봉하는 육법전서는 말법 사단의 진원지다. 법은 알수록 도둑질을 강구하고 면책할 방도를 강구할 뿐, 천자문의 끝 구절 조사와 토씨 역할에도 빗댈 수 없는 것 같다. 국민의 뜻과는 전혀 동떨어진 길을 자구하는 것이, 오늘날 육법전서 추앙 논자들의 실태다. 화려한 미사여구와 궤변의 위정자들이 국민의 뜻을 존중하고 공정과 상식의 기준을 준수하는 것을 본 역사가 있는가. 천자문 한 구절만도 못한 육법전서를 읽고 청춘을 탕진한, 현대판 화이트칼라들이 외치는 공허한 국민의 뜻을 액면가 그대로 믿을 국민은 누구던가.

대통령 취임이 백일을 넘겼다. 그분은 하루도 국민의 뜻을 언급하지 않은 날이 없건만, 진정 뜻을 수렴한 날이 있었던가. 그분이 의도하는 바는 묻지 않아도 알 것 같다. 자나 깨나 당파싸움에 목숨을 거는 모양새가 몽매한 나의 눈에도 보인다. 이것이 공정과 상식에 입각한 국민의 뜻을 겸허히 수용하는 위정자의 겸허한 기본자세일까. 우리는 지금 똑똑하게 현실을 목도하고 있다. 한 사람의 위정자를 잘못 선택하면, 역사가 몇십 년 후퇴한다는 사실을, 지금 온몸으로 체험하는 중이다.

역사는 현실의 거울이다. 민주요, 복지는 헐값이 아니다. 고귀한 노동자와 우국지사들의 피와 땀의 결정체로 빛나는 먹먹한 핏빛 얼굴이요, 선열들의 목숨값이다. 이 값진 가치가 하루아침에 식은 개밥 덩어리가 돼가는 모양새다. 우리는 분명하게 보았지 않았는가. 여당은 유치한 꼴불견의 극치를 달린다. 날이 갈수록 멋진 막장 드라마를 연출한다. 국민을 우습게 안다는 징조의 서막이다. 짧은 혀로 내뱉은 가공의 언어에 너도 속고 나도 속았다. 가히 대원군과 명성황후를 능가하는 명장면을 연출한다. 이것이 첫째도 국민, 둘째도 국민만 보고서 간다는 분들의 행태다.

집중호우가 국민의 뜻을 대변하듯, 거짓말처럼 순식간에 밀어닥쳤다. 최고통수권자의 응급재난 대처방법이 언론을 타고 세계만방으로 전파되었다. 힘없는 서민들만 꽥 소리 못하고 생사를 갈랐다. 아무도 책임질 위인은 없다. 일거수일투족이 국민의 뜻이 무엇인지를 모르는 아마추어적 행보가 도마 위에 올랐다. 국민의 뜻은 담대한 구상을 원하지 않는다. 우선 급한 것이 무엇인지 진정으로 아는가. 서민들의 소박한 갈망은 간단명료 그 자체다. 목구멍이 포도청이다. 마트를 가 보았는가. 물가가 하루가 다르게 천정부지로 고공행진을 거듭한다. 누구의 책임인가.

대다수 국민은 겨우 최저임금으로 목숨을 연명하고 있다. 당신네 위정자들 한차례 회식비면, 농민들 일 년 치 생활비를 건사하고도 남음이 있다. 거기다 역병은 창궐하고 있지 않은가. 마음대로 병원에 갈 수 있는가. 친척끼리 대화를 할 수 있던가. 병든 노모 요양원 보내놓고 생이별도 피똥 싸는 생이별이다. 갈수록 말세 같은 세상인심에 뉴스 속에선 날마다, 정치하는 위인들의 도둑질과 분탕질로 날이 새고 별이 뜬다. 이것이 국민의 뜻을 겸허히 수용해 공정과 상식에 기반한 검찰 공화국의 위상인가.

묘한 살림살이다. 국민의 뜻을 받들긴 고사하고 백성이 통치자가 또, 무슨 말로 외국에 나가 국격의 신뢰를 실추시킬까, 하루하루가 좌불안석이다. 국민이 위정자를 걱정하는 세상이 바로 일등 민주국가요, 복지지향의 면면이던가.

정치는 화합의 물길이요, 대승적 차원의 통합을 위한 행위다.

"지금 눈 내리고 매화 향기 홀로 아득하니, 내 여기 가난한 노래의 씨를 뿌려라. 다시 천고(千古)의 뒤에 백마 타고 오는 초인(超人)이 있어, 이 광야(曠野)에서 목놓아 부르게 하리라."

평생 독립운동을 하다가 옥중에서 요절한 매운 시인의 피 맺힌 절창이다. 이렇듯 희망의 씨를 역경과 질곡의 어둠 속에서도, 큰 강물 같은 도도한 물줄기를 낼 줄 아는 것이 정치가 아니던가. 육법전서에 몸과 넋을 탕진한 화이트 칼라들이 식상하게 외치는 공허한 메아리인, 국민의 뜻은 시련의 수난 시대를 맞는 느낌이다. 정치에 문외한인 이 무식한 필자가 보기에도 그 터널은 멀고도 험할 것 같다. 자가당착이다.

조선의 임진왜란이 그리하였고, 경술국치가 왜 발발했는가를 위정자들이 모를 리는 없을 것이다. 아니 안중근 선생과 윤봉길 의사를 초등학생도 달달 외는 판국에, 현 정부는 지금 안중근의 얼굴과 윤봉길의 의로운 죽음을 보란 듯이, 지우려 하는 듯하다. 나만의 단견일까. 일본을 대하는 처신이 이를 대변하는 듯한 불안감은 나만의 기우일까. 제발 부탁 좀 하자. 위대하신 위정자들이시여!

도토리 키재기 같은 당파싸움에 사생결단하지 말고, 한국이 일본과 중국을 통쾌하게 스포츠에서 승리하듯, 국민의 뜻을 곡학아세로 이용하질 말고, 한국인이어서 당당한 오늘과 내일이 되게끔, 살맛 나는 세상을 제발, 하루만이라도 만들어 주시길 부탁드린다.

이제 국민은 희망을 정치에 거는 몽매한 백성은 없을 것이다. 그냥 각자도생하는 것이 현 정부의 통치 철학이니까. 그들 위정자의 심중에는 노동자와 농사꾼의 절규하는 몸짓 같은 것은 안중에도 없을 테니까.

당랑거철(螳螂拒轍)

역사는 현실의 거울이다. 역사의 교훈을 거부하는 민족이 번영을 희구하는 것은 뜬구름 잡기다. 역사의 교훈은 그래서 위대한 반면교사다. 첨단시대를 걷고 있다고 자부하는 금세기의 알량한 위정자들에게도 그래서 유효하다.

다음은 사마천의 『사기』「오기열전」의 내용이다.

세상 사람들은 말하기를 병법(兵法) 하면 '손자(孫子)'와 '오기(吳起)'를 꼽는다. 그 「오기열전」을 따라가 보자. 오기는 장수가 되자 천한 신분의 병사들과 같은 옷을 입고 밥을 먹었다. 침상도 물론 같은 것을 사용했다. 한 병사가 종기가 생겼다. 그때 오기가 그 병사의 고름을 빨아 주었다. 병사의 어머니가 그 소식을 듣고는 소리 내 울었다. 어떤 사람이 그리 슬피 우는 연유를 물었다. 그의 어머니가 대답했다.

"예전엔 오공(吳公)께서 그 애의 아버지 종기를 빨아 주더니, 남편은 자신은 돌보지 않고 전쟁터에서 싸우다 죽었다. 오공이 또 제 자식의 종기를 빨아 주니, 이 아이도 아버지처럼 죽게 될 것 같다. 그래서 서럽게 우는 것이다."

위(魏)나라 문후(文侯)는 오기가 병법뿐 아니라 청렴하고 공정하여 병사들의 마음을 얻고 있다고 생각하고, 서하(西河) 태수로 삼아 진(秦)나라와 한(韓)나라에 대항하도록 하였다. 문후가 죽은 뒤에 오기는 그의 아들 무후(武侯)를 섬겼다. 무후가 배를 타고 서하를 내려가다가, 중간 지점에서 오기를 돌아보며 말했다.

"아름답구나, 산천의 견고함이여! 이는 나라의 보배로구나!"

이에 오기는 말했다.

"하나라 걸왕(桀王)이 살던 곳은 황하와 제수(濟水)를 왼쪽에 끼고, 태산과 화산(華山)이 오른쪽에 있으며, 남쪽에는 용문산(龍門山)이 있고 양장이 북쪽에 있지만, 어진 정치를 베풀지 않아 은나라의 탕(湯) 임금에게 내쫓겼습니다. 나라를 다스리는 데 중요한 것은 임금의 덕이지, 험난한 지형이 아닙니다. 임금께서 덕을 닦지 않으면, 이 배 안에 있는 사람은 모두 적이 될 것입니다."

그렇다. 나라의 보배는 천하 명산과 풍광 좋은 호수가 아니다. 임금이 사람을 귀하게 여길 줄 아는 정치, 이것이 바로 위정자의 덕행이다. 오기가 왜 병사의 곪은 종기를 빨아 주었을까. 조조는 또 왜, 관우를 위해 오관참육장(五關斬六將)의 의리를 아끼지 않았을까.

전한(前漢)의 회남왕(淮南王) 유안(劉安)의 『회남자』에는 '해불양수(海不讓水)'란 글이 있다. 바다가 바다인 연유는 썩은 물, 맑은 물 가리지 않고 포용함에 있다는 말씀이다. 우리가 누리는 최첨단 문명 시대와는 역행하는 말씀을 하신다.

예수님도 똑같은 말씀을 하셨다.

"이 세상의 모든 왕은 강제로 백성을 다스리려 한다. 그러면서 권력자들은 백성의 은인으로 행세하려 한다. 그러나 너희는 절대 그래서는 안 된다. 오히려 제일 높은 사람은 제일 낮은 사람처럼 처신해야 한다. 지배하는 사람은 섬기는 사람처럼 처신해야 한다. 식탁에 앉은 사람과 심부름하는 사람 중에 어느 편이 더 높은 사람이냐. 높은 사람은 식탁에 앉은 사람이 아니냐. 그러나 나 예수는 심부름하는 사람으로 여기에 와 있다."

이것이 하늘의 가르침이요, 위정자들이 추구해야 할 치도의 길이다. 국민 위에 오르고자 할 때는 반드시 말로써 자신을 낮추고, 국민 앞에 서고자 할 때는 반드시 몸을 뒤에 두라고 말씀하셨다. 옛 군왕들이 자신을 가리켜서 과인(寡人)이라 부른 연유다.

다음은 『장자』의 「인간세」 편, '당랑거철(螳螂拒轍)'의 우화이다.

거백옥이 말했다.

"당신은 사마귀라는 것을 아시겠지요. 화가 치밀어 팔뚝을 휘두르며 수레와 맞섰답니다. 제힘으로 맞설 수 없음을 몰랐던 게지요. 이는 저만 잘난 줄 알았지, 조심하고 경계해야 함에도 제 자랑만 늘어놓고, 제 잘난 맛에 세상을 향해 팔뚝을 걷어붙이고, 제힘 자랑을 했습니다."

공자가 군자라 칭했던 위나라 대부 거백옥이 안합이라는 노나라의 현인에게 들려준 이야기다. 위나라 영공의 태자는 천품이 박덕하고 남의 허물만 알고 자기 허물은 모르는 위인이다. 그가 하는 대로 버려두면 나라가 위태롭고, 법대로 보필하면 자신의 목숨이 위태로운 상황이었다. 이런 태자를 보좌하러 가면서 거백옥에게 어떻게 처신해야 하는지를 물었다. 그러자 거백옥은 안합에게 사마귀 이야기를 하였다.

수레는 세상사 국민의 마음이다. 사마귀는 제 생각이 옳다면 국민에게 자신을 믿고 따르라고 강요하는 위정자의 군상이다. 제 알량한 힘만 믿고 백성들 알기를 개, 돼지 취급을 하면서, 팔뚝을 걷어붙이고 삿대질하는 위인이다. 군왕이라고 자기 뜻대로 세상사를 요리하겠다는 생각은 편협된 인간이 낳은 오만함의 극치다. 겸허할 줄 모르는 사마귀라는 군상이 수레 앞에 대항한 결과는 자명한 일이다. 고로 진정한 마음으로 국민을 대하는 위정자는, 항시 살얼음판을 걷는 자세로 행동해야 한다. 자기 능력을 과신하다가 수레바퀴에 깔려 죽은 사마귀 신세가 되지 말라고, 지금 비틀고 비틀어서 장자는 후세의 위정자들에게 말하고 있는 것이다. 우리네 살림살이의 진면목을 보여주는 장자의 우화다.

새로운 통치자가 부임했다. 어언 10여 개월이 지났다. 일찍이 노자는 말했다.

"문밖을 나가지 않고 천하를 알며, 창문으로 엿보지 않고 하늘의 가르침은 알 수 있느니라. 멀리 가면 멀리 갈수록 그 아는 바는 점점 적어진다."

하나를 보면 열을 알 수 있다는 방증의 말씀으로 나는 이해를 한다. 묘한 일들이 하루가 멀다고 벌어진다. 그분의 뜻대로 움직였고 국민의 의사는 안중에도 없었다. 과거와 현대사의 흔적이 오롯하게 보존된 민족의 전당이요, 숨결이 간직된 현대 정치사의 전당은 하루아침에 놀이터로 전락하였다. 전 국민의 귀를 우롱하는 웃지 못할 촌극도 비일비재다. '바이든'을 '날리면'이라고 우기는 비서진의 작태는 눈꼴사나운, 국민을 기만하는 광대들의 사기극이었다. 이것이 현 정권이 국민을 대하는 눈높이다. 옛 절대군주의 통치하에서도 벌어지지 않던 일들이 벌어지는 형국이다. 곁에서 곡학아세로 아부를 일삼는 '십상시'들의 행태는 불쌍하다 못해 가증스럽다.

또다시 '이태원 참사'가 발생했다. 보라, 우리는 그들이 어떻게 국민을 대하는지를 똑똑히 목도했지 않았는가. 이젠 정부에 그 무엇을 바랄 필요가 있을까. 국민 알기를 이렇게 가볍게 여기는 정부의 앞날은 논할 가치도 없다. 좋다. 정부와 지자체, 그 어느 위정자에게도 책임은 없다. 누굴 원망할 필요도 없다.

"우리 애들이 도심 한복판을 걷다가 그냥 깔려 죽었다. 길을 가다가 그냥 죽은 것이다⋯⋯."

이것이 찾아가는 복지강국을 지향한다는 대한민국의 현주소다. 진정성 없는 사과는 두 번 국민을 기만하는 행위요, 죽이는 작태다. 그러하거늘 그것을 굳이 애걸할 필요가 있을까. 가라. 각자도생하는 길이 현 정권에서 생존하는 비결이요. 그들이 간절히 바라는 바다.

"장관님, 훌륭하십니다. 그 좋은 직 오래오래 유지하시고, 토끼 같은 자식들하고 백년해로하시길….".

폐부를 찌르는 이 함성이, 현 정권을 향한 정확한 민심이다. 이 소리가 필자의 환청임을 믿고 싶은 날이다.

어찌할 것인가

1923년 9월 1일, 일본 가나가화현에 강도 7.9의 강진이 발생한다. 일명 관동대지진이다. 우리는 이 사건을 잊어서는 안 된다. 결코, 잊을 수 없는 사건으로 후세 일본을 향한 역사교육의 표본으로 삼아야 한다. 일본인, 천인공노할 그들의 살인마적인 행태를 정확히 알면, 일본과 일본인들의 철면피한 얼굴이 보인다. 그 참혹했던 역사의 현장으로 되돌아 가보자.

도쿄가 7.9의 대지진으로 아수라장이 되었다. 도쿄의 중심가인 혼죠, 후카가와, 아사쿠사, 나혼바시 등의 시가지는 9할 이상이 잿더미로 변해 있었다. 요코하마는 더 심했다. 시가지는 불바다, 그 자체였다. 요코하마 형무소 건물이 무너지는 바람에 천여 명의 죄수들이 거리로 쏟아져 나왔다. 그들의 눈에는 보이는 것이 없었다. 닥치는 대로 약탈과 살인, 여인들을 겁탈하기 시작했다. 이 광란의 광경을 목격한 시민들은 자구책을 강구하기 시작했다. 일본도와 죽창을 들고나와 동네 사람들끼리 자경단을 조직했다.

1923년 9월 1일 밤, 요코하마 거리는 아비규환, 그 자체였다. 죽창과 일본도로 무장한 자경단이 암흑천지에서 누가 어느 편인지, 어느 쪽이 자기편인지

식별할 수 없는 아수라장 속에서 서로가 서로를 찢어 죽이고, 찔러 죽이는 대살육의 참상이 시작된 것이다.

야마모토 총리대신은 먼저 해결해야 할 최고의 난제가 이 폭동을 미연에 방지하는 것이었다. 암흑천지요, 먹을 것, 입을 것과 마실 것이 마비된 상황에서, 그나마 대책이 전혀 없는 내각에 희망을 바란다는 것은 꿈만 같았다. 선량한 국민이 자구책으로 폭도로 변하는 것은 시간문제가 아니던가. 급조된 내각회의는 뾰족한 결론을 내릴 수가 없었다. 이때 고토 내무대신이 입을 열었다.

"폭동을 진압하려면 비상 수단을 강구하는 도리밖에 없습니다."

야마모토 총리가 그 말이 무슨 뜻이냐고 재촉하자, 고토는 입가에 야릇한 미소를 띠며 대답한다.

"에……. 조선인을 제물로 희생시키는 것입니다."

모두 깜짝 놀랐다. 아비규환의 폭동을 진압할 비상 수단이 조선인을 희생의 제물로 이용하는 방안이라니! 처음에는 모두가 도저히 이해할 수 없었다.

고토는 당당히 포문을 열었다.

"정부가 정부의 노릇을 제대로 못 할 때, 국민은 폭동을 일으키게 된다. 주민들의 요구는 못 들어주면서 폭동을 방지하는 일은 어렵다. 그렇기에 특단의 비상조치가 필요하다. 그것은 여론을 정부가 아닌 다른 곳으로 유도하는 길뿐이다."

이렇듯 인간의 탈을 쓰고서 짐승만도 못한 짓거리를 강구해 낼 줄 아는 야비한 민족이 일본인이다. 그들의 흉중에는 늘 위선과 가식의 DNA가 꿈틀거리고 있었다. 그들은 조선인들이 폭동의 제물이 되는 동안에, 서서히 숨을 돌리고 한편으로 지진의 복구방안을 강구하자는 천인공노할 만행을 지금 꿈꾸고 있다. 이때 요코하마 교도소에서 탈출한 죄수 1천여 명은 온갖 포악한 만행을 자행하고 있었다. 야마모토 총리는 기회는 이때임을 자각하면서 최후의 결단을 내린다.

"일석이조다. 폭동도 진압하고 자국민들의 불만도 무마할 수 있는 비상수단은 그것뿐이다."

그리고 그들은 비상계엄령을 선포할 구실을 강구하기 시작한다.

"조선인들이 지금 우물마다 찾아다니며 독약을 투입하고 있다. 조선인들이 여자만 보면 겁탈을 일삼고, 도둑으로 변해 노략질을 일삼고 있다. 수천 명의 조선인들이 도쿄를 점령하기 위해 지금 밀려들고 있다. 고로 조선인을 경계하라."

이런 유령의 유언비어가 도쿄를 향해 유포되고 있었다. 이에 편승해 도쿄와 관동지방의 일본인들은, 아니 일본인 전체가 조선 사람에 대한 분노와 적개심으로 불타오르기 시작했다. "조선인을 무조건 죽여라!" 자국의 치안을 위해 조성된 자경단은 조선 사람이라고 생각되면 남녀노소 불문하고 무조건 잡아 죽이기 시작했다. 죽창으로 찔러 죽이고, 일본도로 목을 쳐 죽였지만, 그래도 그들의 분은 풀리지 않았다. 사지를 묶어 매달아 놓고 한쪽 팔을 잘라내고, 기다렸다 다른 팔도 보란 듯이 마치 미친 듯 조선인들을 난도질하기 시작했다. 눈 뜨고서는 도저히 목격할 수 없는 광란의 장을 펼친 것이다. 죽창으로 눈을 후비고 사지를 잡아당겨 갈기갈기 찢어 죽이기 시작했다. 한 가족을 보라는 듯 묶어놓고 찔러 죽이고 일본도로 무참하게 난도질을 자행했다. 조선인이라면 수십 명씩 가둬놓고 무 자르듯 떼죽음을 자행하는 만행을 서슴없이 실행하면서 정부를 향한 불만을 해소해 나가는 것이었다. 이런 만대에 용서받을 수 없는 발악을 자행해 놓고서, 야마모토 내각은 '조선인 대량학살 사건'이 조선본토에 알려지지 않게끔 비상수단을 강행하기 시작한다. 총독부에 명령을 내려 조선의 신문들이 '관동대지진 학살사건'을 기사화하지 못하게 특단의 조처를 내린다. 이런 끔찍한 만행을 서슴없이 자행한 민족이 일본이다. 관동대지진 때 조선인을 대량 학살한 사건은, 일제강점기 일본 놈들이 자행한 한국인 도륙 사건의 빙산의 일각에 불과할 뿐이다.

인간은 생각하는 동물이다. 고로 진정한 반성과 참회는 갱생의 첫 삽이다. 이것을 무시한 채 진정한 국제적 파트너 쉽을 강조한다는 자체는 언어도단이다. 누군가는 말한다. 1965년 체결된 '한일 협정'에 의해서 한일 간의 역사적 매듭은 완전히 해결되었다고. 단돈 오억 달러, 그것도 3억 달러는 배상금이요, 2억은 차관이다. 과연, 그 돈으로 일제 40년 한반도가 통째로 유린당한 통절함을 잊으란 말인가. 그 돈 오억 달러는, 무참히 한국인을 도륙한 제국주의 일본 놈들이, 천벌을 면하기 위한 최소한의 면죄부를 부여한 간특한 매국노들이 벌인 대국민 사기이며 기만이요, '늑약'에 불과했다.

왜 늑약일까. 정상적인 협정이라면 한일 간의 역사적 문제는 재발하지 않았을 것이다. 박정희 군사독재정권이 치욕적인 협정을 맺었기에, 그 후유증은 지금까지도 부풀어 올라 모멸적인 모욕감을 후손들에 안기는 것 아닐까. 그들 일본 제국주의자들은 비웃을 것이다. 조선 사람들은 개, 돼지 취급을 해도 결국은 우리 일본에 머리 조아리며 항복할 인간들이라고. 그러기에 그들은 한사코 인정하지 않으려는 것 아닐까. 한국인 강제징용과 일본군 위안부 문제는 황국신민으로서 자발적으로 참여한 호구지책의 일환이라고. 고로 일본은 하등 양심의 가책과 사과할 필요가 없는 문제라고. 이것이 현 시국에서 일본 위정자들이 펼치는 대 한국관이요, 역사관이다. 이 참담한 현실을 인식하고 우리는 지금 돈보다, 일본의 진정한 반성과 참회를 요구하고 있는 것 아닌가.

그러나 그들의 인식은 어떤가. 조롱과 비아냥으로 일관된 태도를 견지하고 있다.

　우리는 지금 안중근 의사와 윤봉길 선생을 혼동하는 통치자를 선택했다. 그분은 지금 자국민의 안전은 안중에도 없다. 이태원 참사를 목도했지 않는가. 이 정권이 얼마나 국민을 가볍게 여기고 있고, 국민통합 대신 무단정치를 실행하려는 듯 검찰이라는 칼끝으로 여론을 조정하고 있는 모습을 똑똑하게 지켜보고 있다. 그런 분이 '담대하게' 일본을 용서하자고 국민을 우롱하고 있다. 그리고 일본 놈과 함께 미래로, 미래로 가잔다. 일본열도의 똥강아지도 웃을 일이다. 한 지도자를 잘못 선택한 결과가 자초하는 역사적 퇴행 길이다. 권력은 통치자의 전유물이 아니다. 5년이라는 시간은 도도한 역사적 물결 속에선, 순간적 찰나다. 그 짧다면 한없이 짧은 통치 기간에 국민적 합의도 없이 독단적으로 역사적 판단을 전횡한다는 자체는 심판의 대상이다.

　저 패륜적 만행을 범하고도, 일면식, 사과는커녕 반성조차 할 줄 모르는 짐승만도 못한 살인마적인 일본인들이다. 그들 앞에 다시 무릎 꿇고 굴욕적인 외교 참사를 벌이는 참극 앞에서, 만백성은 지금 모멸감에 탄식하고 있다. 피눈물 흘리면서 일제 식민지하에 목숨을 초개같이 버린 선열들 앞에, 후손 된 자로서 석고대죄할 뿐. 할 말을 잃게 만든다.

　위대한 통치자여! 어찌 그리도 급조되고 편협된 역사관으로 또다시 국민의 눈과 귀를 기만하려 하는가. 어느 세계사에 도륙당하고 핍박당한 민족이, 저 스스로 무릎 꿇고 구걸을 자청했던 치욕적인 굴욕사가 또 있었던가. 제국주의자들의 강제 징용에 대한, 제3자 변제 방식은, 일본열도의 산천초목들도 비아냥거릴 일이다.

　변명의 짧은 혀는 극치를 이룬다. 대승적 차원에서 국제화의 흐름에 능동적

대처를 통한, '선제적 국익 확보'라는 미명을, 지금 일본의 짐승만도 못한 위정자들이 비웃고 있지를 않은가.

어찌할 것인가? 저 지하에서 통곡하고 있는 선열들의 피맺힌 원한을······.

어지러운 세상

 고금리와 물가는 하늘 높은 줄 모르고 치솟고 있다. 세상인심도 덩달아 흉흉하다. 위정자들은 국민의 안위는 잊은 지 오래되었다. 일본 제국주의자들이 힘의 논리로 들이미는 위안부 문제와 핵 오염수 처리 문제엔 가해자인 일본 놈들은 꿈적도 하지 않는데, 살상과 도륙을 자행한 놈들의 안위를 걱정하는 눈꼴사나운 목불인견이 펼쳐지고 있다. 갑자기 통수권자는 민생 대신 색바랜 이념 논리로 치닫는다.

 얼마나 불쌍한 민족인가. 세계에서 단 유일의 분단국가인 주제에, 또다시 민생이 아닌 이념 논리로 국정을 운운한다. 한민족이 남과 북으로 갈라져서 수많은 세월 동안 서로가 질시와 반목으로 대치해 온 것을 역사가 분명 기억하건대, 국민을 또다시 이념 논쟁으로 유도해 국론을 사분오열시키는 행태는 지도자의 자격을 의심하고도 남음이 있다.

 세상사 이치는 어지럽지 않다. 우리의 가장 가까운 주변에 늘상 존재하는 것이 참 진리다. 우리가 찾는 행복은 진정한 행복이 아니다. 그것을 자연은 웅변으로 증명한다. 그들이 펼쳐 놓는 처처의 풍광 자체가 참이요, 진리의 정수다. 꽃은 무심히 나비를 부르고(花無心招蝶), 나비 또한 무심히 꽃을 찾는 저 모습을 보라(蝶無心尋花). 이 애틋한 모습이 참 진여의 실체가 아닐까. 서로의 빛깔과 향기를 나눌 줄 알면서, 가진 것을 하나씩 공유할 줄 아는, 저 순수한 자연의 숨결을 보라. 그들은 저렇듯 무심한 바람결에도 곱게 자신의 무늬를 소리 없이 수놓아, 처처를 화엄이요, 대동 세계라 이름 짓지 않으며 어깨동무하는 저 행위가 진여요, 진리의 당체가 아닐까. 우리가 찾는 달콤할 것 같은 행락은 실제에서는 우리의 몸을 망치는 요인이다. 가장 사람을 어리석게 하는 짓거리가 바로 우리가 목숨 걸고 추구하는 '애와 욕'이란다.

부처님이 사밧티 교외에 있는 녹자모(鹿子母) 정사에 계실 때의 일이다. 여느 때처럼 아침 일찍 위의(威儀)를 갖추고 성내에 들어가 탁발을 하고 있는데, 한 바라문이 부처의 모습을 보고서 성큼성큼 접근해 왔다. 당시의 전통적인 종교인 바라문이 진보적 종교인 불교에 대하여 좋지 않은 감정을 가졌던 것은 사실이다. 가까이 다가온 그는 있는 힘을 다해 큰소리로 붓다에게 욕설을 퍼부어 댔다. 그러나 붓다는 태연히 탁발을 계속했다. 그랬더니 그는 더욱 발끈하면서 근처의 흙을 집어 들고 붓다를 행해 던졌다. 그때 때마침 일진(一陣)의 광풍이 붓다가 계신 쪽에서 그가 있는 쪽으로 불었다. 던진 흙덩어리는 흙가루가 되어 그의 얼굴을 덮었다. 당황하여 부산을 떠는 그의 모습을 조용히 바라보면서 부처님은 말씀하셨다.

"당신은 예물을 사람에게 보낼 때, 그 사람이 그것을 받지 않으면 그것을 어찌하겠느냐?"

그는 대답했다.

"다시 가지고 갈 뿐이라고."

"그렇다. 내가 지금 그대의 매도를 받아들이지 않았으니, 너는 그것을 가지고 돌아가거라."

 이것이 성인들의 가르침이다. 악심을 품고 남을 해치려는 것은, 하늘에 침을 뱉는 것과 같다. 그것은 하늘을 더럽히지 못할 뿐 아니라, 오히려 뱉은 사람의 몸을 더럽히지 않을까. 이렇듯 원망은 원망으로써 갚으려는 행위가 인간들이 벌이는 가식과 위선의 불꽃놀이다. 행위는 당연히 치졸할 수밖에 없다. 원망은 원망 없음에 의해서만 잠들 수 있는 법. 원망 없는 진실한 사랑의 힘에 의해서만 젖어 들 수 있는 것 아닐까.

 우리네 삶을 고해(苦海)라고 한다. 삶이 고해인 까닭은 간단하다. 내 주장만이 옳다는 편견과 아집이 세상을 요지경 속으로 몰아넣는 것이다. 멀쩡하게 들리는 '바이든'을 '날리면'이라고 겁박하는 위정자들을 보라. 왜 언론 탓을 하는가. 역대 정권에서는 상상할 수 없던 일들을, 그들은 보라는 듯 펼친다. 역사가 40년 전의 군사 독재 시절로 퇴행하는 느낌이다. 국민을 우습게 아는 정권의 결과는 뻔하다. 그러면서 그들이 외치는 '공정과 상식'의 진의를 어느 누가 액면가 그대로 믿을 것인가. 이렇게 국민을 가볍게 보는 정권이 또 있었던가. 하나에서 열까지 모두를 남 탓으로 돌리려는 웃지 못할 촌극을 연출하는, 위정자들의 광대놀음을 조롱하는 소리가 들리지 않는가. 남이 잘못한 것도 내 탓으로 돌리고, 반면교사로 활용해, 새로운 길을 개척하는 역량을 보이려고 노력하는 것이 선도자의 역할이 아닐까. 왜, 자꾸만 시곗바늘을 거꾸로, 거꾸로만 돌리려 하는가. 이것은 서민들의 안위는 안중에도 없다는 방증은 아닐까.

 일제 강점기 연해주에서 와신상담 뼈를 깎는 몸부림으로 일제에 항거한, '홍범도 장군'이 도마 위에 오른 생선처럼 난도질당하고 있다. 일본에 아부해서 삼대를 부귀영화로 치부했던 분들이, 순간의 권력으로 역사를 호도하려는 행위는 준엄한 심판을 면치 못할 것이다. 민족 선열 하나 제대로 대접할 줄 모르는 후손된 도리에 자괴감이 밀려든다. 역사를 권력의 입맛으로 곡해해서 국민을 '어지러운 세상'으로 유도하는 행위는, 민족 선열의 영혼에 재를 뿌리는 추악한 작태다.

  길을 행하는 것은 횃불을 들고 암실에 들어가는 일이다. 역사가 길이요, 현재의 거울이다. 역사를 망각하고 곡해하는 일은 같은 돌에 두 번 넘어지는 행위다. 천지 만물은 무상의 그물이다. 인간사가 그렇기를 정치를 말할 필요가 있을까. 만물의 성한 모습을 보고, 아니 권력의 무소불위 힘을 믿고 횃불을 함부로 휘젓는 행위는 백성을 도탄으로 유도하는 자해 행위다. 권력의 근본은 민본이다. 부여받은 권력의 뿌리를 잊고 길에서 방황하면 믿음의 뿌리도 흔들린다. 세상에 영원한 것은 없다. 이내 몸도 영원하길 바라는 것부터 착각과 망상의 시작이다. 이내 몸이 무상의 그물이거늘 어찌 권력이 영원하길 바랄쏜가.

  사람이 미련한 것은 욕망의 불꽃이 치성하고 화려한 불꽃놀이를 선호한다. 공정과 상식의 길은 시대정신이요, 국민을 통합시키는 상생의 정신이다. 촛불이 자기 몸을 태워 어둠을 밝히듯, 독선과 아집, 자만은 시대의 독이다. 원망을 원망으로써 갚으려는 행위가 인간들이 벌이는 가식과 위선의 불꽃놀이다. 행위는 당연히 치졸할 수밖에 없다. 원망은 원망 없음에 의해서만 잠들 수 있는 법. 원망 없는 진실한 공정과 상식에 입각한 지도력에 의해서만 우리는, 오늘의 난국을 타개하고 새로운 비전으로 도약할 수 있다고 생각된다. 상생을 망각하고 남의 흠만을 헤집으려는 행위는, 하늘에 침을 뱉는 것과 같다. 그것은 하늘을 더럽히지 못할 뿐 아니라, 오히려 뱉은 사람의 몸만 더럽힌다고 성인들이 하신 말씀을, 이 시대의 위정자들은 명심할 일이다.

사람 사는 세상은 어지럽지 않다. 욕심은 화의 근원이다. 이 단순한 논리는 철칙이다. 아무도 이 범주를 벗어날 수 없다. 그러나 이것을 가볍게 여기면 화는 자가당착이다. 사람 사는 세상은 너와 내가 하나인 세상이다. 짐승과 사람의 눈동자가 외롭지만, 수정 같은 눈빛으로 서로의 가슴에 가서 고이 죽을 줄 아는 세상이다. 이 순결한 진리를 외면하고 발버둥 칠수록, 추잡해지는 이유는 내가 나를 속이는 일이다.

밝은 세상은 인간의 내면이 청정해 세상일에 물이 안 드는 일이다. 눈과 귀가 총명하고 말과 뜻이 진실한 세상 말이다. 그런 세상을 그려본다는 것은 병신 오줌싸는 놈일런가. 병신들이 오줌싸는 어지러운 세상살이를 위정자들이 선도하는 듯해, 인간사 살면 살수록 허망함으로 밀려오는 것은, 나만의 고질적인 병폐이길 간절히 바라는 하루다.

실종된 상생의 정치

　날씨까지 후덥지근한 장마철이다. 민생의 현장은 아비규환인데, 현실 정치판은 도탄의 막장 드라마보다 저급하다. 무엇하나 웃을 일이 없다. 날이면 날마다 펼쳐지는 정쟁의 불구덩이 속에, 국민의 안위는 버려진 지 오래되었다. 불쾌지수가 저절로 끓어오른다. 치밀어 오르는 화를 『삼국지』로 달래본다.
　유비가 조조에게 몸을 의탁했던 시절도 있었다. 유비가 곁에 있을 때 조조의 책사 정욱은 유비를 손쉽게 제거해야 한다고 강력히 주장했다. 유비는 결코 남의 밑에 있을 인물이 아니다. 언젠가는 승상에게 화가 될 인물임을 주장했다. 그러나 조조는 결코 유비를 제거할 수 없었다. 이유는 간단했다. 유비는 첫째 황실의 핏줄이었다. 둘째 유비의 세력은 비록 지금은 미미하지만, 조조는 천자의 신하로서 대의명분을 내세우는 처지였다. 유비를 굳이 죽여서 여론을 악화시킬 필요가 없었다.
　이때 유비가 조조를 떠나 서주에서 자리를 잡고 반기를 들었다. 조조가 유비를 제거해야 할 명분이 섰다. 조조는 서주를 공격했다. 유비는 서주성과 소패성을 잃고 원소에 의탁했다. 관우도 하비성을 유비의 처자들을 데리고 사수

하다가 조조에게 기습당해 대패하고 말았다

조조가 삼국지의 영웅인 까닭은 만대에 걸친 불멸의 일화가 비일비재하다. 조조는 인물을 보는 식견이 남달랐다. 냉철한 판단력과 벼락같은 추진력을 겸비한 리더 중의 리더였으며, 불세출의 영웅이 바로 조조였다. 조조는 원래 문인이었다. 군마를 이끌고 험악한 산과 강을 넘으면서도 시흥이 분기하면 즉석에서 시를 음유할 줄 알았던 재사요, 탁월한 용병술을 구사할 줄 알았던 용병가요, 정치술과 덕망을 겸비한 덕장이었다.

그런 조조가 관우를 보는 눈은 남달랐다. 유비마저 도망쳐 원소에게 위탁되는 처량한 형세였다. 관우를 조조의 사람으로 만들 수 있는 절호의 기회가 온 것이다. 조조는 관우와 친분이 있는 장료를 보내 회유하기로 결정했다. 관우는 사생결단, 단호한 의지를 피력했다. "나는 죽기를 각오하고 끝까지 항전할 것이다." 그러나 장료는 관우를 설득했다.

"이미 세는 기울었네. 고집으로 개죽음당하지 말게. 자네가 죽으면 유비, 장비와 도원에서 결의한 의를 어긴 죄. 유비가 자네에게 의탁한 처자식이 의지할 데가 없어지고, 또 조조가 살려줄지도 알 수 없는 일 아닌가. 그리고 목숨 다하는 그날까지 살아남아 유비를 도와야 할 자네가 쓸데없는 만용으로 개죽음당한다면, 그것이 어찌 의로운 죽음이랴."

관우는 이에 세 가지 조건의 항복 이유를 건다. 내가 지금 항복하는 것은 조조에게 하는 것이 아니라, 한나라 황실에 하는 것이다. 유비 처자식의 안위를 책임질 것. 그리고 차후 유비의 생사가 확인될 경우, 나는 유비에게로 갈 수 있게끔 용인할 것. 장료가 관우가 내건 조건을 말하자, 조조는 마지막 조건이 마음에 걸렸다. 그러나 장료는 관우를 유비보다 훨씬 후하게 대우하여 관우의 마음을 사로잡으면 된다고 조조를 설득했다. 조조는 결국 세 가지 조건을 수락했고, 관우는 형수들과 상의해 최종 결정을 내린다. 조조는 전례 없는 후의를 관우에게 베푼다. 낡은 비단옷을 입은 관우를 보고 새 비단옷을 하사한다. 관우는 조조의 하사품 위에 유비가 준 헌 비단옷을 덧입었다. 유비를 잊을 수 없다는 의미에서.

그러나 조조와 관우의 관계는 오래가질 못한다. 원소가 조조를 공격한 것이다. 안량을 선봉장으로 백마를 공격하고 원소는 여양을 향해 진격했다. 안량의 부대와 대적한 조조는 송헌, 위속으로 안량과 맞서게 했지만 중과부적이었다. 조조는 정욱의 의견에 따라 허도에 있는 관우를 불렀다. 관우는 조조가 준 적토마에 올라 청룡도를 휘두르며 안량의 진영으로 쏜살같이 달려들어 안량의 목을 거머쥔다. 안량의 목을 적토마에 매달고 돌아오는 관우의 모습은 거칠 것 없는 위세였다. 원소는 안량을 죽인 장수가 유비의 동생인 관우인 것을 알았다. 문추를 보내 관우를 저격했지만, 함량 미달이었다. 이 싸움에서 관우는 유비가 원소에게 있음을 확인한다. 조조도 유비가 원소에게 의탁하고 있는 사실에 긴장한다. 이때 원소의 부하 진진이 유비의 서신을 가지고 관우에게 왔다. 관우는 조조에게 하직 인사를 하러 간다. 그러나 면회는 사절되고 장료도 만나주질 않았다. 하직을 고하는 글을 써서 전하게 한 뒤, 조조로부터 받은 재물을 돌려주고 유비에게로 발길을 옮긴다.

조조는 관우가 떠났다는 소식을 접하고 탄식한다. 추격해 죽여야 한다는 부하들의 의견도 묵살한다. 조조는 오히려 돌아가는 관우에게 노잣돈과 옷을 건네주고 훗날의 기념으로 삼겠다는 뜻을 전한다. 조조의 부하가 옷을 건네자, 말에서 그냥, 청룡도 칼끝으로 받아 몸에 걸치고 감사의 인사를 건네고 발길을 돌린다. 이때 팽팽한 긴장감이 돌았다. 조조가 무력으로 얼마든지 죽일 수 있었다. 그러나 조조의 품은 넓었다. 그리고 유비에게로 돌아가는 길목에서

저 유명한 '오관참육장'이라는 삼국지의 명장면이 파노라마처럼 펼쳐진다.

조조라는 인물만이 펼쳐 보일 수 있는 세기의 명장면이다. 이것이 살아 숨쉬는 정치다. 이렇듯 정치는 희망의 마중물을 건져 올릴 줄 아는, 미래 비전을 제시할 줄 알아야 한다. 정치도 종착역은 협치요, 상생이다. 영원한 권력은 존재할 수 없듯이, 영원한 적도 있을 수 없다. 세상사 순리는 간단명료다. 당신이 없으면 나는 존재할 수 없는 법이 세상사 순리다. 저것이 없으면 이것도 있을 이유가 없는 것이 상생의 법이다. 이처럼 모든 존재는 상생의 이법에 의해서, 그 존립 가능성의 바탕이 구성되는 것이 순리다. 그런데 현대판 정치는 다르다. 너를 죽임으로써 내가 생존할 수 있다는 정치 논리는 퇴행적 막장 논리다.

조선의 중종은 연산군이라는 희대의 패륜 정치를 자행함으로 인해 탄생한 임금이다. 박원종이 반군을 도모했을 때, 그는 무서워서 벌벌 떤 인물이다. 우유부단했고 추진력도 궁했다. 연산군의 탄생도 조선조가 탄생시킨 업장이다. 조선 왕조는 거창한 이론으로 무장은 했지만, 썩은 과실과 같은 실천 철학으로 백성의 고혈을 짜내고, 이상과 현실의 괴리 속에서 탁상공론으로 불을 밝힌 썩은 왕조가 바로 우리의 조선왕조사다.

중종은 조광조라는 청렴 결백하고 강건한 대학자를 곁에 두고서도 임금의 처세가 불민했기에, 조광조의 도학 사상에 입각한 왕도 정치를 실현하기엔 역부족이었다. 성리학이 꿈꿨던 이상 사회의 건설을 향한 열정은 오히려 독이 되어, 역적으로 몰아 처단시키는 웃지 못할 '사화(士禍)'를 자초한 군왕이 바로 중종이다. 장자의 말을 빌리면 '사마귀가 태산을 짊어진 형국'이랄까.

『중용』 33장을 보자. "성색지어이화민 말야(聲色之於以化民, 末也)"

백성을 다스림에 있어 겁주는 말이나 강압적인 명령, 오만불손한 태도를 보이는 행태는, 가장 말단적인 위정자의 행태다. 그러한 방법으로 통치한다는 자체는 결코 다스릴 수 없을 것이라 했다. 백성의 마음을 법으로만 겁박하려는 자세는 통치할 자격이 없는 위정자다. 정치가 정도를 지키면 상을 주지 않아도 국민은 저절로 권면하게 된다. 벌을 주어 죄를 다스리지 않아도 국민은 그 위정자의 인덕에 감화되어 도끼로 주는 형벌보다 두려워할 줄 안다. 이것이 민초들의 생리다.

　우리네 현실 정치는 이미 정치의 본질을 망각한 지 오래되었다. 국민에게 조롱받는 위정자를 상상해 보라. 삼국지가 영원한 고전으로 우리들의 영감을 자극하는 이유는 간단하다. 정치가 좌절과 역경 속에서도 상생이라는 불씨를 꺼트리지 않고 살려냈다는 점일 것이다. 기를 쓰고 상대를 죽이려고 발악하는 정치는 정치가 아니다. 조조가 펼쳐 보인 불멸의 처세학을 좌우명으로 새길 때, 국민의 신망은 정치를 버리지 않을 것이다. 보통 사람의 상식을 망각하는 오늘날의 현실 정치가 국민 삶의 질을 괴리시키는 일등 요인이다. 서민들의 삶은 도탄을 허덕이는데, 상생의 정치가 실종된 오늘날의 형세가 가히 조선조의 사화를 능가하는 형국이다.

　미래는 꿈꾸는 자가 주인공이다. 기존의 퇴행적 관행을 과감하게 던지고, 뼈를 깎는 시대정신을 상실하고선, 결코 새로운 미래는 없다. 거침없는 파격 행보가 없는 위정자의 처세는 역사만 퇴보시키는 악순환의 고리다. 조조가 천하의 주인공으로 대접받는 이유는, 격변하는 시대의 흐름 속에서, 파격의 통솔력을 발휘한 공로가 아닐까 생각된다. 정치가 신뢰를 회복할 수 있는 길도 '정도'에 있을 것이다. 국민의 눈높이를 우습게 비하하지 말라. 세상사는 숨길수록 더 잘 드러나는 법이라는 것을, 모르는 국민은 없다.

거꾸로 가는 세상

　세상인심이 갈수록 흉흉해진다. 인간사와는 다르게 날씨는 다행히도 따뜻하다. 엄동설한임에도 혹한이 느긋한 모습을 보인다. 얼마나 다행인가. 날씨마저 사납다면 삼동을 나려면, 태산 같은 말 못 할 시름에 겨워, 속으로 조용히 울고 있는 서민들이 부지기수였으리라. 이렇듯 서민들의 삶은 바닥이다. 물가는 하루가 다르게 널뛰기하고, 금리도 멈출 줄 모르고 부채질하니 체감경기는 감내할 수 없는 지경까지 와 있는 것이 냉혹한 현실이다. 이런 상황에 세상은 오늘도 조용할 날이 없다.

　자연의 흐름은 인간사와는 상관없다는 듯, 갑진년 새해가 밝았다. 새해라고 특별한 관심과 희망을 기대하는 건 기우다. 어느 곳에서도 존재의 의미를 찾을 길 없는 긴 암흑의 터널을 건너는 심정이다. 눈만 뜨면 매스컴을 타고 흐르는 기류는 사람 사는 세상 풍경이 아니다. 새해 벽두부터 세상이 온통 진흙탕 속에서 허덕이는 형국이다. 최첨단의 시대에 거꾸로 가는 대한민국의 위상이 가감 없이 민낯의 형국으로 세계 곳곳에 전파되고 있다.

　차마 어린 자녀들과 함께 밥상을 대할 자신감이 없다. 정치가 혐오의 일등 공신 역할을 자임하는 것 같다. 연일 밀물처럼 차고 넘치는 소식들은 하나같이 정도를 지향하며, 온몸으로 삶의 현장을 불사르는 서민들의 가슴에 대못질하는 소식들뿐이다. 이것이 문명 천국을 호사하는 세상사 인심의 현주소다. 어느 한 군데라도 정상적인 인간 냄새를 풍기는 훈훈한 정서를 찾을 길 없는 세상이 돼버렸다.

한겨울 엄동설한임에도 비가 추적추적 내린다. 늦은 오후다. 병원 주차장에 주차하고 있는데, 90도 허리가 굽은 한 노파가 작은 손수레를 끌고 나타났다. 주차장 옆 창고에서 파지와 캔, 고철을 힘겹게 손수레에 담고 있다. 묻지 않아도 알 것 같은 피골이 상접한 모습이다. 자신의 키보다 높은 짐을 싣고서 비를 맞으며, 언덕길을 힘겹게 오르고 있다. 죽음이 코앞에 임박해 있음에도 불구하고, 움직이지 않으면 오늘이라는 당장의 목숨을 유지할 수 없는 절박함이 온몸에서 짙게 풍긴다. 처연히 돌덩이보다 가볍지 않은 발걸음을 옮기는 저 모습을 보며, 왠지 가슴에 뭔가 모를 먹먹함이 밀려온다. 이렇듯 세상의 한쪽은 잔칫날처럼 북 치고 장구 치면서, 매일 흥겨운 잔칫날 같지만, 그늘 밑에서 오늘도 병든 몸마저 움직이지 않으면, 오늘이라는 하루의 생계마저 이을 수 없는 이웃들의 초라한 모습도 있는 세상이다.

이렇듯 극과 극의 상대성이 늘 존재하는 것이 현실이다. 인간의 냉혹한 삶의 현실 앞에서는 절대 선도 없고 절대 악도 있을 수 없다. 그저 선은 선이고 악은 악일 뿐이다. 각자가 자신의 운명을 책임지는, 각자도생하는 길이 민주주의가 지향하는 자본주의 천국의 민낯이다. 국가는 허울 좋은 그림일 뿐 서민들의 안위는 안중에도 없는 세상이 된 지 오래다.

채널을 돌려보자. 위정자들의 닫힌 안목은 이렇듯 무지렁이 같은 민초들의 눈물겨운 사투엔 이미 눈과 귀를 닫은 것 같다. 젊은 청춘들이 죽도록 일하다가, 하루라는 길일(吉日)을 택해서 마음껏 청춘을 불사르기 위해 '이태원 골목길'을 찾았다. 그러나 그들이 찾은 위안과 열정의 장소는 순간, 돌이킬 수 없는 아수라장 속에서 죽음의 길로 변했다. 굳게 믿었던 든든한 울타리 같을 것 같던 국가라는 존재는 하늘도 소름 끼칠 언사들로 변명의 극치를 이룬다. 방임도 이런 끔찍한 유기는 없다. 누구 하나 책임질 위인도, 잘못과 반성의 여지가 추호도 없는, 피와 눈물도 없는 냉혈족들이 오히려 핏대를 올린다. 이것이 민주공화국의 위상이요, 국민을 대하는 잣대다. 독선과 오만으로 충혈된 위정자들에게 오늘도 피눈물로 하소연한들, 우이독경(牛耳讀經)인 세상이다.

이렇게 산다는 것이 답답할 땐, 나는 미뤄두었던 『중용』을 읽는다. 중(中)은 하늘이요, 용(庸)은 사람의 이치다. 하늘과 사람 사이의 관계를 추상같이 펼쳐 놓은 인륜 도서다. 사람은 저마다 하늘의 자식이면서 그 하늘을 제 가슴속에 모시고 산다. 그것이 바로 조상님들이 설파하신, 인내천 사상(人乃天 思想)이다. 문명이 개화되기 전에도 이미 우리 조상들은 가슴속 깊은 곳에, 사람이 곧 하늘인 세상을 지향했다. 제 깊은 가슴속에 아버지를 품을 줄 아는, 사람 사는 세상을 꿈꾸는 자식이 바로 용(庸)이다. 제가 낳은 자식 속에 모셔져 있는 아버지가 바로 중(中)이다. 그 『중용』의 6장을 펼쳐 든다.

"공자님 말씀하시되, 순임금은 크게 아신 분이다(其大知也與). 그럼에도 순임금은 신하들에게 묻기를 멈추지 않으셨다(舜好問而好察). 천박한 인간사의 뒷이야기들도(邇言), 세상의 속된 말에도 항시 귀담아들을 줄 아셨다. 항시 중심을 잡을 줄 알아 백성에 임하신 분이 순임금이셨단다."

천하를 통치하는 통수권자가 자신이 알고 있던 바가, 어쩌면 정확한 앎이 아닌 줄 알고, 버릴 줄 아는 앎을 지향했단다. 부모를 잘 만나서 '육법전서' 속에서 헤엄치고 살다가, 벼슬자리를 꿰차고 세상 밖으로 나온 '법 미꾸라지'들에게 지금 순임금의 준엄한 가르침을 빗대고 있다. "이것은 이것이다"라고 단정 지음은, 단정 짓는 순간부터 독선과 아집의 울안에 자신을 가두는 행위라는 추상같은 가르침이다. 소크라테스가 주목받는 이유는 간단하다. 자기가 가졌던 집착에서 벗어나, 자기 부정을 통해서 진정한 자기 자신을 발견했던, 깨침이 아니었을까. "이것은 이것이다"라고 단정 짓는 행위 자체가 바로 인간의 오만의 극치인 '무지'란다.

'열린 귀'를 갖는 사람은 시정잡배들의 천박한 상소리에서 '하늘의 거룩한 울림'을 들을 줄 안다. 천박한 무지렁이 같은 민초들의 소리 없는 소리에 귀를 기울일 줄 아는 위정자가 바로 진정한 위정자라고, 공자님은 순임금을 빗대서 후세들에게 전하고 계신다. 자기 귀를 닫고, 자기 말을 지상 최고의 가치로 여기는 지도자는 자격이 없단다. 귓구멍이 열리면 시정의 천박한 잡소리가 '천상(天上)의 옥음(玉音)'이 될 수도 있다고, 그것을 가슴에 새기라고, 지금 중용은 가르치고 있다. 바른말은 거꾸로 하는 말처럼 들린다(正言若反). 그래서 믿음직한 말은 아름답지 못하다. 이것이 성현들의 가르침이다.

며칠 전, 한 지역의 국회의원이 대통령에게 아름답지 못한 말을 했다가, 순간에 입이 틀어막히고 사지가 들려서 행사장 밖으로 짐승처럼 끌려나갔다. 이것이 민주요, 공화국인 대한민국의 현주소다. 순임금은 시정잡배들의 천박한 잡소리에서 '하늘이 전하는 덕음(德音)'에 귀를 기울였거늘, 민의를 대변하는 국회의원의 입을 틀어막고 사지를 비틀고 짐승처럼 내몰렸다. 민주주의가 순식간에 처참하게 짓밟히는 거꾸로 가는 세상의 민낯이 전파를 타고 만방에 전달됐다.

민의를 대변하는 국회의원의 입이 봉해지는 처참한 상황인데, 만백성이 호소하고 이태원 유가족들이 절규하는 통곡인들, 닫힌 귀에 호소하는 것은 부질

없는 일이 아닐까. 거꾸로 가는 세상엔 옛 성인들의 말씀인들, 제대로 들릴 리 만무다. 아니 걸림돌로 작용되는 세상은 사람 사는 세상이 아니다.

 이렇듯 기울어진 것을 바로잡는 방법은 낮은 곳의 '소리 없는 절규'에 귀 기울일 줄 알고, 높은 곳에 있는 분들의 목소리를 낮추는 길뿐이다. 중용(中庸)의 길은, 늘 '중심(中心)'에서 백성을 보살필 줄 알았던, 순임금의 살아있는 목소리가 아닐까.

우리는 하나다

 부처님의 재가 신자 '유마거사'가 큰 병을 앓는다. 그의 병은 방편이다. 부처님은 유마거사의 마음을 읽고서, 그의 십대 제자를 보내려 했다. 그러나 하나같이 병문안 가기를 꺼렸다. 이유는 간단했다. 유마거사는 머리만 깎지 않았지, 불심의 경계가 이미 십대 제자를 능가하고 있었다. 모두가 유마거사의 뛰어난 설법에 대꾸조차 못 했던 경험들이 있는지라, 망설였다. 결국 할 수 없이 '문수보살'이 병문안을 가게 되었다.
 이에 암바팔리 동산의 법회에 있던 수많은 보살과 불제자, 천인들은 생각했다. 이제부터는 희대의 법거량이 펼쳐져 불교의 궁극적인 진리가 만천하에 드디어 펼쳐질 것이다. 그리고 그들은 문수보살의 뒤를 따라서 바이샬리 성안의 유마거사의 방으로 찾아 들어갔다.
 문수보살이 말했다.
 "거사여, 병은 견딜 만하십니까? 세존께서 걱정하시며 문병하라고 저를 보내셨습니다. 거사님의 병은 무엇 때문에 생겼으며, 얼마나 오래되었고, 어떻게 하면 나을 수 있겠습니까?"

유마힐이 말했다.

"나의 병은 어리석음과 탐심에서 생겼습니다. 모든 중생이 병들어 있으므로 나도 병들었습니다. 만일 모든 중생의 병이 사라진다면 나의 병도 사라질 것입니다. 왜냐하면 보살은 중생을 위해 생사에 들어섰으니, 생사가 있는 곳에 병이 있기 때문입니다. 만일 중생의 병이 나으면 내 병도 낫습니다."

이것이 진정한 가르침이 아닐까. 이렇듯 보살의 길은 중생의 생사고락과 함께 목숨 바쳐 고행을 온몸으로 끌어안고, 모진 풍파를 함께 건너는 나룻배 같은 것. 자식이 병에 걸리면 부모의 가슴은 앓는 자식의 가슴보다 더 애절하게 끓는 것이 부모의 한결같은 마음이다. 맹자도 말하지 않았는가? "사람들은 모두 다른 사람의 불행을 차마, 두고 보지 못하는 마음(不忍之心)을 가지고 있다."라고. 이렇듯 당신의 아픔이 곧, 나의 아픔인 것이다. 이것이 본래 인간의 성품이다.

며칠 전 최고 통수권자가 임기 반환점이라며, 허심탄회한 기자 회견을 펼치겠다고 매스컴이 야단법석을 떤다. 기대는 하지 않았지만, 그래도 귀가 한편 솔깃해진다. 아까운 시간을 할애해 TV 앞에 앉아 보다가, 아연실색한다. '혹시나 했더니 역시나'로 끝났다. 평생 법을 전공한 분이 펼치는 논리가 국민을 조롱하고 있다. 권력이 영원할 것 같은 망상 속에서, 국민 보기를 이렇게 우습게 본 정권이 또 있었던가 싶다.

아내가 밤낮으로 잘되라고 남편을 돕는 것이 '국정농단'이라고 칭한다면, 그것은 인권 유린이요, 국어사전을 다시 써야 한다는 논리는 국민을 기만하는 행위요, 모멸감을 안기는 행위다. 손바닥으로 하늘을 가리려는 오만방자함의 극치다. 국민은 최악의 경제난 속에서 생활고가 처참한 상황이건만, 제대로 된 상황 인식은 고사하고 공허한 외침과, 과대망상에 잠긴 상상의 논리 속에서 자화자찬에 열을 올린다. 서민들은 비탄의 함성과 절규의 몸짓인데, 위정자는 몽상 속에서 '대통령 놀이'를 즐기는 느낌이다. 마치 벌거벗은 달나라 대통령의 흥타령같이 들린다. 어느 나라 대통령인지 듣는 이의 귀가 의심스럽다. 유마거사가 앓는 병과는 천양지차다. 이것이 오늘날 문명 천국의 언론을 말살하려는 이 정부의 민낯이다. 이렇게 법을 알수록 법을 짓밟는 것이, 잘난 분들의 행태다. 결국은 자가당착의 부메랑을 면할 수 있을까?

우리 민족의 근현대사는 치욕의 굴레다. 그것은 한 왕조와 독선의 위정자가 백성 알기를, 너무 가볍게 본 결과다. 세도 정치의 폐단(弊端)을 경험하고도 대원군은, 집요한 정권욕에 사로잡힌 가운데, 왕조를 파멸로 몰아간다. 한 왕조가 썩으면 백성의 꼴은 형극의 길을 걸을 수밖에 없다. 피맺힌 절규의 함성이 결국은 씻을 수 없는 원한이 되어, 횃불을 들기 마련이다. 이렇게 지도층이 부정과 부패가 만연되면, 이를 일러『사기』의 저자 사마천(司馬遷)은 '이식(耳食)'이라 했다. 귀로다 음식을 먹으려고 하는 놈이라는 비아냥거림이다. 이 이식(耳食) 집단의 원조가 대원군과 그의 후손 이승만이다. 이 정권이 그 썩은 혈통을 보라는 듯 계승하려고 몸부림치듯 보이는 것은, 필자만의 환영일까.

자신이 제일이라는 교만은 인간을 나락으로 추락시키는 지름길이다. 남의 목소리에는 귀를 막고 자신의 목소리와 주장만 옳다는 것은 벽창호다. 자신이 가진 빛을 감출 줄 아는 사람이 그리운 세상이다. 내 주장과 빛을 감추고 보통 사람의 눈높이와 함께 할 줄 아는 자세일수록, 가정도 기업도 국가도 번영을 누린다는 것은 초등학생도 아는 기본 상식이다.

내 몸도 내 것이 아니거늘, 권력과 부귀와 영화가 영원하길 바라는 것은 망조를 자초하는 패망의 첩경이다. 오늘의 나는, 나 혼자의 작품이 아니다. 내가 먹는 한술 밥도 누군가가 봄부터 땀 흘린 노고의 대가다. 고로 내 몸은 내 것이 아닌 '우주의 합작품'이다. 이렇듯 만인의 숨결이 녹아 있지 않은 우리네 일상사는 없다. 인간도 순수 자연의 일부다. 쌀 한 톨도 농사꾼의 땀방울과 하늘이 빛과 비와 바람, 즉 누군가의 노동의 대가로 나와 호흡을 함께 할 수 있는 것.

"이것이 있으므로 저것이 있고, 이것이 없으면 저것도 있을 수 없다." 이렇듯 세상사는 전혀 나와는 아무런 관계가 없을 것 같아도, 우주 만물 공생의 논리는 서로 밀접한 관계 속에서 인드라망의 그물처럼 얽혀서 존재한다. 내 몸의 장기인 심장과 위장, 두뇌만 나의 육신이 아니다. 남의 고통과 가난, 질병과 재난도 나의 아픔처럼 여길 때, 하늘은 감복해서 만복의 물길을 낸다. 나뭇가지가 흔들리는 것이, 내 전생의 팔이 움직임이요, 고로 왼팔이 남이라면 오른팔은 나의 육신이다. 이것이 세상 만물을 지배하는 만고불변의 진리다. 고로 유마거사는 말한다. "중생이 아프면 나도 아프고, 중생의 병이 나으면 나의 병도 낫는다."고. 이런 눈높이가 인간의 기본적인 안목이다. 그럴 때 천하 만물은 모두가 나의 스승이요, 벗이며, 도반 아닌 것이 없는 법.

이렇듯 '우리는 하나다.' 흙이 먼 조상의 육신이듯, 물 한 모금에도 흙 속으로 졸 졸 졸 흐르는 조상의 혈류가 내재해 있다. 하늘에 흘러가는 무심한 구름도, 나와 아무런 연관이 없을 것 같아도, '우리는 하나'이기에 나의 눈 맞춤 속에서 삶의 활기로 충만한 것 아닐까. 이렇듯 산다는 것은 소유하려고 몸 부림치는 짓이 아닐 것이다. 유마거사의 가르침처럼 남의 상처를 나의 아픔으로 여길 줄 아는 사회, 그리고 지도자가 꿈속 이야기처럼 그리운 세상이다.

한국 언론의 표상, 송건호 정신

다음은 『법구비유경』, 「쌍요품」의 이야기다.

부처님께서 사원으로 돌아오다가 길에 떨어져 있는 잎사귀를 보시고 말씀하셨다.

"그것을 집어라." 제자들은 그것을 집었다. 부처님께서 물으셨다.

"그것은 무엇에 쓰였던 잎사귀인가?"

"이것은 향을 쌌던 잎사귀입니다. 지금은 비록 버려졌지만, 향내는 여전합니다."

부처님께서 다시 걸어가시는데 끊어진 새끼줄 토막이 땅에 떨어져 있었다. 부처님께서 또 물으셨다.

"그것은 무엇에 쓰였던 새끼줄인가?"

"이 새끼줄에서 비린내가 나는 것으로 보아 생선을 묶었던 새끼줄인 것 같습니다."

부처님께서 말씀하셨다.

"어떤 물건이든 본래는 깨끗하지만, 모든 인연에 따라 죄와 복을 일으킨다.

현자를 가까이하면 뜻이 높아지고, 어리석은 이를 벗하면 재앙이 온다. 그것은 마치 향을 쌌던 잎사귀에서는 향내가 나고, 생선을 묶었던 새끼줄에서는 비린내가 나는 것 같아서 차츰 물들어 친해지면서도 사람들은 그것을 깨닫지 못한다."

　조선일보와 동아일보는 100년의 역사를 자랑한다. 그들의 태동은 제국주의 깃발 아래 썩은 새끼줄 같은 비린내로 시작한다. 1919년 3월 1일, 인사동 태화관에서 시작된 '3·1 민족 혁명 운동'은 하루아침에 발기한 운동이 아니다. 동학혁명과 독립협회의 왕성한 기운, 의병들의 투쟁과 신민회 등의 민족정기가 '2·8 독립선언'과 융합된 정신이 그 기저엔 내재해 있었다. 또한 윌슨 미국 대통령이 주창한 민족 자결주의에 영향을 받았다. 이에 부응한 민족정기의 혼이 부활해 활화산처럼 솟아오른 위대한 한민족 민중 혁명의 시발점이다. 이에 제국주의자들은 놀란 나머지 무단 통치를 접고, 허울 좋은 구실로 문화 통치를 표방하기 시작했다. 조선의 산업 부흥과 교육 진흥, 실력 양성이라는 미명하에 문화 통치라는 고육지책을 표방하기 시작한 것이다.

　늑대의 탈을 쓴 제국주의자들에게 거국적으로 발발하는, 200만 명의 거사 앞에서 민심을 수습하고 독립투쟁을 무마하기 위한 고육책의 위장 전술로, 마침내 조선인의 신문 발행을 허락하게 된다. 썩은 새끼줄보다 더 추악한, 비린내 나는 제국주의자들의 행태는 벌써 한민족의 몽매함을 인지하고 개와 돼지 취급을 시작했다. 얼마나 멋진 사기극인가. 조선총독부의 정책도 홍보할 겸, 개, 돼지처럼 굴종하며 아부를 일삼는 꼭두각시들을 상상해 보라. 목숨 바쳐가면서 친일 행태를 밥 먹듯 일삼으며 민족을 능멸하면서까지, 보란 듯 자행하는 저들의 모습에 코웃음 웃어가며 구경하는 재미가 보통 재미랴.

　적중은 주효했다. 조선과 동아는 시샘하듯 앞다퉈가면서 민족지임을 주창하며 만백성을 우롱해서, 그들의 안위를 챙겼다. 창간 100년의 세월 동안 오직 민족 분열과 친일 매국의 행태를 통해서, 민족 간 분열과 갈등을 조장시키며 남북으로 분열된 국민마저 이간질하는 일등공신을 자처했다. 국론을 호도하는 추잡한 언론의 태생적 한계를 유감없이 보여준, 아니 그들의 행태가 무엇을 지향하는지를 극명하게 보여주었다. 친일 매국을 자행한 더러운 속내를 여과 없이 보여준 썩은 비린내보다 더러운 치욕과 굴종의 100년 언론사였다.

1938년 동아일보는 대한민국 임시 정부가 중일 전쟁이 일어나자, 대한 독립 절호의 기회로 삼고 광복군 정비와 중국 항일군과 연대해 무장 투쟁을 시작했다. 이때 민족지임을 자부하던 총독부의 나팔수들은 2천만 민중의 대변자를 자칭하면서 내선일치를 목숨 바쳐 맹세했고, 황국 신민으로서 천황의 후원에 신처럼 떠받들어 모실 것을, 개, 돼지보다 못한 주둥이로 선창하기를 호도했다. 그 이후로 조선과 동아의 '천황'에 대한 맹세는 극에 달할 정도로 아부의 극치를 이뤘다. 이것이 자랑스러운 민족지에서 풍기는, 썩은 새끼줄에서 나는 비린내보다 더러운 향기다.

윤봉길 의사의 의거를 '흉행(兇行)'이라고 보도한 조선일보가 민족지란 말인가. 독립운동가들을 처벌하는 일제의 천인공노할 패륜적 법을 목숨 걸고 옹호한 것이, 하늘 앞에 한 점 부끄럼 없는 그들만의 반민족적 행위이었다니, 우리는 이 사실 앞에서 조선과 동아에게 묻지 않을 수 없다. 존재의 의미를? 그들은 해방 후에도 기득권 사수를 위해서 경영진을 주축으로 한국민주당(한민당)을 창당한다. 그들의 허울 좋은 명분은 첫째도, 둘째도 반공이었지만, 속내는 썩은 새끼줄로 얽힌 비린내보다 더러운, 그들의 반민족 친일 행각을 덮기 위한 고도의 기만술책이었다.

이승만, 그는 한국 근대사에 등장하는 정치 깡패의 원조다. 그의 등장은 민족의 또 다른 분단과 시련을 자초하는 결과를 잉태시켰다. 이승만 독재 정권의 나팔수 역할은 얼마나 신명 나는 일이며, 뒷배를 채우는 더러운 작태가 또 얼마나 비일비재했던가. 이렇듯 한국 정치사 썩은 보수의 원조는, 그들이 '국부'라 칭송하는 이승만으로부터 기인한다. 그들의 뿌리는 썩은 새끼줄에 얽힌 피비린내로부터 시작된다. 고로 친일 반민족적 행태는 기본기요, 허울 좋은 '종북 빨갱이 논리'는 국민을 기만하고 기득권을 유지하기 위한 혈안에서, 신처럼 받드는 그들만의 신조였다.

조선과 동아는 기회를 이용할 줄 아는 천부적 기질을 소유한 경영진의 노력으로, 이승만 독재 정권과 박정희 군사 독재와 전두환 깡패 군부 정권의 방패막이를 자임하면서, 국민을 기만하고 언론을 호도한 대가로 성장의 속도를 멈출 줄 몰랐다. 이승만은 백성을 개, 돼지 취급을 한, 썩은 왕조의 후예임을 자임하면서, 귀족 행각을 일삼고, 일제 강점기에도 미국으로 도피해 독립운동이라는 미명하에 하와이 이민의 주머니를 착복한 희대의 사기꾼이다. 중국 상해의 임정과 김구 선생을 능멸한 반민족의 표상 같은 화상이다.

조선과 동아의 100년 치욕의 언론사는, 빛나는 민족 불굴의 투쟁사를 매도하는 일등 공신 노릇을 자처했다. 제국주의라는 썩은 새끼줄보다 더러운 비린내를 민족지라는 능멸 논으로 민족을 매도한다. 천추에 용서받지 못할 대죄를 짓고서도 반성할 줄 모르는 행태가, 현 일본 위정자들의 만행과 일치한다. 태생적 한계가 그러하거늘, 그들의 안목을 기대한다는 것은 이미 알만한 식자들은 알고 있다.

"5·18은 북한군 600명이 침투해 벌인 전쟁."이라고 황당한 궤변을 설해 광주 민주 시민의 민주적 역량과 민주화의 역사를 매도하는 선봉 역할을 마다할 그들이든가. 그들이 가장 선호하는 '빨갱이'는 위기를 기회로 전환하는 마법술이요, 창작 소설의 절대적인 골격을 이루는 튼튼한 불멸의 철옹성 같은 것. 이렇듯 민족을 분열로 호도하여 국민을 이간질하는 기술과 '혐북보도행태'는 반민족 행위다. 분단을 고착시키고 기득권을 고수하려는 고도의 정치 함정인 악랄한 저의가 기저엔 도사리고 있다는 사실을, 지순한 국민이 얼마나 알고 있을까. 4대강 사업이 국민을 우롱하면서 벌인 사기극임은 역사가 공인하는 바다. 22조라는 천문학적 혈세가 투여되고 남은 것은 과연 무엇이란 말인가. 홍수 예방과 수질 개선이요, 수자원을 확보하면서 생명과 생태계를 복원시켰다는 그들의 논리가 과연 합당할까.

100년의 자랑스러운 역사를 자랑하는 민족 대변지가 이러하거늘, 과연 '사회의 목탁'이라는 언론 본연의 임무를 했다고, 보는 국민이 과연 몇이나 될까.

청암 송건호 선생은 한국언론사의 빛나는 보물이요, 거룩한 표상이다. 민족지가 반민족 친일 행각으로 치부를 호사하며 언론에 재갈을 물리며 탄압을 가할 때, 분연히 일어나 단재 신채호 선생과 김구 선생의 민족과 역사적 소명의식에 혼불을 당겼다. 불굴의 기상으로 불의 앞에 저항했던 가난했지만, 천추만대에 한치의 부끄럼 없이 생을 마친 분이 바로 송건호 선생이다. 그는 다산 정약용이나 추사 김정희 선생이 추상같은 선비들 앞에 봉착했던 시련과 고난 앞에서, 뿔이 난 감자처럼 아니, '풀'처럼 고난의 역학을 피동으로 수용한 것이 아니라 용수철 같은 활화산으로 불태웠다.

박정희 정권이 회유하면서 청와대 홍보 담당 직을 제안했지만, 일언지하에 단호히 거절한다. 집으로 돌아오는 길에 전봇대를 붙잡고 가족을 부양하지 못하는 죄책감에 한없이 넋을 잃고 울었다는 대목에선, 불우한 시대를 온몸으로 불사른 청빈한 지조 앞에 울컥, 서러움이 밀려들지 않는 이가 몇이나 될까. 독재 정권이 언론에 재갈을 물리며 탄압을 강행할 때, 추상같은 기상으로 편

집권 독립과 언론 개혁을 주도한 분이다. 나라가 나아갈 방향을 제시하는 것은 지식인의 책무요, 사명이라고 늘 강조하셨던 선생이시다.

그렇다. 시대정신은 그칠 줄 모르고 불타오르는 불굴의 투혼을, 캄캄할수록 묵묵히 목표를 설정해 주는 북극성 같은 것. 선생은 늘 말씀하셨다. 민족의 지향점을 혼신의 힘을 다해 견인해 주는 것이 지식인의 본분이라고. 객관적 보도에 그치지 않고, 그 사안이 지닌 본질을 찾아내려고 불의와 타협할 줄 모르는 정신이, 바로 언론을 언론답게 살리는 '송건호 정신'이다. 송건호 정신은 오늘날 언론계가 안고 있는 치명적 병폐, 즉 팔리다 남은 찌꺼기의 쓰레기통 같은 군상들 앞에서, 과감하게 시대적 소명을 발휘하라는, 자신에게 휘갈기는 죽비가 아닐까.

증오를 꽃다발로

첨단 문명의 발달로 인류가 한 지붕 아래 다세대처럼 보인다. 이를 반증하듯 코로나가 시작된 지 얼마 되지 않아, 전 지구를 휘감는다. 첨단 문명이 꽃처럼 만발한 세상을 우리는 살고 있다. 그러나 행복이란 단어는 일상사 주변 어디에서도 감감할 뿐, 신음만 도처에서 들려오는 세상사이다. 인류가 소망하던 첨단 기기들은 인간의 수족을 스스로 얽어매는 형국이 돼버리고 말았다. 첨단 기기와 문화가 본래 인간의 본성을 말살시키는, 말세를 자초한 세상을 우리는 걷고 있는 듯하다.

학교 동창들이 모여서 카톡방을 개설했다. 바쁜 현대인들의 필수품이요, 비장의 무기다. 그런데 내일 모레가 '고희'임에도 일선에서 발로 뛰는 친구들이 많다. 일상이 분주하다 보니, 자연히 카톡방이 건조하기 마련이다. 죽마고우들의 정감 어린 대화란 잃어버린 향수같이 겉돌 뿐, 기껏 전하는 소식이래야 친구 자녀들의 결혼 소식과 부음을 알리는 내용뿐이다. 나는 병신 같은 용기를 냈다. 무미건조한 카톡방에 내 나름의 활기를 불어넣겠다는 당찬 용기의 발로였다. 내 알량한 글과 사진을 몇 장 올렸다. 그런데 이것이 화근의 발단이 되었다. 한 친구가 댓글을 달았다. 하는 말이 가관이다. 지역 신문에다 자기 자랑을 했으면 그만이지, 친구들 단체 카톡방까지 침범해서 자기 자랑을 해야 하겠냐고, 조롱 섞인 비아냥을 보낸다. 나는 얼굴이 화끈거렸다. 곧장 글과 사진을 내렸어야 되는데, 시간이 조금 지나고 보니 내릴 수가 없다. 내 딴엔 아무리 지우려 해도 글과 사진이 삭제가 안 된다. 대신 정중히 사과문을 올렸다. 두 번 다시 글 같지 않은 글과 사진으로 친구님들의 심사를 어지럽게 하지 않겠다는 내 나름의 결의문이었다. 삭막한 세상사라지만 친구가 이렇게 나오니 당황스러웠다. 경솔했던 나 자신의 행위가 스스로 치유할 수 없는 자괴감으로 다가왔다.

이 유별난 친구 덕분에 또다시 말 못 할 응어리가 가슴을 비수처럼 파고든다. 글 쓰는 일이 자기 자랑이라니, 할 말을 잃는다. 이 친구는 영혼까지 끌어다 대출을 받아, 일확천금의 기회를 노려 부동산에 목숨을 거는 위인이다. 한 친구가 직장에서 근무하다가 크게 다쳤다. 그 친구는 근근하게 불구의 몸으로, 다친 산재 보상금으로 생활을 영유한다. 그런데 그 친구를 국가 세금을 축내는 도둑놈으로 몬다. 또 한 친구는 사업을 하다가 믿는 도끼에 발등을 찍혔다. 사업이 곤란해졌다. 이것을 그동안 학수고대라도 했다는 듯, 친구들에게 전화로 신명 난 듯 소문을 옮긴다. 제 밥그릇은 독사의 눈매로 키우면서 남의 밥그릇은 짓밟고 뒤엎어야 심사가 편해지는 위인이다. 전도된 세상인심을 고스란히 안고 사는 화상이다. 이런 위인을 친구라고 한평생 믿고 살아온 나 자신이 한없이 원망스럽다.

김선우 시인은 노래한다. 당신의 열정과 노력으로 한 송이 꽃이 찬란한 빛을 발한다. 당신이 밀어 올린 정열의 꽃줄기 끝에서 당신이 피는 것인데, 왜 내가 이다지도 가슴이 떨리는지 모르겠다고. 당신이 이뤄서 당신 몸속에서,

꽃벌 한 마리가 삶을, 아니 생의 지락(至樂)을 유희하건만, 왜 내가 이다지도 아득하고 내 몸이 이리도 뜨거운지 모르겠다고, 탄성을 자아낸다. 이 리듬이 인간 본성의 온정이요, 가락이 아닐까.

부처님의 제자 중에는 유마(維摩)라는 삭발하지 않은 제자가 있었다. 머리는 길고 승복은 입지 않았지만, 부처님의 십대 제자들도 꼼짝 없이 당하는 촌철살인의 법 상좌요, 벽지불(辟支佛)이었다. 하루는 그가 방편으로 병을 칭하고 병석에 누웠다. 국왕을 비롯한 수많은 사람이 병문안을 왔다 갔다. 부처님께서 이를 아시고 제자들을 보내 병문안을 하려고 했다. 그런데 십대 제자들과 보살들은 한사코 병문안 가기를 거부했다. 이유인즉, 유마거사의 뛰어난 설법에 묵묵부답으로 대꾸조차 할 수 없었던 경험들이 있었기 때문이었다. 할 수 없이 문수보살이 병문안하러 가게 되었다.

이것이 그 유명한 세기적 법거량의 그림 같은 명장면이다. 불교의 진수가 오롯하게 내재해 있는 진리의 법석이 마련된 것이다. 문수보살이 수많은 보살과 불제자와 천인들을 데리고 드디어 바이샬리 성안의 유마거사의 방으로 찾아갔다. 문수보살은 병의 차도를 물으면서 유마거사가 앓고 있는 병의 원인이 무엇이며, 치료는 어떻게 해야 하는지를 물었다. 이에 유마거사는 말한다.

"중생이 병이 들면 나도 병이 들고, 그들의 병이 나으면 내 병도 씻은 듯이 낫는다."

이 말 한마디가 팔만 사천 경의 완결판이다. 내 몸이 내 몸이 아니요, 우주가 오롯하게 혼합된 종합 선물 세트라는 말씀이다. 위장이 아프면 심장이 편치 않듯, 왼팔은 중생이요 오른팔은 나 이거늘, 어찌 내 이웃이 아프고 시름에 겨워 식음을 전폐하고 밤잠을 설치는데, 어찌 내가 아프지 않을 수 있겠냐는 말이다. 이 만고의 진리가 시공을 초월해서 오늘을 살아가고 있는, 현대판 말세 중생들에게도 나는 유효하다고 생각한다.

　김선우 시인의 노랫가락처럼, 당신이 밀어 올린 꽃다발이 만발하건만 내 병신 같은 몸뚱어리가 신명 나게 떨리고 어찌나 뜨겁게, 남의 일이 내 일이듯 불타오르는 마음이 진정한 하늘의 마음이요, 인간 본성이 아닐까.

　부처님은 또 평생을 이렇게 살다 가셨다.

　부다가야의 보리수 아래에 이르러 길상초를 깔고 앉았다. 깊은 선정에 들기 전에 이렇게 결심을 하셨다. '내가 정각을 달성할 수 없다면 결코 이 자리에서 일어나지 않으리라.' 이때 하늘의 악마가 석가모니를 향해 화살을 겨누었다. 이것을 감지하고도 석가모니는 추호의 미동도 없었다. 마침내 악마는 사력을 다해 활시위를 당겼다. 화살은 비호같이 날아가 갑옷이라도 뚫을 듯 전속력으로 질주했다. 그런데 화살이 석가모니의 근처에 이르자, 모두가 꽃비로 바뀌고 말았다.

　오늘날 우리네 살림살이의 모습은 갈수록 깊이를 잴 수 없는 나락으로 추락하고 있다. 친구는 친구가 아니다. 오히려 남보다 한술 더 뜬다. 왜 그럴까. 그만큼 서로의 내막을 잘 알기 때문일 것이다. 아는 만큼 보듬고 어깨동무를 하는 것이 아니라, 시기와 증오의 강물이 깊어져만 가는 것이다. 남이 땅을 사면 괜찮건만 사촌이 사면 배가 아픈 이치와 맥을 같이 한다. 이것이 우리가 걷고 있는 꽃처럼 만발한 첨단 문명의 말세 중생의 현주소다. 친구가 나를 향해 쏜 화살이 그대로 나의 가슴에 꽂히면, 그것은 화살을 당긴 친구의 잘못도 있지만, 세상을 원망하고 친구를 증오하는 당신의 어리석은 화살도 당신을 몰락시키는 일등 공신일 것이다.

　세상의 주인공은 나다. 내가 있기에 하늘의 뜻에 따라 빛과 생명으로 존재하고자 노력하는 것 아닐까. 주인공은 남을 탓하지 않는다. 세상의 '복과 화'

는 동전의 양면과 같다. 복 속에 화가 있을 수도 있고, 재앙 속에 복이 얼마든지 내재해 있을 수 있는 것이 하늘의 섭리다. 물은 컵에 담긴다고 컵을 원망하지 않고 찻잔 속에 담긴다고 고마워할 줄 모른다. 오히려 세상과 친구가 쏜 독화살을 더욱더 담금질해 나를 '난공불락의 성'으로 쌓는 계기로 만든다면, 세상사에서 종종 일어나는 시기와 질투, 증오의 불길은 나의 가슴을 뜨겁게 태우는 용광로 속의 꽃다발로 승화시킬 수 있는 기회가 되지 않을까. 연꽃의 아름다움은 진흙을 탓하지 않고, 보라는 듯 자신의 꽃을 밀어 올리는 데 있듯. 허공이 불에 타지 않듯 말이다. 남을 탓하지 말고 가자. 악마의 화살이 부처님의 가슴에 닿자마자 꽃비로 승화하듯.

비교하지 말자

중년 부부가 이혼을 앞두고 별거를 했단다. 친정아버지와 함께 남편을 찾아가서 이혼을 요구했단다. 결론은 처참한 죽음으로, 아내는 저승으로, 남편은 철창신세를 면하지 못하게 됐단다. 이혼을 요구하는 아내를 장인 앞에서 처참하게 살해한 사건이 매스컴을 타고 비굴한 현대인들의 아린 폐부를 찌른다.

이 시대의 슬픈 자화상이다. 우리의 현주소는 이렇게까지 깨지고 망가져 버렸다. 어떻게 변할지 아무도 예측할 수 없는 불덩어리를 끌어안고서, 비틀거리며 가는 것이 우리네의 초상화가 아닐까. 물질문명의 노예가 낳은 비극의 말로다. 문제는 여기서 끝나지 않는다. 원한을 원한으로 갚는 방법은 짐승의 사슬이다. 사람의 짓거리가 아닌 짐승의 행태가 바로 우리가 처한 현실의 안목이며, 질주하는 바인 것 같다.

역사학의 아버지, 사마천(司馬遷)은 인간사 원한을 '극기'로 승화시켰다. 그는 한 맺힌 절규의 외침을 통절한 자기 성찰로, 인류 역사 이래 기록 문화의 찬란한 금자탑을 쌓은 인물이다. 그는 3,000년의 역사를 아니, 인간 애증의 수레바퀴를 53만 자로 압축해 『사기』라는 책으로 인간사 내밀한 애증의 면면을 기록이라는 유산으로 장식한 사람이다.

『사기』에는 「중니제자열전(仲尼弟子列傳)」이 있다. 공자님의 제자들에 관한 이야기다. 공자님의 뛰어난 제자는 77명이었다. 그중 안회(顏回)는 빈천을 즐긴 제자로 유명하다. 공자는 안회에 대하여 이렇게 말한다.

"어질구나, 회여! 밥 한 그릇과 물 한 바가지로 누추한 뒷골목에 살고 있으니 다른 사람들은 그것을 견뎌내지 못할 텐데, 안회는 자기가 즐기는 바를 바꾸지 않는구나!"

안회는 젊은 나이에 백발이 성성했다. 결국, 그는 요절했다. 그가 죽자 공자는 자기 아들이 죽은 양, 대성통곡을 하면서 탄식을 했단다. 그렇다. 군자와 소인의 차이는 난관에 봉착했을 때 쉽게 판명된다. 소인의 행위는 자명하다. 남을 원망하고 시기하며 원한과 복수로 앙갚음하려 발버둥 친다. 그러나 군자는 난관을 직시하고 묵묵히 감내한다. 난관이 가중될수록 마음가짐이 돈독해진다.

제자들이 물었다. 선생님은 어떻게 그렇게 박학하시고 재주가 많으시냐고, 공자님은 말씀하셨다. 내가 '오늘의 나로' 존재할 수 있었던 연유는 간단하다. 태어나면서부터 나는 만고풍상을 겪으면서, 살아왔기에 오늘의 내가 존재할 수 있었던 것이다(吾少也賤, 故多能鄙事). 사람은 누구나가 어떠한 역경과 고난 앞에서도 좌절하지 않고, 인간의 길을 제시할 수 있는 안목이 내재되 있다고 설파하신다. 이 정신이 만대 인류 구원의 등불로 존재할 수 있었다.

180년 후에 공자의 사상을 집대성한 맹자도, 스승의 유훈에 버금가는 명언을 남긴다.

"사람에게 닥치는 역경과 고난의 수레바퀴는, 하늘이 그 사람을 더 큰 그릇으로 활용하고자 시련을 잠시 안기는 것이다."

이 말씀이 진정한 교육이 아닐까. 이런 교육을 받은 세대는 절대로 물질문명의 천지가 꽃같이 번창해도 인륜의 도리를 하늘같이 받들 줄 안다. 제 기분 닥치는 대로 칼을 휘두르고 남에게 욕설과 원망을 하는 세태는 '제국주의 군사 문화'가 낳은 산물이다. 상대를 무기로 제압해서 승리한 군대는 성공한 군대가 아니다. 싸우지 않고 굴복시킬 줄 아는 군인이 진정한 군인이다.

오늘의 우리가 비틀거리고 흔들거리는 연유는 간단하다. 사람이 물질의 노예가 되어있기에 그들 앞에서 사족을 쓰지 못하기 때문이 아닐까. 그것은 또 한편으론 나를 남과 비교하면서 살기 때문이다. 남의 이목에 나를 희생시키기 때문은 아닐까.

노자 선생도 먼 옛날에 인간의 심사를 간파하시고 말씀하셨다.

"오색(五色)은 사람으로 하여금 눈을 멀게 한다. 오음(五音)은 사람의 귀를 먹게 하고, 오미(五味)는 사람의 입맛을 잃게 한다. 고로 얻기 어려운 부귀와 공명 앞에서 맹인이 되지 않게 하라."

돈은 인간 세상에만 필요한 물건이다. 자연 앞에서는 무용지물이다. 자연은 인간의 숨결이다. 숨결을 돕는 것은 공기와 물과 바람일 뿐, 금덩어리로 인간의 코와 입을 치장해 보라. 결과는 자명할 것이다. 이처럼 자연의 섭리는 단순명료다. 고로 진리다. 진리가 도인 것은 길이기 때문이다. 하늘의 길과 성인의 도는 남과 비교하질 않는다. 간교한 인간사만이 안달할 뿐이다. 모든 것을 내 안에서 찾고 즐길 줄 안다. 하늘의 숨결은 내 것과 네 것을 구별하질 않는다.

척박한 동산에도 장미만 피어 있는 동산은 없다. 지천으로 널려 있는 무명초와 장미가 개망초와 어깨동무를 하는 곳이 동산이다. 이처럼 자연은 모든 것을 품기에 영원할 수 있고, 내색하지 않기에 자기주장을 모른다. 그냥 산은 높아서 좋고, 낮은 산은 낮은 대로 동산을 이루는 것이다. 태산이 태산인 이유는 나무와 돌을 품기에 듬직하고, 동산은 꽃과 나무와 잡초를 아우를 수 있기에 꿈동산을 이루는 것 아닐까. 그들은 서로가 어깨동무로 자연의 리듬에 화합하며, 하늘의 구름과 바람의 숨결에 가치를 부여할 줄 아는 여유를 지녔기에, 인류의 영원한 자산이요, 모태가 되는 것 아닐까.

우리네 삶의 가락도 남과 비교하지 않고 우직하게 황소처럼, 내 길을 걸어가면 모든 길이 순풍이 되지 않을까. 남의 것을 선망의 대상으로 삼지 않고 내 것에 삶의 가락과 의미를 부여할 줄 알 때, 내가 세상의 주인공으로 우뚝 서지 않을까. 의미는 부여하기 나름이다. 같은 신체 부위도 쥐면 주먹이요, 펴면 부분일 뿐이다. 이렇듯 이름은 실상의 손님일 뿐, 마음이 짓는 허깨비다.

어느 시인도 노래하지 않았던가. '상처의 용수철', 그것이 없었다면 인간의 존재는 한낱, 무서운 사과 한 알의 원죄의 감금일뿐이요, 죄와 벌의 화농(化膿)일 뿐이라고. 상처의 용수철, 그 불굴의 힘은 어느 곳에서 발원할까. 이렇듯 우리네 삶은 허공에 뿌리를 둔, 부평초를 부여잡으려는 몸짓은 아닐까. 남과 비교하지 않고 묵묵하게 내 안에 내장된 보물들을 찾는데, 조금만 더 노력을 기울인다면 얼마든지 공자님의 제자 안회처럼 빈곤 속에서도 흔들리지 않고 '안빈낙도'를 즐길 수 있는 것 아닐까.

용수철 시인의 말처럼 남과 비교할 시간에, 내 가족을, 내 이웃을 내 삶의 에너지원으로 활용할 줄 아는 나를 발견하는 자세는, 결국은 남이 가르쳐 주지 않는다. 인생은 어차피 쥐면 부귀영화요, 놓으면 부서진 이름이듯, 이름 앞에서 맥을 못 추는 우리네 살림살이다. 아픈 오늘의 상처가 아물어 실한 열매를 맺듯, 남의 살림살이에 눈독을 주지 말고, 내 안의 적은 노력이 밀알이 되어 짓밟힌 민들레 시멘트 조각 밀어내듯, 우직한 발걸음으로 옮기는 작업이다. 그럴 때 보이지 않던 것들이 보이지 않을까.

  남과 비교하지 말자. 그것이 중병이다. 사람의 마음은 동요됨으로써 본성을 잃는다. 분수를 알고 허황한 생각 걷어내고, 구름 한 조각 떠가듯 무심하게 새가 지저귀면 흐뭇해할 줄 안다면, 우리네 사는 곳 처처가 살맛 나는 세상 아니고 무엇이랴.

나는 개새끼로소이다

짧은 장마가 긴 폭염을 예고하는 듯하다. 이제는 날씨도 인간의 재앙이 되는 세상이다. 폭염도 한파도 지나치면 삶의 독이 된다. 더위 속에서 삶의 윤활유를 재창출시키는 방법은 고난도의 정신적 수련 과정이다.

노자는 『도덕경』에서 '반전의 미학'을 제시하신다.

"그 누가 있어서 탁한 것과 함께 어울리면서(孰能濁), 고요함으로써 그것을 천천히 맑게 해 줄 수 있는가(以靜之徐淸). 또 누가 가만히 있으면서(孰能安), 그것을 천천히 재창출시킬 수 있느냐?(以久動之徐生)"고 묻는다. 사람의 잣대로 사량 분별하지 말고 자연의 순리대로 살라고 말씀하신다.

이열치열이라 했던가. 삼복더위를 잊기 위해 나는 소설책을 큰 마음먹고서 읽는다. 이이녕 선생의 『대한국인』이다. 통권 20권이다. 조선말 왕조의 몰락부터 대한민국의 건국까지를 다룬 '실록 대하소설'이다. 일제에 항거했던 우리 민족의 자랑스러운 항쟁사요, 독립 정신을 유감없이 발현시킨 빛나는 눈물로 점철된 혈사다. 특히 감명 깊게 접한 부분은 김상옥 의사와 박열 시인, 그리고 관동대지진과 김지섭 의사편이다.

읽으면서 더위는 순식간에 물러갔다. 아니, 눈물이 앞을 가려서 책장을 넘길 수가 없었다. 쓰린 가슴 주무하면서 비감에 젖어, 미친 듯이 먼 산하를 쳐다본다. 이렇게 우리 선열들이 이 강토를 지키기 위해, 초근목피로 연명하면서도 초개와 같이 목숨을 던졌기에, 오늘의 대한민국이 존재하였다는 사실을 가슴 깊이 느낄 수 있었다. 아니, 역사를 기억해야 할 책무가 후손에게 부과된 책무임이 자각되었다.

일본 제국주의자들은 데라우치 총독에 의한 토지 수용령이 공포되자, 무제한으로 한국인의 토지를 약탈하기 시작했다. 그 주도적 역할을 한 곳이 '동양척식주식회사'이다. 갑자기 40여 만 명이 땅을 빼앗겼다. 백성들의 아우성은 하늘을 찌르고도 남았다. 조선에 있으나 만주로 가나 굶기는 마찬가지였다. 줄을 이어 만주로 망명길에 오른다.

조선총독부가 늘 간담이 서늘했던 곳이 중국에서 활동한 '의열단'이었다. 상해와 북경을 총괄한 의열단장은 밀양 출신, 약산 김원봉(若山 金元鳳) 선생이다. 선생의 지모와 통솔력은 제2의 안중근이었다. 일본 공사관 직원들을 공포의 도가니 속으로 몰아넣은 인물이다. 선생은 수단과 방법, 시간과 장소 및 인물을 구분하지 않고, 강력하게 응징한 처절한 저항 정신은 독립운동사의 지울 수 없는 족적이었다. 거기다 신채호 선생의 '조선혁명선언'이 정신적 지주 역할을 했다.

김상옥 의사는 사이토 총독을 저격해서 민족의 정기와 한 맺힌 절규를 풀려고 했던 의열단의 핵심요원이었다. 총독 저격 사건이 불발로 그치자, 다시 상해로 잠입했다 경성으로 간다. 1923년 1월 8일 새벽 효제동에서 종로경찰서를 폭파시키고 도주를 한다. 선생의 행동은 신출귀몰 그 자체였다. 비상령이 선포되고 군경 1,000명이 배치된다. 피 말리는 혈전을 펼친 끝에 군경 20명을 사살한다. 일기당천(一騎當千), 비호장군(飛虎將軍)의 기세 앞에 총독부의 수뇌부를 좌불안석으로 이끈 불굴의 의인이었다. 중과부적으로 마지막 실탄 한 발로 자결하면서, '대한 독립 만세'를 부르짖으면서 장렬한 최후를 맞는다. 그렇게 가셨다. 마지막 가는 목숨, 태산보다 묵직한 울림으로 조국을 위해 산화를 자처한 것이다.

상해의 임시 정부는 이승만이라는 천하에 둘도 없는 골통이요, 이기주의자에 의해 자중지란을 겪었다. 일본의 계략이 명중했다. 분열과 혼돈 속에 빠진 임정은 제 역할을 못 했다. 그나마 미국 교포들이 보낸 성금도 이승만이 독식을 했다. 그는 임정의 암적 존재였다.

일본 제국주의자들의 살인마적 행태가 하늘을 찔렀다. 1923년 9월 1일 11시 58분, 관동지방으로 강도 7.9의 강진이 발생한 것이다. 상상을 초월한 대재앙이 엄습한 것이다. 이것이 하늘의 명이다. 철도와 항만, 도로와 전기는 한낱 인간의 작품이다. 엿가락처럼 휘어지고 주택은 지축 밑으로 뒤집혔다. 초유의 대지진이 관동지방을 할퀸 것이다. 민심이 술렁거리기 시작했다. 곳곳에서 탄성과 아우성이 빗발쳤다. 이 아비규환 속에서도 방화와 약탈, 살인과 폭동이 발생한 것이다.

야마모토 내각과 고토 내무상은 내각 회의를 소집한다. 일본 고유의 천인공노할 묘안을 착상해 낸다. 짐승 같은 생각을 내는 데는 '단 1분'도 소요되지 않았다. 답은 '조센징'을 이용하는 것이다. "조선 놈이 우물에 독약을 넣었다. 조센징이 약탈과 방화를 선동하고 있다. 조센징을 보는 대로 잡아 죽이라."

호도(糊塗)된 와전은 선동을 부르고, 원성을 낳아서 이성을 잃게 했다. 순식간에 조센징이 학살의 표적이 된 것이다. 이것이 우리의 이웃인 일본의 민족성이다. 총으로도 죽이지 마라. 일본인이 놀란다. 죽창과 칼로 난도질을 했다. 사지를 찢어서 죽였다. 머리는 곳곳에서 석류 알처럼 빠개져 있었다. 조선총독부는 이 사건이 반도에 전파되는 것이 두려웠다. 총독부는 비상령을 선포하고, 조선인 입국을 철저히 통제했다. 중국인을 가장한 '독립신문' 기자가 현장을 답사했다. 외국의 언론이 비등했다. 국제적 망신살이 뻗치자 또 기묘한 발상을 한다. 조선인을 보호한다는 미명 아래 전부 감옥에 가둔다. 그중에서 '박열 시인'을 선발한다. 그를 이용해서 국제 여론을 무마시킬 방책을 강구한다. 박열 시인은 문경 출신의 경성보고 유학생이었다. 천재성이 다분한 개성파 시인이었다. '가네코 후미코'라는 제국주의에 치를 떠는 일본 여인과 동거한 상태였다. 가네코는 박열 시인의 「나는 개새끼로소이다」에 깊은 영향을 받은 여성이다. 일본의 무정부주의자와 사회주의자는 독립지사들과 말이 통했다. 박열 시인이 폭탄을 가지고 내란과 폭동을 선동했기에, 조선인을 학살과 감금하지 않을 수 없었다는 미명으로 국제 여론을 호도하기 시작한다. 일본의 더러운 민족성의 발로(發露)다. 천부적인 살인마적 위장 전술이다. 당시 박열 시인의 다음과 같은 시가 일본 열도를 광분케 했다.

나는 개새끼로소이다/하늘을 보고 짖는/달을 보고 짖는/보잘 것 없는 나는/개새끼로소이다//높은 양반의 가랑이에서/뜨거운 것이 쏟아져/내가 목욕을 할 때/나도 그의 다리에다/뜨거운 줄기를 뿜어대는/나는 개새끼로소이다

—박열, 「나는 개새끼로소이다」 전문

압제된 민초들의 거친 분노의 함성이다. 억압을 거부하는 민중의 고독한 몸부림이다. 세상의 모든 강자와 권력자들을 향한 야멸찬 도전장이다. 개새끼만도 못한 일본 군국주의자들에게 내뱉는 독기다. 백성들의 기본권마저 말살시

켜가면서, 천황이라 받들어 모시며 전쟁에만 몰두하는 더러운 혈족에게 뜨거운 물줄기를 뿜어낸다.

이 잊지 못할 관동대지진의 원한을 앙갚음하기 위해서, 상해 의열단은 묘책을 낸다. 김원봉은 김지섭 의사를 일본의 심장부로 파견한다. 조선 총독과 내각 회의를 겨냥한 거사다. 단돈 40원으로 석탄 더미에 묻혀서 아편 밀수를 위장한다. 일본 무정부자들과 밀약을 해서 가능한 일이다. 폭탄을 숨겨서 천신만고 끝에 도달한 도쿄는 내각 회의를 밀정 '김달하의 밀고'로 취소된다. 다시 김지섭 의사는 천황궁을 노린다. 하늘도 무심하게 폭탄은 불발로 그친다. 김지섭 의사는 재판 과정에서 사형을 자청한다. 세계만방에 독립의 정당성을 유감없이 갈파했다. 판사도 선생의 논리 정연한 이론 앞에 말문이 닫혔다. 선생은 결국 옥중에서 순국한다.

이 불굴의 기상이 선열들의 얼이다. 짐승만도 못한 일본 놈들의 행위는 나열된 것으론 조족지혈이다. 선조들이 당한 분통함과 원한을 잊어서는 안 된다. 일본은 우리의 불구대천의 원수다. 도쿄올림픽을 보라. 아니, 곧 '제2의 관동대지진'은 반드시 올 것이다. 이것이 준엄한 하늘의 교시다. 하늘의 그물은 헐렁해서 우습게 보여도, 한 사람도 빠져나갈 수 없다. 일본이 자멸할 때, 세계 평화는 유지될 것이다. 그날까지 한민족이여! 대동단결하자. 통일로 가자. 그 길만이 민족중흥의 역사적 사명 완수다.

제3부

소소한 행복

나부터 바꾸자

"세상에 변하지 않는 것은 없다."는 옛 성현들의 말씀이 피부로 실감이 가는 계절이다. 뜨겁게 대지를 달구던 태양의 열기가 처서를 기점으로 순풍이 분다. 새벽 산책길 공기가 싱그럽다. 풀벌레 울음소리 정겹다. 폭염과 열대야 속에서도 생업 전선에서 피와 땀을 흘린 산업 역군들이 계셨기에, 오늘의 대한민국의 위상은 늘상 '향상 일로(向上 一路)'다. 구슬 같은 땀방울로 매일 같이 샤워를 반복한 농군들이 있었기에, 올가을도 우리는 희망을 이야기할 수 있을 것 같다. 이런 분들이 나라를 지탱하는 반석이다.

이제는 가을이다. 결실과 수확, 감사와 은총의 계절이다. 땀 흘려 일한 분들이 맞이하는 결실의 장이다. 산다는 것은, 설령 백 년을 산다 해도 부족함 뿐이다. 아니 허망함과 무상, 그 자체일 뿐이다. 이 삶의 허무와 무상함을 극복하는 길은, 오직 주워진 환경에 감사할 줄 알고 최선을 경주하는 길 뿐이다.

이 가을에 『논어』를 가까이 하는 것도 나를 바꾸는 방법이라 나는 생각한다. 공자님은 『논어』에서 '군자의 길'을 수백 번 강조하신다. 공자님이 강조하시는 군자의 길은 간단하다.

첫째는 매매일 자신을 갈고 닦으란다(學而時習). 살되 의미 없는 삶은 존재 가치가 없다. 밥을 먹되 밥이 그냥 변이 되게 하지 말고, 내가 이웃의 '행복 바이러스'로 존재할 수 있게끔 나를 바꾸란다. 이것이 진정한 공자님의 '군자론'이다. 『사서삼경(四書三經)』만 달달 암송하며 목에 힘을 주는 사람은 군자가 아니란다. 역경을 극기로 바꿀 줄 아는 이가 군자요, 피땀 흘리면서 맡은 바 소임을 묵묵히 추진하는 숨은 일꾼들 모두가 현대판 군자란다.

둘째는 소통되는 사람과 멋지게 한판 흥겹게 놀 줄 아는 사람이 되란다(自遠方來). 생활 속에서 흥을 줄길 줄 아는 사람이 되란다. 돈도 좋지만 진정한 삶의 풍미는, 뜻 맞는 사람과 벗하며 한세상 즐기다 가는 것이란다. 세상 풍파를 넘어서 동고동락 할 수 있는 진정한 벗을 만난다는 것은 축복이다. 『삼국지』의 유비가 관우와 장비를 만나서 꽃 피는 동산에서 '도원결의'를 맺고, 삼고초려 끝에 제갈공명을 얻은 것은, 이 말씀의 전형이란다. 진정한 벗은 위기가 왔을 때, 극명하게 드러난다. 남의 상처를 보듬을 줄 모르는 사람은 벗이 아니다. 남의 약점을 짓밟고 이용하려는 세태가 만연된 지금은 말세다. 이 부박한 세상사에서 한결같이 뜻을 같이한다는 자체는 쉬운 일이 아니다.

셋째는 남이 나를 알아주질 않더라도 묵묵히 제 갈 길을 걸으란다. 눈이 오면 눈길을 걷고 비가 오면 빗길을 그냥 걸으란다.

부처님도 같은 말씀을 하신다.

"지혜로운 사람은 슬기의 눈으로써, 나쁜 욕설과 큰 비방도 참아라. 마치 큰 돌에 비가 내릴 때, 돌은 부서지거나 깨지지 않는 것과 같이, 괴롭거나 즐거운 일을 돌처럼 참아라."

이것이 시공을 초월하는 진리다. 우리는 너무도 민감한 세상을 살고 있다.

고로 너나 나나 상처받는 피곤한 일상이다. 고로 '나부터' 바꾸란다. 그러면 모든 것이 변한단다. 마음은 요물이다. 나의 시야를 바꾸면, 아니 발걸음을 조금 늦추면 안 보이던 것들이 보인단다. 세상의 모든 사물이 나의 벗이요, 스승으로 다가온단다. 무심하게 보이는 사물들도 '자세히 보아야 예쁘다. 오래 보아야 사랑스럽다.' 미물들도 그러하거늘 당신이 예외일 수 있으랴.

하늘의 구름과 뒷산의 묵직한 청산도 나의 벗이며 스승이다. 내가 그를 스승이요 벗으로 대할 때, 나의 흉금은 무한대로 우주를 가슴속으로 끌어들여 풍선처럼 확장시킨단다. 내 마음속에서 광활한 우주의 맥박이 요동치는 벅찬 감동을 맛볼 수 있단다. 이 울림이 진정한 복음이 아닐까.

이렇게 성현들은 나부터 바꾸란다. 그러면 내가 사는 세상이 바로 극락이며 천당이란다. 천당과 극락은 없다. 지옥도 내가 좋으면, 아니 내 눈에 콩깍지가 덮이면 천당도 될 수 있다. 이렇게 살다가 가란다. 세상의 모든 삼라만상이 나의 도반이요 벗이라 생각하면서 세상을 즐기란다. 아는 것보다는 좋아하란다. 좋아하는 것보다는 즐기란다. 즐길 줄 아는 사람이 진정한 주인이란다. 이것을 나부터 실천할 때, 하늘이 부여하는 은전은 무량하단다. 오늘따라 공자님의 숨결이 부드럽다.

정치가 민초들의 불신을 자초하고 있다. 자신부터 수신해야 될 대상들이 안하무인 격 날뛰는 연유다. 정치의 정의를 모르는 불나비 같은 부류들이 선량한 민초들을 식상케 한다. "연민의 씨줄과 정의의 날줄로 짜내는 따듯한 피륙 같은 것이 정치여야 한다."고 했건만, 오늘의 정치는 논한다는 자체가 역겨움이다.

세상을 바꾸고 변화시키는 진짜 주인공은 민초들이다. 오직 우직하게 묵묵히 소임을 다하는 농군들과 산업 전사들이 진정한 애국자다. 그들이 존재하는 한, 태산 같은 난관에 부딪쳐도 '희망의 등불'은 꺼지지 않을 것이다. 세간을 뒤흔드는 부박한 정치꾼들의 언동은 '반딧불' 같은 것이다. 오직 우직한 민초들의 황소 같은 걸음걸음이 하늘의 '태양'과 같은, 현대 사회의 진정한 '군자'다. 천박한 삼류 시인의 가슴속으로 강한 시심이 밀려온다. 나부터 바꾸라는 회초리 같다.

절망이라는 시린 인생 열차에서
샛노란 희망의 승객이 동석하지 않는다면
아마 하느님도 서운해 하실 일이다

멀리 가는 열차일수록
후진 기어를 두 번 세 번 확인하면서
긴 호흡 아우르며 목적지를 향하리.

곁에 있어 늘 힘이 되는 벗이여
걷다 보면 길이 나눠지는 것은
하나가 되기 위한 자연의 비의(秘意).

손가락도 펴면 나뉘고 쥐면 하나이듯
왼손이 오른손 잡듯
성공과 실패는 명패만 다를 뿐
고갱이는 하나

잘 익은 시(詩), 한 편 앞에선

사서삼경(四書三經)도 맥을 못 춘다는데

강물 속에 비친 달을 건지려는

원숭이처럼 헐떡거리지 말고

가던 길 앞에서

다시 한번 손 가볍게 씻고

기도로 힘을 얻고 길을 내면서

지긋이 한쪽 눈 감고 가보면 어떨까

—「벗이여」 전문

    장자는 「대종사」에서 말한다. 죽음은 거꾸로 매달렸다가 풀려나는(懸解) 일이란다. 시간이 흘러가면 자연히 찾아오는 현상이란다. 사람이 진정으로 찾아가야 할 '인간의 낙원'이 죽음이란다. 내가 살면 얼마나 살겠는가. 더 늦기 전에 나를 변화 시켜야겠다. 나로 인해 불편해했던 모든 이웃들에게 참회하는 마음으로 기도를 한다. 기도는 나를 바꾸는 작업이다. 자신의 삶을 죽여서 세상과의 소통의 장을 넓히는 은밀한 통로다. 어느 시인도 말했다. 나무들도 '그리워하는 마음'에, 가지를 뻗고, 꽃을 피우고 속절없이 나비와 벌을 불러들여서 자신의 마음을 전하는 기라고. 미물인 식물도 그러거늘 만물의 영장인 사람이, 자신을 비우고 변화 시키는 일은, 결국은 무상한 세월의 흐름 속에서 영원한 꽃과 향기를 피우기 위한 작은 손짓이 아닐까.

험악한 세상

우연한 기회에 불경 『상응부경전((相應部經典)』을 만났다. 이 또한 부처님의 작은 가피력은 아닐 것이다. 그곳엔 다음과 같은 말씀이 전한다. 부처님이 라자가하의 교외 '베루바나 정사'에 계실 때의 일이다. 바라문 한 사람이 절친했던 지인이 부처님께 출가를 했다고, 찾아와서 발악하면서 온갖 욕설을 퍼부었다. 부처님은 험한 욕설을 다 들으신 후, 조용해지자 그를 향해 말씀하셨다.

"바라문이여, 그대의 집에도 손님이 오시는가."

"물론이다."

"손님이 오시면 좋은 음식을 대접할 것이다."

"그렇다."

"바라문이여, 만약 그때 손님이 음식을 먹지 않는다면 그 음식은 누구의 것이 되겠는가?"

"그렇게 되면 나의 것이 될 수밖에 없다."

그러자 부처님은 그의 얼굴을 바라보면서 말씀하셨다.

"그렇다. 오늘 그대가 내 앞에서 온갖 욕설을 퍼부었지만 나는 그것을 받아들이지 않았다. 그러므로 그 말들은 고스란히 그대의 것이 될 수밖에 없다. 벗이여, 만약 내가 욕을 먹고 또 욕으로 되돌려 주었다면, 그것은 주인과 손님이 함께 식사를 한 것이 된다. 그러나 나는 그 음식을 먹지 않았다."

그리고 부처님은 정중히 말씀하셨다.

"분노하는 사람에게 똑같이 되갚음은, 악한 짓이다. 분노하는 자에게 성내지 않는 것은, 두 가지를 승리하는 것이다. 타인의 화를 정념(正念)으로 자신을 가라앉히는 사람은, 자신에게 승리함과 동시에, 남에게도 승리하는 법이다."

오래간만에 시장을 보러 갔다. 가는 날이 장날이라고 '옥천 장날'이다. 농협 하나로마트를 갔더니, 주차장 공사로 어지럽다. 장날과 겹치니, 타지 상인들이 주차해 놓은 자동차와 사람이 뒤엉켜서 숨 쉴 공간조차 없는 것 같다. 그곳에 '옥천 종합복지타운'이 있다. 주차장 입구에서 승용차와 승합차가 뒤엉켜 아수라장을 방불케 한다. 승용차에서 젊은 친구가 내린다. 승합차의 어르신께 고성과 삿대질을 휘두른다. 청년과 어르신이 한바탕 난투극을 벌린다. 곁에서 보는 사람의 얼굴이 화끈해진다. 험악한 말세를 방불케 하는 고성이 오간다. 조금도 배려와 양보는 찾을 길이 없다. 말세, 멀리서 찾을 일이 아니다. 싸우는 모양새가 돼지 비곗덩어리를 놓고서 으르렁거리는, 개새끼들보다 나을 것 없는 험악한 말들이 오고 간다. 이것이 최첨단 자동차를 이용하는 문명인들의 자화상이다. 가슴이 답답하다. 험한 세상 앞으로 살아갈 일들이 막막하다. 인륜이 마비된 세상 앞에서 할 말이 없다.

이 복잡한 공간에다 '옥천 종합복지타운'을 건설한, 옥천군 관계자들과 의원님 나리들의 선견지명에 새삼 탄복을 금할 길이 없다. 이것이 옥천의 시각이요, 인식의 한계점인 것 같다. 옥천 백 년의 미래를 좌우할 공공건물을, 그렇게도 공공부지가 부족해서 이렇게 비좁은 공간에 유치하려고 얼마나 노고가 많았겠는가. 천하에 둘도 없는 명당 터인 것 같다. 두고두고 후손들에게 찬사를 받을 일이라 생각을 하니, 왜? 정책 입안자들의 안목이 새삼 중요한 것인지를 각인 시켜주는 것 같다. 앞으로 '옥천 장날'은 서울 강남의 역삼동 거리 남부럽지 않는 체증과 혼잡을 가져다줄 것 같다. 비전을 갖춘 지도자를 선택한 옥천 군민들에게 부과된 책무다.

또 선거철이 다가왔다. 위대한 정치인들의 감언이설이 난무하는 계절이다. 얼마 동안은 매스컴이 일반 소시민들의 독이 될 듯싶다. 썩은 족벌 언론들이 주장하는 논리는 국민들의 눈높이와는 하등의 관심 밖이다. 정치가 국민의 비아냥거림을 벗어날 수 없는 동기 부여의 장이다. 썩은 정치가 국민들의 의식마저 식상케 하니, 인심이 험악하지 않을 수 없는 연유다. 윗물이 썩을 대로 썩었거늘, 그들에게 무엇을 바란다는 것은 몽유병자의 환상 놀음이다.

『장자』의 「잡편 열어구」에서 장자는 열변을 토한다.

"사람의 마음이란 산천보다도 험악하다. 하늘의 이치를 갈구하기보다 어려운 일이, 사람의 마음을 간파하는 일이다."

그렇다. 정치가 썩을 대로 썩은 판국에 민초들이, 정치에서 희망을 논한다는 자체는 요원한 일이다. 썩은 정치가 파당을 조성하면 국민의 눈높이는 개나발이 된다. 이런 형국에 민초들에게 맑은 수정 같은 눈망울을 기대한다는 것은 전설 속의 우화 같은 이야기다. 민심이 이러하건대 하늘이 노하지 않을 리 있겠는가. 왜, 코로나를 원망하는가. 모두가 우리가 지은 업이요, 자가당착의 논리다.

우리네 인생사는 새옹지마(塞翁之馬)요, '조릉(雕陵)의 장자'다.

장자가 조릉(雕陵)이라는 저택으로 놀러 갔다. 그곳은 함부로 들어갈 수 없는 개인의 저택이다. 탄궁(彈弓, 일종의 화살)을 어깨에 짊어지고 흥얼거리며 간다. 나무 위의 '까치'를 본 장자의 마음이 동한다. 탄궁을 조준한다. 가만히 보니 까치는 나무 위의 '사마귀'에 눈이 꽂혔다. 또 사마귀는 나무 그늘에서 제 홍에 겨워 놀고 있는 '매미'를 보고서 침을 삼킨다. 이때 저택의 주인이 장자의 머리통을 때린다. 밤을 따는 줄 알고서. 이렇듯 인생에 있어서 영원한 승자는 있을 수 없단다. 승리했다고 자만하지 말란다. 실패했다고 낙담하지 말란다. 내가 내 삶을 창조하고 즐길 줄 알면서, 스스로의 삶 속에서 여유와 자유를 구가할 수 있는 사람이 되란다. 남의 호화주택과 자동차에 목을 매지 말란다. 남의 시선과 세상의 조류에 좌우되지 않고 묵묵히, 나를 찾아갈 줄 아는 사람이 진정한 자유인이요, 진인(眞人)이란다. 그러하거늘 현대인들의 머리통은 누가 도사리고 있을까. 위선과 가식, 불신과 모략이 빚어낸 '위증의 그림자'가 우리네의 자화상이다.

이렇듯 우리네 살림살이는 목전의 이익에 혈안이 되어있다. 모든 것을 물질과 권세와 명예에서 보상을 노리고 있다. 그렇다 보니 세상사가 갈수록 험악해지지 않을 방도가 없다.

사람과 사람이 불신하는 세상으로 이룬 최첨단과 선진국은 속 빈 강정이다. 고성장, 고소득도 좋지만, 인륜이 망가진 세상은 말세를 자초하는 지름길이다. 짐승만도 못한 욕설과 중상과 모략이 활개 치는 세상은, 인간이 물질의 부속품으로 전락하여 간다는 방증이다. 분노를 분노로, '눈에는 눈으로' 대처하는 처방술은 짐승들의 힘의 논리다.

분노하는 내 이웃을 정념(正念)의 자세로 나를 정화하고, 남을 이해 설득하라는 부처님의 그윽한 음성만이 인간의 미래요, 희망의 등불이 아닐까.

농촌이 미래의 젖줄이다

오늘의 세계는 한 지붕 아래 다세대 가족 같다. 이것은 하늘과 땅이 둘이 아니요, 너와 내가 둘이 아니라는 사실을 반영하는 것이다. 부득불 이를 거부하려고 한다. 거부할수록 역반응은 거세진다. 이를 반증한 반면교사가 코로나 사태라 생각된다. 팬더믹이 가져온 영향은 인류가 파멸이 무엇인가를 알려주는 경종이건만 지도자들은 아직도 이 소리를 들으려 하질 않는다. 네 것과 내 것을 극명하게 분별하려고 혈안이 되어 있다. 지구가 몸살을 앓지 않을 수 없는 이유다.

한국 불교 화엄종의 개창자인 의상대사는 일찍이 이것을 『화엄일승법계도』에서 몽매한 인류에게 구원의 메시지를 전파하셨다. 이 위대한 「법성계」의 가르침은 간단하다. 본래 진리는 간단명료했다. 이것을 논하길 즐기고 현상에 집착하기를 갈구하는 뭇 중생들이 번잡하게 늘려 놓은 것이다. 의상조사의 「법성계」에는 다음과 같은 말씀이 있다.

"하나 안에 일체가 존재하고, 일체 속에 하나가 있다. 하나가 곧 일체요, 많음이 곧 하나다. 한 티끌 속에 시방세계가 포함돼 있고, 모든 티끌 속에 역시

시방세계가 존재한다."

멀리 볼 줄 아는 성자의 모습은 이러하다. 하늘에서 보면 사람과 동물의 위치는 같다. 모두가 하나의 품속에서 생명을 품고 호흡하면서 어깨동무하고 살아가는 것이다. 누가 누구를 탓한들 제 얼굴에 침 뱉기다. 본래 하늘의 도리는 원융무애하여 두 모습을 만들지 않는다. 오직 하늘길은 고요한 가운데 적멸의 불빛일 뿐이다. 절대 동요가 있을 수 없다. 마냥 고요할 뿐이다. 이름과 모양이 다 끊어진 곳, 그곳이 하늘길이다. 이것을 잡고 흔들고 비틀려고 하는 짓거리가 사람의 행태다. 하늘의 몸짓을 완강히 거부한 몸짓이 오늘을 자초한 코로나 환란이다.

'무위자연의 대가'이신 노자 할아버지도 같은 말씀을 하신다.

"강과 바다가 골짜기의 왕인 이유는, 낮은 곳에 존재하기 때문이다. 고로 수많은 골짜기의 왕으로 존재할 수 있는 것이다. 성인도 백성 위에 있고자 할 때는 반드시 말로써 낮추라. 백성의 앞에 나서고자 할 때는 반드시 자신을 뒤에 두라."

이처럼 자연의 이치는 작을수록 윗자리요, 클수록 아랫자리에 있는 것이 자연과 하늘의 도리다. 이유는 간단하다. 과실이 익으면 땅으로 떨어지는 이치다. 고로 우리의 조상들은 '농자천하지대본'이라 자부했다. 즉, 이 논리가 '농촌이 미래의 젖줄'임을 반증하는 첫째 이유다. 세상의 문명이 제아무리 발달해도 인간은 하늘의 품이요, 자연의 이치를 벗어날 수 없다. 하늘을 이불로 덮고 땅을 딛고 걸어야만 생명을 유지할 수 있다. 흙을 벗어난 삶은 곤궁이며 궁핍, 그 자체다. 흙에서 자란 마음이 수신해서 제가를 이루며, 후에 치 태평을 논하는 이치가 처세의 도리다. 흙의 품에서 온기로 자란 곡기를 먹어야 생명을 보존하지, 밥 대신 육식을 연이틀 지속하면 몸은 만병의 곳간이 된다.

이것 또한 농촌이 미래의 젖줄임을 방증하는 가볍지 않은 진리다. 이것을 거부하면 인간의 미래는 보존할 수 없다. 이유는 너무도 간단하다. 자연이 인간의 모태이듯 농촌은 제반 산업의 모태이기 때문이다. 농사꾼은 결코 가벼운 일꾼이 아니다. 농사꾼을 천하게 대하는 위정자는 지도자 될 자격이 없다.

농사꾼은 하늘의 생명을 보듬고 가꿀 줄 아는 우직한 일꾼이다. 샛별을 보고 일어나 천기에 따라 몸을 움직이며, 달을 보며 잠자리를 청하는 지고지순의 논리로 생업을 보전하는, 인류 보루의 마지막 전사다. 고로 농사꾼이 대접 받지 못하는 세상은 문화가 번성해도, 결국 전 국민의 총행복은 요원한 불길일 뿐이다. 이렇듯 농촌이 활기차게 돌아가야 국가의 제반 산업이 견고해지며 균일한 성장과 행복을 추구할 수 있다. 농촌은 가장 낮은 곳에서 국가를 지탱하는 '백곡의 왕'이며 생명의 보고다. 산업의 허리임은 물론이요, 치유와 힐링을 제공하는 공간이기 때문이다. 꽃이 향기를 품듯 농사꾼의 땀이 일군 흙의 곳간은 인류의 영원한 숨결이다.

먹거리와 환경을 가볍게 보면 결국은 돌이킬 수 없는 치명상을 입을 수밖엔 없다. 농촌의 풍요로운 먹거리와 쾌적한 환경 속에서만 미래의 주인공인 후세가 자랄 수 있고 꿈을 이야기하며 미래를 논할 수 있는 것. 농민들이 있기에 공장에서 자동차를 생산하고 전자 제품을 만들 수 있는 것이며, 또 그들이 집으로 돌아와 안락한 보금자리에서 편안한 휴식을 제공하는 모든 기반 조성은 결국, 농사꾼들이 제공하는 반석 위에서 지탱된다는 사실 만으로도 입증되고도 남음이 있다.

지금의 60·70세대가 청소년 시기는 보릿고개는 있을지언정, 환경이라는 단어는 상상도 못 했다. 위 골짜기에서 토기와 노루가 먹던 물이 아래로 흐르면, 냇가를 지나가던 초동들이 그냥 엎드려서 벌컥, 벌컥 마시고 살았다. 농약이라는 이름도 성도 없었다. 고속 성장이라는 이물질이 날아오면서부터 사단은 발생하고 말았다. 농업을 돈으로만 환산하려는 셈법은 알량한 현대인들의 속내다. 농업은 잊을 수 없는 어머니의 품속 같은 것이다. 부모의 값을 돈으로 계산하려는 자식이 있다면, 그것은 분명 '탕아'임이 자명하다.

자연은 온갖 흔들림을 품는다. 들으려 해도 잘 들리지 않는 말이 자연의 소리다(希言自然). 노자는 『도덕경』에서 한결같이 말씀하신다.

"돌개바람은 한나절도 못 가고, 소나기는 쏟아져도 하룻낮을 못 간다고, 무엇이 이렇게 조화를 부리는가. 천지다. 천지도 오히려 장구하지 못하거늘, 하물며 인간사를 논할 필요가 있겠는가."

그렇다. 자연의 이치가 위대한 이유는, 들으려 해도 들리지 않는 말이기 때문이다. 즉 자연은 시비를 벗어나 있기에 영원히 자신을 보존하는 것 아닐까. 이렇듯 자연의 이치가 오롯하게 보존돼서 미래의 꿈과 비전을 논할 수 있는 곳이 농촌이 아닐까. 고로 농촌이 활기차고 농사짓는 농사꾼이 행복한 나라가 최고의 복지요, 지상의 과제가 아닐까. 그들에게 희망과 용기를 주는 것이 위정자들의 몫이다. 미래의 희망과 꿈과 이상이 잠재된 소리가 침묵으로 흐르는 곳이 바로 우리의 농촌이다. 그들에게 이제는 힘을 부여해야 한다. 이것이 사람 사는 세상의 이치다. 그들이 주장하는 농촌 주민들의 행복할 권리, 풍요로운 먹거리를 생산할 수 있는 기반 조성권은 자연의 들리지 않는 음성이요, 하늘의 소리 없는 아우성이다. 그들의 목소리를 들어라.

대나무 그림자가 뜰을 쓸어도 뜰 위의 티끌 하나 건드리지 않듯, 자연의 말은 바람처럼 스칠 뿐, 그냥 오고 갈 뿐이다. 그러나 이 음성을 듣는 자 천하를 평정하리라.

바람으로 빚은 가락

얼마 전 논산에 있는 문학관을 다녀왔다. 아는 만큼 보인다는 말이 있다. 처음에는 김홍신 문학관이 논산에 있다는 자체를 의아해했다. 내막을 알고 보니 수긍이 갔다. 고향을 절절히 사랑하는 선후배 간의 뜨거운 우정으로 빚은, 생존 작가의 문학관이란다. 한없이 부러웠다. 한 독지가의 헌금으로 건립되었다니 말이다.

그의 호는 '모루'란다. 대장간에서 불에 달궈진 뜨거운 쇠를 올려놓고 망치로 두드릴 때 사용되는 받침쇠를 지칭한다. 뒤틀린 세상을 떠받치겠다는 뜨거운 열정이 느껴진다. 작가의 열정은 모루보다 뜨거웠다. 그의 상상력이 빚은 작품의 세계는 가히 상상을 초월했다. 작품의 종류가 무려 137종이란다. 그만큼 평범함을 넘어서 작가가 세상을 바라보는 안목은 넓고도 깊었으리라. 모두가 '바람'으로 빚은 가락이란다. 한국 출판 사상 최초의 '밀리언 셀러' 작가답다. 그가 주장하는 '바람'의 진정한 의미는 무엇일까를 골똘히 생각해 봤다.

돈과 권력에 무참히 빼앗긴 진흙탕 같은 세상 속에서 '시대정신'을 강구할 방법은, 공평 사회를 구현하는 길뿐이라는, 시대적 소명감에 불타올랐던 작가

정신을 빛나게 돋보인 것은 '바람'이었다니, 밀리언 셀러 작가답다. 그렇다. 인간이 욕망이라는 집착에 얽매이면 우리네 삶은 실타래처럼 꼬일 수밖에 없다. 그것을 극복하는 방법은 바람, 즉 닥쳐오는 세상만사를 '안분'(安分)이라는 바람의 아들로 대하는 수밖엔 달리 묘수가 있을까. 스스로 만족할 줄 아는 삶을 이길 방법은 없다. 내가 난세에 처해도 그 스스로 극복할 수 있다는 자신감은 바람, 즉 그 무엇에도 거리낌 없는 무욕만이 감당할 수 있는 것 아닐까. 이렇게 욕심을 떠나서 지은 집이었기에 독자들의 심금을 울려 '밀리언 셀러' 반열에 오른 것은 당연지사의 도리.

김홍신 작가가 지은 137권의 '바람으로 지은 집' 중에서 나를 감동시킨 작품은 『인간 시장』과 『대발해』다. 『인간 시장』은 발행 부수가 560만이란다. 우리 문학사의 살아 있는 전설 속의 보물 상자처럼 여겨진다. '시대정신'에 온 작가의 예리한 상상력을 총동원해 돈과 권력에 썩어 문드러진 시대상을, 적나라하게 고발해 나가는 젊은 청년의 혈기에 독자들을 매료시켰음은 자명한 사실이다. 이렇게 작가가 예리한 통찰력으로 시대상을 고발했건만, 썩어버린 정치권력은 오만방자하게도 더욱더 추악해져 갔고, 권력의 뇌리는 교묘하게 비틀어졌고 횡포는 안하무인 격으로 잔혹사를 더해 갔다. 비열하고 약삭빠른 놈과 간교한 인간들이 벌이는 술수의 간교함은 나약한 백성들의 가슴을 송곳처럼 들쑤셔 놓았다. 이것이 당시 정치 행태의 현주소였다. 그럴수록 작가의 상상력은 날개를 더했다. 『인간 시장』이라는 바람으로 지은 집으로, 이 땅을 사람 사는 냄새로 진동시키고 싶은 열정은 깊어만 간 것이다. 그래서 빼앗긴 자와 잃은 자들도 살맛 나는 세상을, 바람으로 구성을 얽은 얼개가 『인간 시장』이 아닌가 생각된다.

또 한 편의 대작은 『대발해』다. 우리 민족사에서 지워져서는 아니 될 부분이 바로 발해의 역사다. 중국이 '동북공정'이라는 늑대의 탈로, 우리의 역사를 능멸하려고 하자, 여기에 작가는 분노하기 시작해 집필을 결심했단다. 법륜스님은 말씀하셨단다.

"당신이 국회의원을 열 번을 하는 것보다, '대발해'를 민족사의 이름으로 새롭게 부각하는 일이 당신의 몫인 것 같다."

그렇다. 정치는 혼자서는 할 수 없는 일이다. 그러나 작가는 불타는 영혼이 한 번 요동치기 시작하면, 못 할 일이 없다. 이것이 펜의 위대한 능력이다. 침묵으로 빚은 언어가 토설할 수 있는 위대한 잠재력은, 작가의 예리한 통찰력과 상상력에 날개를 달면 바람으로 엮은 집은, 영혼의 담금질로 가공된 작가만의 민족 사관과 역사관, 인생관이라는 그릇들이 잠재된다. 그곳에는 불멸의 언어들이 가공의 힘을 얻어 불후의 힘을 발휘하기 시작한다. 8년이라는 장고의 세월을 녹여 연구하고 수집하면서, 발품을 팔아가면서 직접 육성으로 옮긴, 우리 민족의 웅혼하고 강인했던 민초들의 뜨거웠던 발자취에 불을 붙였다. 아무도 감히 접할 수 없었던 불멸의 민족사관 앞에 새로운 넋과 혼을 불러일으켜 세운 것이다. 무한한 상상력과 역사적 고증을 통해 실존했던 선조들의 불타던 투혼 앞에 정중히 무릎 꿇고 삼가 경의를 표하는 뜨거운 술잔을 올린 것이다. 왜? 우리가 중국의 '동북공정'이라는 늑대의 탈을 벗어나야만 되는가를 정확히 명중시킨 후손된 자의 당연한 책무였다. 중국의 수긍할 수 없는 능멸의 논리는 유장한 강물처럼 물결을 이루고 격랑으로 솟구치면서, 당당한 한민족의 민족 사관을 정립시킨 일대사의 쾌거가 아닐까. 그리고 우리 선조들의 의연하고 웅혼했던 대발해가 멸망하지 않을 수 없었던 연유를 현대인들에게 비수처럼 들이대면서, 민족의 번영의 길은 과연 무엇이며, 쇠퇴의 길은 무엇을 의미하는가를, 작가의 국가관과 민족 사관에 근거해서 후세들에게 날카롭게 각인시킨다. 이것이 글의 힘이다.

또다시 국가의 명운을 좌우시킬 대통령 선거철이다. 후보자들이 국민들에게 제시하는 면면이 너무도 저급하다. 평범한 국민들의 눈높이를 한참 벗어나 있다. 정치 언어는 짧은 혀로 내뱉는 가공된 이중 언어다. 세종대왕이 위대한 치적을 쌓을 수 있었던 이유는 다양한 인재 발굴에 혼신의 힘을 기울인 덕이다. 좌의정 황희와 우의정 맹사성이라는 천추만대의 청백리를 주축으로 한 인재가, 세종의 성지를 성심으로 받들었기에 가능한 일이었을 것이다. 정치는 술수가 아닌 덕치가 종을 이뤄야 백성의 믿음이 따른다. 다석 유영모 선생은 말씀하신다.

"어제와 오늘과 내일은 따로 있는 것이 아니다. 오직 '오늘'이라는 하루만이 영원히 지속되는 것이다. 오늘의 '오'는 주어진 오늘이라는 명제에 대한 기쁨의 감탄사이고, '늘'은 항시 지속하라는 의미란다."

그러시면서 현대인들의 삶은 '발'을 치고 사는 삶이란다. 자신을 숨기길 잘하는 사람이 최후의 승자인 양, 한다는 짓거리가 가관인 세상이 오늘날 우리들의 자화상이란다. 부패한 권력과 금권 앞에서 세상을 떠받치고자 했던 '모루' 선생처럼, 우리는 '얼'로 짓는 사람이 최후의 승자란다. 바람으로 빚은 가락은 세상의 부침에 견고한 내성의 틀을 형성한다. 바람은 욕심이 걸러진 원대한 상상력이 빚은 나비의 날갯짓 같은 것. 이 길지 않은 세상사에서 사랑과 베풂으로 빚은 영혼의 황홀한 숙제는, 바람으로 빚어낸 가락만이 영원한 오늘을 지속할 힘의 원동력이 아닐까.

"등불을 켜서 그릇으로 덮어 두거나 침상 밑에 두는 사람이 있겠는가?"

하느님이 피로 쓰신 『성경』, 「루가복음」의 절창이다. 이렇듯 세상엔 영원한 비밀은 존재할 수 없다. 하느님은 이미 이 세상에 누구도 함부로 끌 수 없는 등불을 밝혀 놓으셨다. 인간의 알량한 계산으로 숨기려 하면 숨길수록 쉽게 드러나는 계략이 인간들이 벌이는 소꿉놀이다.

　재물의 경우도 그렇다. 만약 나의 전 재산이 천만 원이라고 하자. 그런데 나보다 더 절박한 상황에 직면한 이웃이 있다고 하자, 선뜻 '쾌척'을 할 수 있다면, 나는 영원한 오늘을 산 사람이요, 수없이 주저하고 계산을 한다면 그는 돈의 굴림 앞에 지배당한 불행한 사람이 아닐까.

　바람으로 짓는 집은 무욕으로 일군 성이다. 나를 엮지 않는 어느 것에도 걸림이 없는 행적으로 쌓은 성. 욕심은 내 눈을 가리는 방패막이다. 세상은 언제나 대명천지의 밝은 불빛으로 빛난다. 미혹이 있다면 그것은 내 마음에 있는 것 아닐까.

소소한 행복

　모두가 갈망하는 전원생활을 접고, 아파트 생활을 하니 일장일단이 있다. 전원생활은 여름철엔 새벽 자명종이 뻐꾸기 소리다. 산새 소리에 기상을 하고 두견이 울음에 취하며, 별을 하나하나 가슴에 새기며 잠이 들던 시절이 있었다. 그런 호시절을 뒤로하고 닭장 같은 집을 빠져나와 아침 운동을 나간다. 걸음걸음 새소리, 물소리 대신 자동차 경적을 벗하며 간다. 잘 정돈된 공설운동장이 산뜻한 얼굴로 반긴다.
　운동을 한다는 것은 자신과의 고독한 싸움이다. 자신의 몸과 마음의 묵은 찌꺼기를 배설하고, 새로운 기력을 회복시키는 고난의 작업이다. 한 바퀴 돌고 나면 활력이 솟는다. 땀도 비 오듯 흐른다. 돌아와 샤워하면 소소한 행복감이 밀물처럼 밀려든다. 이 맛이 운동의 묘미다. 병든 몸일수록 움직여야 그나마 하루가 보전된다.
　이 기분으로 창가로 가서 붓에 먹물을 흠뻑 묻힌다. 대청 창가로 펼쳐진 삼성산과 식장산의 웅혼한 자태가 나를 위안해 주는 유일한 벗이다. 이렇듯 자연이 인간의 영원한 모태인 것은, 모든 것을 품되 '침묵의 언어'로 한결같이 자신을 주장하지 않음이 아니겠는가. 예수님도 같은 말씀을 하셨다. "나는 목숨을 바쳐서 목숨을 얻은 사람이라고."

창문으로 스며드는 청렬한 기운을 머금고 붓을 잡는다. 나의 하루는 『금강경』과 『반야심경』의 사경, 병풍 작업으로 하루를 시작한다. 『금강경』은 병풍으로 제작하면 21폭의 대작이다. 장장 5,000자가 넘는 대광설의 설법이다. 『금강경』은 행초서로 쓰고 『반야심경』은 예서체로 쓴다. 쓰면서 심오한 뜻을 아로새기면, 가슴으로 일렁이는 이, 말로써 표현할 수 없는 법열 앞에, 삼가 머리를 숙여 감사할 뿐이다. 이렇게 힘든 사경을 하는 연유는, 일종의 내 나름의 기도의 방편이다. 기도는 나를 일신시키는 작업이며, 내게 주어진 '오늘'이라는 순간을 아낌없이 소진하려는 지순한 내면 성찰의 길이다. 이 복이 작은 청복일까. 이 '소소한 행복'이 나를 지탱했기에, 엄동설한 휘몰아치는 혹한을 감내했으리. 아니 헐벗은 자의 체온을 감지했고, 나를 감쌌던 미운털 벗을 수 있었으리. 그 쓰린 상처가 아물어 아주 단단한 꽃과 향기를 밀어낼 수 있었으리.

땅바닥에 내던져진 저 물고기 신세가 되기 전에 보이지도 않고, 잡을 수도 없지만 정녕히 관하면 미묘한 그놈, '마음자리'가 밝고 밝은 빈방같이, 잃어버린 나를 찾아오는 날이 있다고, 이 말과 문자를 넘는 향기가 바로, 부처님과 예수님의 가르침이 아닌가 생각된다. 이렇듯 우리는 스스로가 걸머진 말 못할 삶의 무게에 짓눌려 오늘도 방황의 연속선을 벗어날 줄 모른다. 이 삶의 괴로움을 안기는 육신과 재물, 명예와 영화는 마음의 풍선이 허망한 꽃을 쫓다 괴멸하는 불꽃놀이다. 그놈을 한 움큼 쥐었다 해도, 결코 그들은 오래 머물지 않을 놈. 새벽이슬이 햇살에 녹듯, 시절 인연이 다하면 그놈들도 번개처럼 눈 깜빡할 사이에 사라지는 법. 이렇듯 우리는 자신도 모르게 너무나 많은 짐을 짊어지고 비틀거리며 간다.

장자도 「응제왕」에서 소소한 행복을 이렇게 설명하신다.

"이름의 시체가 되지 말며(無爲名尸), 술지의 창고가 되지 말라(無爲謀府). 시비를 짓는 세상일을 맡지 말며(無爲事任), 지식을 파는 스승이 되지 말라(無爲知主)."

하늘이 주신 목숨에 항시 감사할 뿐, 강물에 비친 달을 건지려고 헐떡거리는 원숭이처럼 되지 말란다. 항시 마음을 거울과 같이 쓰는 법을 새기란다(用心若鏡). 세상사 오면 오는 대로, 가면 가는 대로 맞이하란다. 그렇게 살 때 오롯하게 자신을 상처 없이 지키는 비법이란다. 이렇듯 집착은 그 대상에 있는 것이 아니라, 자신의 묘한 마음이 짓는 허망한 꽃들의 반란이란다.

그런데 우리의 모습은 어떤가. 너무도 극명하게 다르다. 분별하는 짓거리가 우리네 삶의 일상다반사다. 아니 권모술수가 선량한 장삼이사를 능멸하는 인간사 말세다. 문 대통령이 여생을 한적한 사저에서 보내려고 귀향했다. 물론 그도 인간인 지라 완벽한 대통령직을 수행하진 못했다. 그러나 나름 국민의 존경을 받은 분이다. 그러나 일부 세력은 사력을 다해서 증오를 일삼고 있다. 그가 간첩이면 대한민국의 반은 간첩 방조자다. 하는 짓거리가 차마 눈 뜨고 볼 수 없는, 점입가경의 천박한 자태를 서슴없이 범하고 있다. 간첩은 남의 주장은 갈아엎고 제 주장만 옳다고 하는 짓이 아닐까. 국론을 증오로 몰아가는 파렴치들이 진짜 간첩이 아닐까. 이 몰상식한 방법으론 분열만 가중할 뿐이다. 귀향하는 전직 대통령의 소소한 행복을 증오하려는 작태는 국민의 이름으로 응당 응징함이, 대한민국의 국격이다. 증오를 증오로 푸는 것은 사람의 짓거리가 아니다.

오늘날 우리네 모습은 갈수록 깊이를 잴 수 없는 나락으로 추락하고 있다.

아는 만큼 보듬고 어깨동무를 하는 것이 아니라, 시기와 증오의 강물이 깊어져만 가는 것이다. 이것이 우리가 걷고 있는 꽃처럼 만발한 첨단 문명 세상이 낳은 말세 중생의 현주소다. 증오와 시기로 쏜 화살이 그대로 나의 가슴에 꽂히면, 그것은 화살을 당긴 상대의 잘못도 있지만, 세상을 원망하고 증오하는 당신의 어리석은 화살도 당신을 몰락시키는 일등 공신일 것이다.

　세상의 주인공은 나다. 내가 있기에 하늘의 뜻에 따라 빛과 생명으로 존재하고자 노력하는 것 아닐까. 주인공은 남을 탓하지 않는다. 세상의 '복과 화'는 동전의 양면과 같다. 복 속에 화가 있을 수도 있고, 재앙 속에 복이 얼마든지 내재해 있을 수 있는 것이 하늘의 섭리다. 물은 컵에 담긴다고 컵을 원망하지 않고 찻잔 속에 담긴다고 고마워할 줄 모른다.

　길은 내가 가는 길만 길은 아니다. 피는 꽃만 이쁘다고 호들갑 떨지 말자. 인생사 새옹지마요, 일장춘몽 아니던가. 사람만 공해를 일으킨다. 자연은 순리를 거스르지 않는다. 하늘의 도리는 하나다. 잣대로 재고 까불고 호들갑을 떠는 것은 사람뿐이다.

　일상의 소소한 행복은, 높은 곳에 있을까. 아닐 것이다. 가난하다는 것은 부끄럼이 아니다. 단지 불편할 뿐, 실망과 좌절하지 말자. 불굴의 노력으로 성심을 다하고, 주어진 오늘을 더욱 좋은 생각과 보람찬 모습으로 일신, 일신하면서 날마다 새롭게 태어나고 선한 생각을 할 줄 아는 사람이, 인간사 참 주인공으로 사는 길이 아닐까.

문질빈빈(文質彬彬)

 극심한 가뭄이었다. 일 년 내내 비다운 비와, 눈을 바란다는 것은 기우였다. 하늘이 무심을 견지한 까닭에 애가 닳는 것은 농심뿐이다. 작물들은 고개를 숙인 지 오래되었다. 전답은 쩍쩍 갈라지고 농산물 가격은 또다시 풍선처럼 하늘로 머리를 두른다. 거기다 세상인심은 전쟁이 벌인 놀음판 덕분에, 생활물가는 하루가 다르게 우리들의 목전을 위협하는 실정이다.

 물가는 오르고 경기는 바닥을 맴도는데도 위정자들은 밥그릇 싸움에 해가 뜨고 지는 줄 모르는 형국이다. 그들은 그래도 진정한 일꾼이라고 유세전을 전쟁 방불케 했다. 과연 그들이 진정한 일꾼이라 선출직의 영예를 안았을까. 그들이 진정한 알토란 같다고 생각하는 유권자는 드물 것이다. 직위와 정보를 이용해 밥그릇을 채우려는 방편일 뿐, 안과 밖으로 진정 민심을 보살필 위인이 있을까. 가소로운 일이다. 각설해 본다.

 공자님은 『논어』의 「옹야」편에서 "문질빈빈 연후군자(文質彬彬 然後君子)"라고 말씀하셨다. 이 말씀을 그림으로 옮기면 이럴 것 같다. 바탕이 표현보다 앞서면 거칠어지고, 문(文)이 질보다 앞서면 겉치레가 된다는 말씀이다. 안과 밖이 아니, 문과 질이 다 함께 조화를 이루고 난 후에 군자(중용)를 이룬다고 했다. 화려한 색채와 그림의 내용이 감동을 주고 심오한 뜻으로 승화되어 가슴에 다가올 때, 명화가 탄생 된다는 의미이다. 남의 눈에 현혹되어 세상의 급한 물살에 동승하지 말라는 말도 된다고, 주장하고 싶다.

사람의 속을 마음(心)이라고 한다. 겉(文)을 우리는 몸뚱이(身)라고 한다. 진정한 일꾼은, 아니 진솔한 사람은 과대 포장을 싫어한다. 심신이 하나로 무르녹아 마음은 항시 선을 지향하고 착하다. 몸의 자세는 항시 자신을 낮춘다. 『주역』에서 말씀하시길,

"자기를 낮춤은 공에 이르러 제자리를 지키는 것이다."

그렇다. 동양의 사상은 공을 자기 것으로 삼질 않는다. 남의 것으로 돌릴 줄 아는 덕성을 지닌 사람이, 진정한 삶이 무르녹아 있는 언필칭 '문질빈빈'일 것이다. 빈손이지만 늘 충만한, 하늘이 담겨 있는 손을 가진 사람 말이다. 세상 사람들에게 업신여김을 당하고, 비웃음을 당하는 사람이 많을수록, 민중의 강물은 스스로 길을 내고 깊이를 더하는 법. 이 법이 하늘의 길이요, 지향하는 바가 아닐까.

이제 한국의 위상은 동북아의 모서리에 존재하는 편협된 한국이 아니다. 경제는 세계 반열에 당당히 올라, 경제 10대 강국의 위상을 유감없이 자타가 공인하는 국가다. 그러나 정치는 오히려 후진하는 양상이다. 그들의 짧은 혀가 내뱉는 가공의 언어는 기복이 심하다. 저 가슴 묵직하게 폐부를 찌를 듯 밀려오는 농민들의 아우성은, 외면한 지 오래다. 못 배우고 무식한 무지렁이들의 아우성엔, 그들의 한결같은 지론은, 법대로 가 철칙임을 강조한다. 문과 질이 다른 위인들이 위정자 노릇을 하면 백성은 도탄의 수렁 길이다. 모든 분야에서 아집과 아상에 몰입된 화상들이 천지를 설치게 되면, 인간 풍진사 부평길

은 갈수록 황톳길뿐이다.

먼 옛날 『초한지』의 내용이다. 항우와 유방은 사생결단으로 천하의 패권을 향해 질주했다. 절대적인 판세는 항우의 우세였다. 그러나 항우는 남의 말을 믿질 못했다. 의심도 많고 결단력이 부족했다. 힘의 항우였다. 혁혁한 전과를 거두고도 부하를 의심해 믿지를 못했다. 또한, 칭찬에도 인색했다. 반면 유방은 절대적인 약세를 인재 등용과 용병술로 만회했다. 직업과 귀천에 구애됨 없이 두루 등용의 문을 넓혔다. 공을 세운 부하들에겐 여지없이 포상해, 사기를 북돋울 줄 알았다. 하늘은 스스로 돕는 자를 돕는다고 했던가. 결국, 중국 통일의 패권은 유방의 손을 들어주었다.

유방의 승리를 도운 일등 공신엔 두 사람의 간과할 수 없는 공신이 있다. 한신과 장량이다. 천하가 평정되자 장량(장자방)은 자신의 공적을 남의 공덕으로 돌리고 멀리 유방의 곁을 떠나 산으로 숨는다. 겉과 속이 충만했기에 대세를 능히 간파했다. 그러나 한신은 끝까지 자신의 공적을 유감없이 주장하고 내세웠다. 그러나 세상인심은 변하는 것. 전쟁이 끝나면 사냥개는 여지없이 주살되는 것. 한신은 권력의 올가미에 얽혀 스스로 토사구팽의 길을 걷고 만다. 장자방은 산속으로 피신했기에 온전히 자신을 보전하고 제후의 길을 보장받는다. 항우가 그렇듯 한신도 진정한 무사는 아니었다. 칼을 휘두를 줄만 알았지, 칼을 거둘 줄은 몰랐다. 공이 있으나 자리에 머물지 않아야 진정한 책사다. 쇠를 좀먹는 것은 쇠의 녹이듯, 아집에 몰입된 공적은 결국 자신을 엮는 올가미 같은 존재인 것. 우리네 위정자들이 한신의 후예가 아닐까.

예수님도 어려운 일이 닥칠 때마다 산속으로 들어가 묵상에 잠기셨다. '아버지' 앞에서 끊임없이 자기를 비우는 작업을 하신 것이다. 내 뜻대로를 버리시고 아버지의 뜻을 목숨보다 귀히 여기신 분이셨다. 사도 바울도 말씀하셨다.

"나는 곤고한 자로다. 누가 나를 여기서 건져주리오. 내가 원하는 선은 행하지 않고 원하지 않는 악을 행하는구나."

이 탄식이 인간 구제의 영원한 영생이다. 이 메시지를 읽을 줄 모르는 세상은 희망이 질식된 부박한 노름판이다.

내가 누구라고 자기를 과대광고하는 세상은, 아니 나만이 적임자요, 일꾼이라고 과대망상과 아집에 사로잡힌 자들이 설치는 정치판은, 민초들만 피 멍드는 세상이다. 옛날이나 지금이나 가난하고 억울한 놈의 사정은, 법대로 칼을 휘두르는 것이 정답이다.

우리는 지금 너무도 한쪽으로 편향된 길을 추구한다. 명예나 권위를 목숨보다 중하게 여기는 세상이다. 세태가 편향을 부추기다 보니 겉과 속이 달라야만 생존할 수 있다. 외양이 화려해야 멸시를 면하는 세태가 되다 보니, 세상사 이치는 빛을 잃은 지 오래다. 세상을 이미 뒤덮은 가식과 위선이 활개 치는 세상이다. 누구 하나 문과 질, 아니 겉과 속이 같은 사람을 찾기가 어렵다. 아니 문질빈빈한 사람은 삿갓 쓰고 백구두를 신은 양, 세태를 비관하는 음유시인 격이다. 빛 좋은 개살구가 판치는 세상사 부박한 놀음판엔, 매스컴의 접근을 최대한 줄이는 것이 귀를 씻는 비법이다.

'상선약수'라 했던가. 맹물 같은 사람이 구세주다. 가장 강한 사람은 안과 밖이 같은 사람이다. 남을 속일 줄 모르기에 자신에게 부끄럽지 않은 사람이다. 날마다 자신을 돌이켜 '문질빈빈', 자신의 본성과 행실을 회광 반조할 수 있는 사람이 많을수록, 세상사 험악해도 살아볼 만한 인간사 살림살이가 아니겠는가. 어차피 우리는, 모두가 해 저무는 벌판에서 길 잃고 헤매는 방랑객이기에……

양파를 까면서

 한동안 포근했던 날씨가 변덕을 부릴 것 같다. 날씨마저 냉기가 엄습해 오면 서민들의 삶은 더욱더 팍팍해진다. 명절이 명절일 수 없는 이유다. 명절을 원망하는 마음들이 늘어날수록, 우리네 살림살이는 쭈그러들기 마련. 누구를 원망하랴 시절이 냉엄함을. 있는 것으로 남과 함께 나눌 수 있는 마음. 있는 상태로 스스로 족함을 알고, 감사할 줄 아는 넉넉한 마음이 바로, 우리 선조들이 추구했던 마음이요, 푸근한 명절을 명절답게 맞이할 수 있었던 마음이었을 것이다.
 명절이래야 물가는 천정부지로 솟고, 할 일은 태산 같은 것이 우리 어머님들의 몫이다. 모성이 위대한 것은 자연의 품 안같기에, 베풀되 내색하지 않는 숨결이기에, 면면히 인간 삶의 원동력으로 추존되지 않았나 싶다.
 집사람이 준비한 제사용품이 산더미 같다. 저 음식들이 조상님들의 은공에 감읍하고, 그 혈족들의 입맛으로 다가가기엔 그만큼 시간과 정성이 뒷받침되어야 한다. 그 수많은 노고를 감내하면서 혈육의 돈독함을 키워가는 작업이, 바로 모성의 위대한 자기 희생정신이다. 철저한 자기 부정을 통해 진정한 자기 긍정의 힘을 분출시키는 신비로운 모성의 발로다.

  나도 미안한 마음에 거들어 보지만 역부족이다. 양파나 까서 일손을 조금 덜어주는 수밖엔 뾰족한 묘수가 없다. 껍질을 벗기다 보니 눈물샘을 자극한다. 그리고 겉과 속이 한결같다. 까도 까도 변함이 없다. 문득 무엇인가 스쳐 지나간다. 우리네 살림살이와는 너무도 판이하다. 우리네 살림살이는 어떠하던가. 아침에 먹었던 마음과 저녁에 간직한 마음이 같을 수가 없다. 어디선가 튀어나와 가슴을 대못처럼 후비는 모습이 일상의 다반사다. 양파야, 너는 한결같기가 하늘길 같구나! 거칠게 시상으로 옮겨본다.

    너의 속내를 들여다보는 작업은
    자연의 숨결을 읽어내는 벅찬 미로
    한 겹 한 겹 들여다볼 때마다
    어쩌면 저리도 한결같음이여

    양파를 태산같이 까서 옮기다
    그만 발을 헛디뎌 미끄러졌다
    간신히 털고 일어났지만, 후회막급이다
    내 속내 너와 같지 않음을

    아침에 먹은 마음 다르고
    저녁 잠자리 들 때 지키려는 마음 어지럽다
    하물며 삶을 물을 필요가 있을까

양파를 까면서

내 속내를 들여다보는 순간

그 더운 눈물 앞에 부끄러운 자화상

지우고 싶은 날이다

―「양파를 까면서」 전문

  빠르게 변화하는 세상, 누구도 예단할 수 없는 살림살이가 우리의 미래다. 물론 첨단 문명이 화려한 불빛으로 조명될 것이다. 그러나 문명의 그림자도 인간이 감내해야 할 부채다. 인간의 얕은 지식은 자신을 묶어 부자유스러움으로 나를 유인할 것이다. 오직 사람이 자연을 외면하지 않을 때만이, 인간을 인간답게 풀어 대자유인으로 호흡하게 될 것이다. 지극한 도는 이렇듯 어렵지 않단다. 누굴 미워하고 사랑하는 마음과 간택하는 마음만 버리면, 확연히 다가오는 것이 일상 속의 도란다. 자연의 품으로 인도하는 나침판 같은 것. 고로 만물의 고향이다. 우리가 양파 속같이 한결같은 마음을 지니지 못하고, 물질에 연연하는 이유는 그곳에서 마음의 풍요를 갈구하고자 함은 아닐까. 그러나 물질은 영원할 것 같지만 쉽게 변한다. 변하는 것은 길이 아니다. 양파의 겉과 속같이 인간이 한결같은 마음을 유지하기 위해선, 우선 물질의 속성에서 벗어나야 한다. 하나가 둘을 갈구하고 둘은 자신을 잊고 더 많은 숫자의 물질에 현혹되다 보면, 마음은 이미 평정심을 잃고 물질의 노예로 전락하고 만다. 이것이 물질이 유혹하는 속내다.

  평생을 지역 사회에서 자선 사업을 하신 분은 말씀하신다.

  "똥은 쌓아두면 구린내가 나지만, 흩어버리면 거름이 된단다. 그것이 꽃도 피우고 열매도 맺는다. 금전도 이와 같아서 주변 사람들과 나눌 수 있을 때 힘을 발휘해, 꽃을 피울 수 있는 함께 살아가는 세상의 등불로 존재 가치를 높인다."라고 말씀하신다. 자신에게 주어진 재물에 늘 감사할 줄 알며, 그것을 남과 함께 나눌 줄 아는 것이 소통이다. 보시로 타인과의 소통은 결국은 자신에게로 통하는 또 다른 통로다. 이 소통이 바로 자연 생명의 길이다. 고로 그는 내어주되 자기는 더욱더 풍요로워질 수 있는 법. 이것을 가볍게 여기기에 세상사가 잠잘 날 없이 요동치는 화염 속을 면할 수 없는 법이란다.

불가(佛家)에서는 우리네 삶을 뜨겁게 불타는 집에 비유한다. 왜, 뜨겁게 번뇌가 불타는 집이 되었을까. 그것은 평상심을 잃고 방황하기 때문이란다. 자연은 분별을 모른다. 하늘의 관점에서 보면 인간의 목숨과 짐승의 목숨은 같다. 풀잎 하나에도 무시할 수 없는 생명이 존재하고, 무생물인 돌덩이에도 존재할 가치가 있기에, 나름 존재한다는 시각이 자연의 숨결이다. 이것을 거부하는 것은 인간의 손길뿐이다. 자연의 숨결을 거부하고 존속할 수 있다는 생명의 가치는 언어도단이다. 거부할수록 인간의 입지는 궁색함을 자초할 뿐이다.

더럽다 회피하는 개똥과 소똥이 흙을 살린다. 왜, 그럴까. 흙은 모든 만물의 깨끗함과 더러움을 품어서 새로운 생명을 잉태시킬 수 있는 여건을 묵묵히 제공하는 역할을 자임한다. 이 길이 인간의 모태인 자연의 본래 고향의 원형질이다. 양파가 한결같은 속내를 유지할 수 있는 비결이다. 이렇듯 깨끗함과 더러움은 하나다. 이름만 다를 뿐 뿌리는 하나다. 둘로 나누고 분별하는 인간들의 속내가 한결같음을 유지할 수 없는 연유는 여기서 기인한다.

우리네 목숨같이 무상한 것은 없다. 순식간에 늙고 병이 든다. 이 길은 누구든 피할 수 없는 숙명의 길. 늙고 병들어 보라. 목숨은 아침 이슬 같고 석양과 같은 것이 우리네 살림살이다. 이것을 믿지 않으려고 발버둥 치다 보니 세상이 갈수록 처절한 진흙탕을 방불케 한다.

  제아무리 발버둥 쳐봐도 가는 길은 빈손이다. 한번 받은 사람 목숨 다시 만나기는 겨자씨가 바늘에 꽂힘과 같단다. '진정한 보배'는 내 손안에 있단다. 어지럽게 허공에 난무하는 물질이 발산하는 허공 꽃에서 눈을 돌리란다.

  양파를 까면서, 많은 것을 배운다. 부끄러운 나의 자화상에 흘리는 눈물 뜨겁다. 양파의 속내처럼 일상을 한결같은 마음으로 살 수는 없는 걸까.

  내가 길가에 피어 있는 한 송이 들꽃이라 생각하는 순간, 세상의 만물은 모두가 나의 스승이요, 은혜며 감사의 은총이 아닐까. 양파를 까면서 매사에 심사숙고해지는 날이다.

검정 고무신

 꽃이 묵직한 침묵의 언어로 꽃잎을 여는 아침이다. 신록의 오솔길을 '묵언'으로 걷는 것은, 자신의 내면세계를 엿볼 기회다. 발길마다 상쾌한 리듬을 안긴다. 이렇게 수목이 우거진 숲을 걷는다는 건, 자연과 동화되는 느낌이 있기에 좋다. 자연은 소리 없이 하는 일이 많다. 아침에 산책하다 보면 숲속의 자연 길에서 배운 것은 종일 쓰고도 남는 에너지원으로 활력을 제공한다.
 오랜만에 대형 매장을 갔다. 제철이 아니건만 얼굴을 내미는 과일이며, 이름 모를 과일들이 즐비하다. 참 좋은 세상이다. 외국의 물건을 돈만 지급하면 마음껏 즐기는 세상이라니, 어디 이런 세상을 꿈엔들 상상했던가. 집사람이 앙증맞은 장식용 형형색색의 꼬마 고무신을 사잔다. 나는 '검정 고무신'에 애틋한 눈길이 맺힌다.
 60·70세대가 학창 시절엔 의식주가 변변치 못했다. 아련하게 밀려드는 것은 오직, 가난과 서러움뿐이었다. 가난은 인류 최고의 적이다. 한 국가를 통치하는 위정자도 차마 손댈 수 없었기에, 자신을 책했던 것이 가난이란 굴레다. 그러나 그 가난도 마음이 향기를 품으면 힘이 될 수 있다.

'검정 고무신', 그것은 분명 60·70세대들에게는 친근한 단어다. 그래도 먼 옛날을 회상하니 추억이 아련하다. 우리 세대는 장난감이란 단어도 모르고 자랐다. 장난감이란 흙장난이 전부요, 냇가에서 빨가벗고 물장난이 전부였던 시절이 있었다. 그때 그 시절, 검정 고무신은 귀한 생필품이었다. 설과 추석 명절이나 돼야 얻어 신을까, 말까 했던 검정 고무신이다. 그런 만큼 소중히 다뤄야 했다. 헤지면 헝겊을 대고 기워 신던 귀한 물건이었다.

검정 고무신은 다용도로 활용된다. 신발은 기본이요, 장난감으론 더없이 유용한 물건이다. 닦을 필요도 없고, 봄이면 흙을 넣고 자동차 놀이를 했다. 흙을 넣고서 '엄마, 아빠 놀이'를 즐기다 보면, 해 저무는 줄 모르고 놀았던 아련했던 추억들이 주마등처럼 지나간다. 검정 고무신에 담긴 흙에 진달래 꽃잎을 얹고, 손가락으로 먹는 시늉을 하면, 요즘 드라마보다 더 재미있는 '엄마, 아빠 놀이'가 된다. 여름에는 그 가치가 최고도로 발휘된다. 냇가에서 고기잡이 할 때, 물도 퍼내고 어항이 되기도 한다. 흐르는 냇가에 띄우면 그대로 가 돛단배요, 시원한 얼음과자를 사 먹는 데도 유용하게 빛을 냈다. 이렇듯 우리 세대들은 빈곤했지만, 그 속에서 삶의 여유를 추구하면서 즐길 줄 아는 삶을 살았다.

어느 시인의 노랫가락처럼 어린 시절엔 모두가 알 수 없는 묘한 둥그런 마음이 가슴에 똬리를 틀고 있었기에, 사람의 마음과 짐승의 마음이 한 길로 통했던 시절도 있었다. 고로 토끼와 노루가 먹고 남은 산골의 시냇물은 길을 가다가 배가 고프면, 그냥 벌떡벌떡 들이마셨다. 배가 탈이 날 걱정은 추호도 안 했다. 배가 탈이 나는 건, 그만큼 배가 부르다는 소리다. 달고 맛나고 귀한 음식을 귀한 줄 모르고 과식하는 요즘 아이들의 문제일 뿐, 옛 시절엔 배탈도, 과식이란 단어도 모르고 자랐다. 가슴엔 별빛 같은 순수함이 넘실거렸기에, 산천초목이 모두가 친구요, 벗이며, 장난감이었다. 고로 비만 오면 길바닥 웅덩이마다 물고기가 뛰어올랐다. 산천초목이 다 눈을 뻔히 뜨고서, 사람과 짐승이 한 문자를 쓰고 한 지붕 아래서 지지고 볶고 놀았다.

검정 고무신, 그것이 분명 그리움의 대상이 된 오늘, 나는 검정 구두에 번쩍번쩍한 정색 넥타이를 맸어도, 가난하기에 굶주려야 했던 그 시절보다 행복하지 않다. 그 시절엔 물질적 풍요는 없었지만, 성품이란 원형질을 남몰래 가슴에 간직할 줄 알았다. 그랬기에 배는 굶주렸지만, 눈망울은 늘, 돌 밑에 눌린 풀처럼 지칠 줄 모르는 기상을 꿈꾸는 법도 배웠다.

자연은 하늘의 숨결이다. 자연의 화음은 정도를 안다. 모든 법은 인연의 끈으로 연결되어 있다. 하늘의 섭리는 간단하다. 모든 존재는 인연이라는 끊을 수 없는 이법에 그 존립 가능성을 바탕에 두고 있다. 두 개의 갈대 다발이 있다. 서로가 의지하면 존립할 수 있고, 서로가 불신하면 존립 자체가 무너질 수 있다. 세상사 만물의 이치는 나 혼자의 독식 논리는, 감당할 수 없는 저항을 면키 어렵다. 네가 있기에 내가 존재할 수 있고, 내가 존재할 때 네가 나라는 지주대를 바탕으로 존립할 수 있다. 이 원리가 하늘의 원리요, 자연의 순종이며 섭리다. 이 가르침을 훈시하는 곳이 자연의 숨결이 묻힌 '흙의 노래'다. 흙은 묵묵히 무위도식하는 것 같아도, 하는 일 없이 못 하는 일이 없는 것이 자연이요, 흙의 숨결이다. 이 흙에서 그 숨결을 따라 물같이 바람같이 자라난 세대가 바로 60·70세대다. 검정 고무신에 웃고 울던 세대다.

부처님은 어느 날 다음과 같이 말씀하셨다.

"너희 중에 누가 내 옷자락을 잡고 뒤를 따르며 내 발자국을 밟는다고 해도, 그가 욕심이 많고 마음이 흐트러져 있다면, 그는 나와 멀리 떨어져 있는 것이다. 왜냐하면 그는 법을 보지 못한 자이니, 법을 보지 못하는 자는 나를 보지 못하기 때문이다. 그러나 나와 백 리가 떨어져 있어도 그가 욕심을 떠나 바른 마음에 주해 있다면, 그는 법을 보고, 법을 보는 것으로 하여 나를 보기 때문이다."

그렇다. 욕심은 이렇듯 무서운 독화살이다. 물질의 독에 한 번 침윤되면, 마음의 병은 치유되기 어렵다. 검정 고무신은 고로, 순수와 무욕의 징표였다.

검정 고무신을 신고 날뛸 듯 기뻐했던 그 시절을 되돌아보니, 가장 아련하고도 아름다웠던 시절이었던 것 같다. 삶은 어차피 뜬구름 같은 것. 진달래를 따다가 흙 속에 넣고서 달 속의 토끼처럼 방아를 찧는 놀이를 하던 시절이 있었다. 그렇듯 60 · 70세대는 흙을 장난감 삼고, 앞 뒷산을 뛰어다니며 놀이터 삼아 놀며 푸른 꿈을 키웠다. 배는 굶주렸어도 욕심 없이 살면서도 사람답게 사는 법을, 자연의 가르침 앞에서 배웠다.

세상은 변한다. 검정 고무신 세대의 헌신적인 노력 덕분에 오늘이 존재했던 것. 갈대가 서로를 믿고 의지해서 세상을 지탱하듯, 젊은 세대들도 검정 고무신의 의미를 가볍게 여기지 않았으면, 하는 마음이다. 우리네가 갖는 욕심은 부질없는 것. 그 세대들은 검정 고무신으로도 세상을 여유롭게 운용하는 방법을 온몸으로 터득했었다. 인드라망의 그물처럼 오늘도 말 없는 가르침을 설하시는 자연의 숨결은 자연과 인간의 고리 역할을 한다. 행복은 비우는 자의 몫이다. 꿈꾸는 자는 아름답다. 욕심 없는 마음이 누리는 고요는 눈빛으로 말한다. 짐승이라 불리는 황소의 말은 다 눈에 들어 있듯이.

거북등 같은 손으로 산기슭 일구시고
명태처럼 마른 몸으로 품팔이해서
추석 명절 빔으로 사다 주신

만지면 닳을까 신으면 해질까

머리맡에 모셔두고 신주처럼 모셨던

볼수록 신기하고 예쁘기에 눈물겹게 고마웠던

쉽게 신을 수 없었기에, 더 신고 싶었던

어머님 마지막 길 놓인 사잣밥 옆에

그렁그렁 눈길이 담기는 연유는

당신이 그렇게도 애지중지 키운 자식이건만

가실 적엔, 막상 바람일 뿐

다음 생엔 만날 길 아득한데

님의 흔적 크기만 하니

—「검정 고무신」 전문

고향에서 즐기는 여름휴가

극심한 가뭄으로 애를 태우더니 폭우가 또 심술을 부린다. 옥천은 적당한 강수량이 뒷받침하듯 축복받은 땅이다. 이웃 청주와 괴산 지역이 심한 수해로 고통을 받는 점, 가슴 아프지 않을 수 없다. 물은 만물을 이롭게 하는 순한 습성을 가지고 있지만 순한 사람이 화가 나면 더 무섭듯, 돌변하면 아무것도 남기지 않는다. 말 그대로 대상을 가리지 않고 초토화시킨다. 순식간에 일부 지역으로 편중돼 내리는 폭우의 위력은 인간의 허용치를 뛰어넘는다. 이럴 때 인간이 할 수 있는 한계는 미미하다. 그러나 그 미미한 한 삽 한 삽의 땀방울이 모여 재기의 발판을 마련해 주듯, 작은 손길이나마 서로 돕고 돕는 마음이, 사람만이 가질 수 있는 훈기가 아닐까 생각한다.

먼저 고향인 안남 청정리 처가 수목장 묘지를 찾았다. 장모님과 장인 어르신이 돌아가신 지 30여 년 만에 이곳으로 일괄, 모셨다. 이곳저곳에 뿔뿔이 흩어져 계신 묘지를, 이젠 나도 늙다 보니 벌초가 만만치 않다. 그리고 허리가 고장이 난 몸으로, 도저히 감당이 불가능해 한곳으로 형편상 옮겨 모셨다. 술잔을 따르고 분향 재배를 올린다. 만감이 교차한다. 교차하는 만감이 바로 효심이 아닐까 스스로 위안해 본다.

　어르신들의 마음을 미처 헤아리지 못해 저지른 과업의 용서를 비는 마음일 것이다. 산다는 것의 회한이 일순 머릿속에서 복잡하게 얽힌다. 지나고 보면 아무것도 아닐 것 같은 세상사 속에서, 보다 잘 해드리지 못한 부분들만 가슴에 못이 되어 박힌다.

　"고향에 고향에 돌아와도/그리던 고향이 아니러뇨."던 어느 시인의 시와 같이, 늘 고향은 아련한 추억 속으로 우리들을 휘감는 마력이 있는가 보다. 그래도 좋단다. 바닷가 백사장보다 내가 태어나고 자란 저 흙과 산천이 말없이 반겨주는 고향이 있기에. '향수'는 고향을 떠나서 살아가는 모든 이들이, 고향을 잃은 사람들이 앓는 마음의 병인가 보다. 언제나 찾아와도 죄스런 마음뿐인 묘지를 뒤로하고, 집으로 발길을 옮긴다. 온종일 찜통더위 속에서 근무를 마친 마누라가 반가운 마음으로 동생들을 위한 저녁상을 준비해 놓았다. 메뉴는 삼겹살에 감자와 옥수수를 삶아 놓았다. 텃밭에서 준비한 싱싱한 토마토와 오이에 고추가 곁들여지니 천하에 둘도 없는 토종 밥상이 차려진 것이다. 서산엔 붉은 노을이 걸렸다. 대지를 달구던 열기도 온종일 일터에서 수고한 뭇사람들에게 시원한 바람을 선사한다. 동쪽 하늘엔 달님도 산마루턱에 걸터앉았다.

　시골 마당 가에 둘러앉아 굽는 삼겹살의 풍미가 그동안 잊혔던 감회와 어울리니 시원한 소주잔을 폭풍처럼 빨아들인다. 몇 순배의 잔이 벼락 치듯 스쳐간다. 목청이 높아진다. 마누라는 손녀 물놀이 보트에 지하수를 그득 담가 놓았다. 지하수가 여름철엔 최상의 피서법이다. 그곳에 발을 담그니 오금이 저린다. 달빛에 젖어가면서 먹는 옥수수와 감자의 맛을 그대는 알겠는가? 달님도 비시시 웃음을 보내며 응원하는 것 같다. 일순, 웃음이 터졌다. 손녀가 할

아버지한테 농담을 건넨 것이다.

"할아버지? 왜 할아버지 똥구에서는 까스가 나오고, 내 똥구에서는 하트가 나온다." 기가 막힌 명언이다.

저녁을 먹다가 모두가 웃음바다가 된다. '저 소리를 어디서 배웠을까?'

마누라가 장탄성을 낸다. 좋다. 이렇게 오랜만에 만나서 소회를 풀고 서로의 마음을 확인하니 기쁘기 그지없다. 된장국에 청양고추가 이루는 궁합이 절묘하다. 호박잎에 삼겹살을 싸서 입가에 넣고 한 잔 넘기는 소주의 맛이 눈물 나게 고맙다. 오늘따라 달빛도 죽인다. 뒷산에서 부엉이도 두견이도 모두 나와 우리의 정분을 부러운 시선으로 지켜보는 것 같다.

풍족하진 않지만 고향 하늘가에서 마당에 자리를 펴고, 살아온 세월 속에서 못다 한 소소한 정분을 교감하는 이 저녁 그윽한 풍미가 정겹다. 많은 것은 필요치 않은 것 같다. 늘 우리는 무엇인가에 쫓기면서 가야 할 방향 앞에서 번민한다. 이유는 간단하다. 보다 많은 것을 찾기 때문이 아닐까? 그러나 실상 우리네 삶에서 많은 것을 요구하는 상황은 흔치 않다.

작지만 작지 않게 서로를 배려하고 감사는 마음속에, 세상을 다 주고도 바꿀 수 없는 묘미가 숨어 있는 줄도 모른다. 그러하기에 고향으로 휴가를 찾아온 그 사람이 고맙다. 사느라고 못다 한 이야기 속에서, 부모를 잊지 않고 기억하고 소꿉장난 속에서 모래성을 쌓던, 고향의 흙 내음을 만끽하면서 보내는 여름휴가가 오늘따라 의미심장하다. 하늘가에 수놓는 초롱초롱한 별빛 속에 옛 어린 시절의 모습이 그려진다. 달님도 서산 너머로 느릿느릿 거닐면서 응원의 박수를 보낸다. 오늘 밤 꿈엔 장모님과 장인 어르신이 웃음 속에서 반갑게 놀러 오실 것만 같다.

가난한 사랑 노래

묻혀서 산다는 것은 자연에 리듬을 맞추는 일이다. 새소리에 맞추어 기침(起寢)을 하고 별을 세면서 잠을 청한다. 초겨울 궁벽한 시골 살림은 '고장 난 벽시계'처럼 느릿하다. 청국장으로 입맛을 다시고 TV 앞에서 세월을 읽는다. 「아침마당 도전, 꿈의 무대」를 시청한다. 오늘따라 출연자들의 사연이 구절양장(九折羊腸), 굽이굽이 가슴을 적신다. 보면서 눈물샘이 마르질 않는다. 가슴 아프게 불러대는 그들의 '가난한 사랑 노래'가 알알이 열매 맺기를 기원하는 날이다. 나만 병들고 지친 모양이려니 자책했는데, 주변의 아픈 상처가 너무도 깊다.

초겨울 추위가 코끝을 자극한다. 집사람이 오늘은 휴무일이다. 모처럼 만에 외출을 하자고 한다. 좋다. 지루한 일상을 벗어나 저잣거리의 삶을 맛볼 수 있는 절호의 기회다. 한적한 벽지의 살림살이도 좋지만 시끌벅적한 도회의 삶도, 한 폭의 그림일 것 같다. 날씨가 매서운데 비까지 치근거린다. 대전역 광장은 현대와 근대가 합성된 그림판 같다. 비를 맞으며 중앙시장으로 걷는다. 대로변에서 연로하신 어르신이 한 줌의 좌판을 펼쳐 놓고 조그만 우산 아래

앉아 계신다. 주름살이 골골이 패여 나뭇등걸 같다. 바라보는 눈자위에 이슬이 맺힌다. 따스한 방도 있으련만 노구의 몸을 이끌고 저잣거리를 활보해야만, 또 하루의 질긴 목숨을 연명할 수 있단 말인가. 생의 마지막까지 따듯한 밥 한 그릇 마음 편히 못 들고, 발버둥 치며 가는 길이 우리네 삶의 모습인가 생각하니 가슴이 쓰리다.

번잡해야 할 시장 거리가 한산하다. 모두가 바쁜 몸으로 동당 거리지만 늘, 채울 수 없는 무엇인가에 시달리는 모습이 눈가에 읽힌다. 한 시간을 약정하고 우리는 서로의 볼 일을 찾아 나서기로 했다. 고단했던 나의 옛 모습이 고스란히 담겨 있는 길을 혼자서 걷는다. 시리고 아픈 젊은 시절, 나는 이 거리에서 엄청난 좌절과 방황의 늪에서 허덕였다. 그 쓰린 상처를 다시 각인 시켜 보는 날이다. 군고구마 장사를 하는 청년의 모습이 보인다. 옷을 사라고 호객하는 모습이 생동감을 부른다. 호떡 장수는 호떡을, 찐빵 장사는 찐빵의 얼굴을 닮아서 웃음기 먹은 얼굴이 복스럽다. 길가에 쓰러져 있는 노숙자의 주위도 맴돌아 본다. 그는 나의 '반면교사'다. '잘 보라고' 나에게 일침을 가하는 것 같다. 모두가 진흙 뻘을 딛고서 초연한 연꽃이 되려고, 부르는 '가난한 사랑 노래' 정겹다. 거대 자본으로 치장한 화려한 쇼-윈도의 모습과는 천차만별이다. 그대로가 살아 숨 쉬는 삶의 현장이다.

조그만 떡볶이 가게가 보인다. 천막 안에서 젊은 청년의 열정적인 모습이 좋다. 몸놀림이 예사롭지 않다. 음식을 시켜 놓고 행인들의 모습을 담아본다. 맛이 입에 척척 감긴다. 무엇이든지 수용하려는 젊은 청년의 모습이 대견스럽다. 장사는 시원치 않지만 노력한 만큼 보람도 있다며 싱긋이 웃는다. 국민 소득이 상위권을 넘나들어도 서민들의 생활은 아직도 팍팍하다. 숨 고를 여지가 없다. 한 치 앞을 내다볼 수 없는 불황의 긴 터널이 앞길을 가린다. 모두가 아우성친다. 이것이 적나라한 오늘의 실상이다.

　위정자들과 사회 지도층들이 벌이는 '위선과 가식의 놀음판'과는 사뭇 다르다. 일상이 허탈의 연속이다. 가벼이 치부할 일이 아니다. 한탕만을 노리며 전국을 투기의 대상으로 일삼는 '버러지 같은 군상(群像)'들은 차마 상상도 할 수 없는 참혹한 현실이 목전에서 아우성치고 있다. 빈익빈, 부익부가 심해질수록 세상은 요지경 속을 벗어나질 못하는 법. 위정자들의 각성을 해야 하는 바다. 그러나 지금도 젊은이들은 수십만이 '취업 고시'에 목을 매고 노량진 밤을 밝히고 있지 않던가. 국가적 낭비다. 고급 인력이 사장되는 병폐가 만연되고 있다. 그사이에 외국의 값싼 노동력이 국내 시장을 휩쓸고 있다. 심각한 오류다. 왜, 힘든 일을 마다할까. 노동의 가치가 전도돼 있기에 사회가 공회전하고 있다. 모두가 '화이트칼라'만 선호하는 사회는 괴리 덩어리다. 흙을 밟지 않고 하늘을 오르려는 논리와 상통한다고 생각된다. 젊은 청춘들의 뇌리에 노동의 가치관이 전도된 사회는 심각한 병리 현상을 유발한다. 국회의원만 큰 일을 하는 사람이라는 관점은 썩은 사조다. 고무신을 파는 소상인도 국가의 일꾼이며, 농부도 나라를 위해서는 무시할 수 없는 동력이다. 모두가 주어진 여건하에서 최선의 노동을 통해서, 삶의 보람을 창출하는 건강한 사회가 참된 공존의 길이 아닐까.

　장미도 제 모양이 곱다고 개망초를 얕보지 않고, 참새도 제 모습이 초라하다고 붕새를 탐내지 않는다. 삶에는 정도가 없다고 나는 생각한다. 내 걸음 내 보폭에 맞추며 흥겹게 '나의 노래'를 부르면서 가는 길이 인생이 아닐까. 외국 노동자들이 밀물같이 몰려오는 세상이다. 젊은 청년들이 힘든 일을 외면하고 노동의 숭고한 가치를 쉽게 지우려고 한다. 이는 무시할 수 없는 엄청난 파고가 닥칠 위험 징조다. 젊은 농부가 쟁기질을 흥얼거리며 하고, 고물 장사가 땀 흘려 노력하는 모습을 존경과 선망의 대상으로 여길 줄 아는, 가치관이 확립된 사회가 진정한 사람 사는 세상이라고 나는 생각한다.

중앙시장에서 만난 젊은 떡볶이 청년의 삶에 희망이 넘쳐나기를 바란다. 추운 겨울날 배달을 하면서도 푼푼이 저축하는 '개미군(群)' 같은 사람들도 많다. 거친 환경 속에서도 제 분수를 달게 지키면서, 풍요와 충만을 꿈꾸는 사람들이 진정한 산업 일꾼이다. 맑은 눈을 가진 젊은 청년들의 '가난한 사랑 노래'가 추운 겨울을 녹인다. 이름 없는 생활 전사들의 둔박한 향기가 세상을 밝히는 날이다.

묘한 것이 사람이다

우리는 50년 지기 죽마고우다. 빛나는 초등학교 졸업장을 가슴에 달고, 부푼 청운의 꿈을 나눈 벗이다. 삼국지의 '도원결의(桃園結義)'가 부럽지 않은 결기로, 친목계를 결성한 지 40년이다. 그동안 개나리도 피었고 뻐꾹새도 하 많은 세월 울었다. 풍상이 섞어 친 날도 의연히 일편단심으로 혈맹의 단지를 맹세했다. 그러나 유수의 세월 속에 변하지 않으리라는 것은 나의 소박한 욕심이었다.

작은 모래알 같은 불신이 세월의 흐름을 타고 흘러들었다. 40년 동안 친목계를 운영하는 기간 9할은 내가 총무를 도맡았다. 총무의 책무는 막중 지사다. 주로 나는 허드렛일을 책임졌다. 재정은 빈약했고 우리네 아픈 청춘의 가락은 사연이 깊었다. 당연히 2차는 움막 같은 우리 집이었다. 궁핍한 살림에도 부끄러운 것이 없었다. 서로가 막역지우였기에 숨기는 것이 오히려 병이었다. 같이 뒹구는 것이 삶의 유일한 낙이었다. 궁핍한 것은 죄가 아니다. 부모에게 빚만 물려받은 것을 아는 친구들이었기에 오히려 나는 당당했다. 못 배우고 빈털터리 나의 인생이 죄가 되지는 않았기에 오히려 찾아오는 그들이 눈물겹게 고마웠다. 나와 집사람은 늘 그렇게 살며 생각했다. 언제나 사람이 그리웠다. 아무것도 없는 집에 와서 부담없이 자고 가는 그들이 한없이 고마웠다. 그런데 갑자기 이상한 소문이 내 귓가를 때렸다. 내가 총무를 하면서 곗돈을 슬금슬금 떼어먹는단다. 순간, 전신에 소름이 끼쳤다. 나는 미련 없이 총무직을 벗어던졌다.

원하는 친구에게 인수인계했다. 그런데 '묘한 것'이 사람이다. 친구가 수상했다. 처음엔 '좋은 것이 좋다고' 넘어갔는데, 결산을 차일피일 미룬다. 3년차에 가서 이실직고를 받고 보니, 장부를 잃어버렸단다. 알고 보니 그동안 받은 곗돈을 몽땅 말아먹은 것이다. 드디어 올 것이 오고 만 것이다. 이것 또한 사람 사는 세상의 일이다. 내가 조목조목 따지니 소주병을 내 머리통에 날린다. 가까스로 피해서 불상사를 면했다. 그날 밤 집으로 돌아오는 길에, 대전역 앞 포장마차에서 마신 깡소주 맛은 지금 생각해도 맹물이었다.

우리는 없었던 일로 치부하고 다시 뭉쳤다. 그러나 세월 앞에 인간의 마음은 모래알같이 산산조각으로 흩어졌다. 나이가 들수록 인간의 마음은 간교해지기 시작했다. 학식과 권세가 높을수록 눈빛은 흐리고 마음은 음흉해지는 것 같았다. 세상이 왜 자꾸만 꼬여가는 줄 알 것 같았다. 가진 것이 많을수록 남을 의심의 눈초리로 쳐다보는 세상이 되어갔다.

무위(無爲)와 인위(人爲)는 극명하다. 무위는 네 발 달린 소가 유유자적(悠悠自適)하게 풀을 뜯으며 걷는 모습이다. '무위(無爲)의 길'은 병든 나뭇가지 하나라도 천수를 즐길 수 있도록, 도와주는 것이 하늘의 섭리요, 이치다.

인위는 그 소의 코를 뚫고 멍에를 씌우는 일이다. 고로 사람이 하는 일은 약한 놈의 것을 헐어 힘 있는 놈의 배를 채우는 일이다. 이 묘한 짓거리는 만물 중에서 사람만이 할 수 있는 추태며 욕심의 적나라한 실상이다. 인간의 '시기와 질투'는 하느님이 빚은 최고의 실패작이다. 결국, 친목회는 잘나고 가진 놈들의 농간 때문에 산산조각이 났다.

며칠 전이다. 우연한 길에 친구한테서 친목계원의 모친이 서거하셨다는 얘기를 들었다. 땡초가 아니 올 사람이 아닌데 궁금했단다. 가슴이 아렸다. 드디어 올 것이 온 것이다. 그 친구는 흙을 파먹고 사는 순진무구(純眞無垢)한 놈이다. 흙빛을 닮은 보석 같은 친구다. 초창기 친목계를 결성한 일등 공신이다.

이튿날 찾아갔더니 이미 장례를 모신 후다. 40년 시부모를 봉양한 지수 씨가 울먹이면서 "제가 부족해서 어머님을 잃었다."라고 피눈물을 토한다. 나도 갑자기 피가 솟구친다. 멍하니 천장만 쳐다본다. 산다는 것이 왜, 이다지도 어려운 일일까? 혼자서 바보처럼 원망하면서 가슴을 쳤다. 눈물을 감추고 강한 척하느라 애를 먹었다.

집으로 돌아오는 길에 험한 세상을 인내하면서 가는 길이 참으로 참담했다. 이 미련한 땡초가 사는 인생살이는 마냥 이 모양이다. 이것이 나의 '허깨비 인생살이' 부평초 인생 파고다. 우리네 살림살이의 속내가 너무도 추잡스러워 보였다.

설령, 백 년을 산다고 해도 허무하고 덧없는 것이 우리네 삶인 것 같다. 세상사는 끊임없이 변하고 그 속에서 우리는 마침내 명을 다한다. 이 허무하고 덧없는 삶을 극복하는 유일한 방법은 무엇일까? 주어진 오늘을 '보다 나은 삶의 보람'으로 살찌우는 방법밖에는 없다고, 부처님은 열반(涅槃)을 앞두고 간곡히 말씀하셨다.

묘한 것이 사람의 마음인 것 같다. 갈수록 '흙 같은 투박한 양심으로' 건강하게 살려는 사람들이 숨을 고르기 힘든 세상이다. 나는 인생을 허송한 허수

아비 인생이다. 그래도 사람이 세상의 등불이 아닐까? 깊으나 옅으나 급한 여울이나, 길 잃고 헤매는 우리를 안고 건네줄 '나룻배'는, 당신의 어둠을 뚫는 맑은 눈빛이기에.

선시(禪詩)로 배우는 세상사

 스스로 깊어져 가는 것이 어이, 계절뿐이랴. 우리네 인생사도 이와 같아서, 칠팔십 평생을 살아도 꿈만 같은 것이 우리네 무상한 살림살이인 것 같다. 어느덧 계절이 순환을 재촉하려는 듯, 가을비가 촉촉이 대지를 적신다. 저 비가 그치고 나면 아무래도 하나둘 지는 것이 있을 것이다. 이렇듯 대지는 어머니의 품 안과 같아서 소리 없이 전하는 리듬이 바로 자연의 숨결인 것 같다.
 무엇이 그리도 나를 바쁘게 했나 모르겠다. 그렇다고 바쁘게 활동하면서 무엇하나 보라는 듯, 괄목할 만한 성취를 이룬 것 있었던가. 마음만 바쁘게 스스로가 충동질한 것은 아닌지, 입가에 엷은 미소가 돈다. 문득 고개를 들어 주변을 돌아보니, 벌써 수목들이 알록달록 홍안을 띈다. 코앞에서 수목들이 펼쳐 놓는 단풍이 짙어가는 줄도 모르고 혼자서 동당거린 모습이 부끄럽다.
 살아간다는 것은 무엇인가를 만나는 일인 것 같다. 한없이 베풀기만 하는 자연의 은전은 우리 곳곳에 내재해 있다. 마음껏 숨 쉴 수 있는 맑은 공기가 주변에 널려 있고, 끼니때가 되면 수많은 음식을 만나고 집안에서는 가족과 만남이 있다는 자체도, 가벼운 진리는 아니다. 이렇듯 우리는 감사해야 할 수

많은 은혜로운 삶을 살고 있다고 생각해 본다면, 갑자기 지금, 이 순간이 얼마나 귀한 생명의 연장선인지 자각하게 될 것이다.

백수인지라 아침이 한가롭다. TV를 켜니 「아침마당, 도전 꿈의 무대」가 진행 중이다. 50대 초반의 고운 웃음을 지닌 여인이 출연할 차례다. 사회자가 앞으로 가서 손을 잡고 안내한다. 앞을 보지 못하는 시각장애인이란다. 현대 의술로도 치료할 수 없는 불치의 병으로 인해, 후천적 시각 장애인의 길을 걷게 됐단다. 처음엔 하늘이 무너지는 아픔에 두문불출, 집안에서 목 놓아 울기만 했단다. 충분히 이해가 간다. 그 쓰라린 상처가 새살을 내밀어, 이제는 세상과 당당히 겨뤄보고 싶은 마음에, 노래자랑에 도전했단다.

비록 앞은 보지 못하지만, 한 번뿐인 삶 의연하게, 나날이 희망찬 일상으로 바꾸고 싶단다. 얼마나 자책과 비탄의 나날 속에서 건져 올린 활안(活眼)이던가. 순간 방청석의 모든 이들의 눈자위가 붉어진다.

한국 현대불교에 혁혁한 선맥을 쌓으신 경봉(鏡峯)선사가 계신다. 인생사 고락을 푸는 열쇠를 제공하는, 선시 한 편을 감상해 보자.

　　물물봉시 각득향(物物逢時 各得香) 화풍도처 진춘양(和風到處 盡春陽)
　　인생고락 종심기(人生苦樂 從心起) 활안조래 만사강(活眼照來 萬事康)

사람과 사람이 만날 때마다 향기를 얻으니
온화한 바람 속 봄볕도 따사롭다.
인생사 희로애락도 마음이 짓는 일이니
활안으로 비춰보면 만사는 평안뿐이리.

눈이 번쩍 섬광을 뿜는다. 이것이다. 세상이 고해인 것도, 천국인 것도 모두가 마음이라는 놈이 찧는 떡방아란다. 일체의 모든 현상은 마음이라는 풍선 같은 변덕쟁이가 짓는 허상일 뿐이란다.

지옥이요, 고해인 이 사바세계를 어떻게 발상의 전환을 유도해서, 처처가 평안이며, 안락한 삶의 보금자리로 끌어올리느냐? '도전, 꿈의 무대'에 도전장을 내민 앞을 못 보는 여인처럼, 지극한 부정의 부정은 '긍정'을 낳을 수 있는 것도, 묘한 인간의 마음자리인 것 같다.

어느 시인의 노랫가락을 들어보자.

"민들레가 엉엉 울며 시멘트 조각을 밀어내는 일이나, 검은 나뭇가지 어느새 봄이 와, 그렁그렁 눈물 같은 녹색의 바다를 일으키는 일."이 모두가 마음자리가 빚어내는 활안의 길이 아닐까. 고로 웃음 고운 앞을 보지 못하는 여인도, 마음이라는 눈물로 쌓은 성에 모진 세상 풍파라는 시멘트 조각을 밀어 올린, 온화한 봄바람과 봄볕이라는 활안이 삶을 재조명시켜서, 제2의 삶을 구가하는 것 아닐까.

활안(活眼), 그것은 확철대오한 도인의 자세다. 그러나 도인 되기가 어이 쉬운 일인가. 언감생심 하늘의 별을 따는 행위와 진배없거늘 활안, 그것은 깨친 눈으로 바라보는 안목이리라. 마음이 짓는 일이 세상사임을 모르는 바 아니지만, 깨달음이란 멀고 먼 신기루 같게만 다가오는 것이 우리네 삶 아니던가. 그러나, 그것만 얻으면 인생사 고해는 순간, 별빛 같은 깨침이라니. 사람과 사람이 만날 때마다 향기로움이요, 곳곳에서 봄바람이 온화하게 삶을 부채질해 준단다. 활안(活眼), 깨친 눈은 쓰디쓴 고갱이가 밀어 올린 낙락장송의 우듬지라면 지나친 비약일까.

아메리카 인디언들의 눈매가 바로 활안, 그것이 아닌가 생각된다. 그들은 말한다. 대지는 조상이 묻힌 곳이니, 대지를 사랑하지 않는 사람은 짐승보다 못한 자들이라고. 그들의 시야는 대지 전체가 어머니의 품 안같은 곳이다. 대지가 곧, 가르침 없는 무언의 학교이며, 교회라고 말한다. 지상의 모든 것이 교과서요, 스승이라고 한다. 서로가 서로에게 벗어날 수 없는, 깨달음으로 인도하는 곳이 대지이기에, 대지 만물을 성직자로 보는 눈이 바로 활안, 일체의 모든 현상을 마음의 눈으로 보는 아메리카 인디언들의 안목이 아닐까 생각한다.

자기를 반조할 줄 아는 침묵의 시간을 가질 줄 모르는 것은, 사막에 잡초가 성글 듯, 인간의 삶은 공허 그 자체일 뿐, 더도 덜도 아니다. 하늘의 가락이 자연의 그윽한 품 안에서 그 품격이 완성되었다가, 마음이 열린 사람의 정기를 타고, 깨친 눈을 통해서 발현하는 그것이 활안이라 마음 편하게 자위하고 싶다.

앞을 볼 줄 모르는 절박한 상황에서, 자신에게 부여된 삶에 감사할 줄 아는 마음보다, 빛나는 깨침이 있을까. 칠흑같이 어두운 절망 속에서 내가 내 눈으로 볼 수 없는 세상을 향해서, 만나는 사람마다 향기를 전할 줄 아는 미소보다 더 값진 활안의 미소가 있을까. 활안, 그것은 확철대오한 도인의 눈매만 말하는 것은 아닐 것이다. 혹한을 인내한 인동초 같은 소시민들의 삶의 자세도, 활안을 끌어안고 뒹구는 삶의 자세가 아니고 무엇이랴. 자기 마음의 창을 깨친 자만이 누리는 것이 아니라, 민들레 홀씨 같은 서민들의 소리 없는 외침으로, '상처의 용수철'을 밀어 올리는 작업도 무시할 수 없는 활안의 안목은 아닐는지.

힘든 세상살이다. 하지만 우리는 모두가 한마음 먹기에 따라서 활안의 주인공이 누구나 될 수 있는 것이, 바로 '마음의 법'이라고 선사는 지금 고구정녕히 설하시는 것 같다. 번잡한 오늘을 깨친 눈으로 보면, 세상사는 부평초 같은 것이라고. 부모의 소중함도 돌아가신 뒤 통절한 자각으로 깨치듯. 몽매한 꿈속에서 악몽에서 시달리다, 깨고 나면 허망하듯 말이다. 고로, 경봉선사는 지금 눈앞의 한고비만 넘기면 '궁즉통(窮卽通)'이란다. 만사는 모두가 이미 평안이었거늘, 나만 혼자 안달이 나서 부산떨면서 욕심과 아집에 젖어 방황하고 있는 것은 아닌지.

  이렇듯 슬픔의 힘이 오히려 삶의 동력이 된다는 말씀을, 경봉선사는 활안이라는 표현으로 지극한 자비심을 설하시는 것 같다. 그 묵직한 선사의 가르침 앞에 조용히 귀를 쫑긋거려 봄도, 실타래처럼 꼬인 세상사에서 나를 다독이는 한 방편은 아닐는지.

이팔청춘의 회색빛 필름들

묘한 일이다. 나이가 세월을 지칭하니 마음도 옛길로 돌아가는가 보다. 꿈자리마다 옛 자리로 돌아간다. 잊혔던 기억들이 잡초처럼 묵직한 추억들을 밀어 올린다.

50년 전 이팔청춘의 봄날은 아렸지만, 그래도 풋풋한 꿈을 간직한 시절이었다. 친구들은 한참 꿈같은 고교 학창 시절을 즐길 때의 이야기다. 고등학교에 다니는 친구들을 보면, 나는 자연히 고개가 숙여졌다. 너무도 부러운 것이 많았다. 교복도 부럽고 교련복도 입어보고 싶은 마음이 굴뚝 같았다. 그러나 나는 아침 일찍 지게를 짊어지고 담배를 따러 7부 능선의 험한 고갯마루에 앉는다. 친구들이 교련복을 입고서 등교한다. 멀리서 바라보는 교복과 교련복을 입고 등교하는 친구들이 한없이 부럽다. 그러나 어쩌랴. 내 팔자는 내 운명인 것을, 누구를 원망한들 가슴만 깊이 상처를 만들뿐, 갈 수 없는 길 앞에서의 푸념은 병이 되고 만다.

순간 바람이 분다. 네 할 일이나 부지런히 하라는 뜻일 것이다. 남보다 못한 처지를 생각하면, 나는 콧노래를 불렀다. 유행가 가락을 흥얼거리면 금세

기분 전환이 됐다. 나만의 자위행위요, 자학이며, 오기였다.

　나는 오늘도 상일꾼 노릇을 해야 한다. 담배밭을 몇 군데 돌아다니며 담배를 수확해야 한다. 쓸데없는 상념에 잠길 여유가 없는 날이다. 할 일이 태산 같은데, 허황된 그림을 그려본들 힘이 빠지는 건 내 몸뿐이다. 비탈진 담배밭 고랑을 다람쥐처럼 썰썰거리며 따야 할 담배가 짐으로 치면 열 짐이 넘는다. 앞산 넘어 연지동 가는 길도 가야 하고, 뒷산 마느실 근처도 가야 한다. 하루에 걸어야 할 길만 계산해도 이십 리 길도 넘는 길을, 무거운 담배 짐을 지고 날라야 한다. 이 힘든 노동도 내 숙명이라 생각하면 고달픈지 모르고 하루해가 저문다.

　이렇듯 내 이팔청춘의 여름날은 중노동부터 배웠다. 담배밭도 남들은 평지 밭이건만, 우리는 땅이 없기에, 남의 터전을 빌려서 농사를 짓는 처지이기에, 산 정상이 아니면 험한 비탈길이 대부분이었다. 그 험한 중노동을 마치면 그래도 밤이 찾아왔다. 저녁은 뒤늦게 마당에서 모깃불을 피워 놓고, 별을 하나 둘 세면서 먹었다. 풋고추에 오이와 된장이면, 밥맛은 꿀맛이다. 거기다 부식은 옥수수와 감자만 바라보아도 즐거웠다. 모기가 물어뜯으면 그런가 보다 여기면 마음도 편하고 덜 아프다. 그래도 아프면 된장을 바르면 금세 진통이 가라앉는다.

　개구리 소리에 일어나고 잠자리에 드는 것이, 그때는 무엇인지 생각할 여유가 없었지만, 지금 생각해 보니 꿈결 같은 그리움으로 밀려든다. 개구리 소리와 매미 우는 마당에서 어르신들의 옛날이야기를 들으며, 쌔근쌔근 잠이 들어가는 동생들의 모습은 흡사 토끼 같은 눈망울이었다. 그렇게 별빛을 가슴에 묻으면서 흙 내음 끌어안고 잠을 청해야, 꿈속에서도 고운 꿈길이 펼쳐지고 그곳에서 마음껏 꿈을 키우며 노닐던 그런 시절이 마냥 그립다.

그렇게 육체적으로 중노동을 하고서도, 저녁이 되면 청춘의 힘은 역산했다. 훌러덩 벗고서 샤워하면 언제 피곤했던가, 의심할 정도로 기분은 역전됐다. 여름 방학이 되면 객지로 유학을 나갔던 친구들이 돌아온다. 저녁 으스름 땅거미가 지면, 하나둘 운동장으로 나온다. 순식간에 모인 인원이 10여 명이다. 그러면 밤길을 걷는다. 이팔청춘엔 밤에만 피울 수 있는 찬란한 꽃이 있다. 밤길을 걸으며 이웃 동네를 가면, 벌써 꽃다운 아가씨들이 즐비하게 나와 있다. TV가 없던 시대라, 있는 것은 라디오뿐이다. 라디오를 듣느니 나오면 펄펄 끓는 청춘들만의 소통의 장이 펼쳐지는데 아니 나올 수 있으랴. 10분만 지나면 짝은 벌써 지어져 있다. 눈빛들이 벌써 심상치 않다. 끼리끼리 손목을 잡고서 사라진다.

남은 쭉찡이들은 터덜터덜 주막을 찾는다. 나는 그때나 지금이나 연애에는 소질이 없었다. 짝이 없는 친구들의 최적 장소는 주막이다. 막걸리는 최고의 위안이요, 선물이었다. 한 사발 들이켜면 경계가 바뀐다. 도무지 이해할 수 없던 일도 절로 고개가 끄덕인다. 묘한 일이다. 막걸리 한 되면 한 시간은 세상사를 논할 수 있다. 나는 듣는 쪽이었다. 객지에서 고등학교에 다니는 친구들의 도회지 이야기를 듣다 보면 시간은 화살이다. 전혀 경험할 수 없는 배부른 친구들의 이야기 앞에선 좌절할 때도 많았다. 그럴 땐 또 노래를 불렀다. 노랫가락은 자연 비장했다. 슬픔이 안주가 되면 걷잡을 수 없는 힘을 남용했지만, 어떤 땐 슬픔 뒤엔 맑은 기운이 밀려왔다. 세상은 늘 잔칫집 같지만, 하루도 울음이 멈추는 날은 없는 것 같다.

내가 노래를 부르면 친구들은 젓가락으로 양은 냄비를 두들겼다. 환상의 궁합이다. 멋진 달밤의 하모니다. 달빛도 구성지게 휘감기는 밤이겠다, 먼 산에선 두견이도 애절하게 균형을 맞춰준다. 이보다 신명 나는 합주가 있으랴. 연애하러 나갔던 친구들이 돌아오면, 우리는 먼지를 털고 다시 집으로 밤길을 걸었다. 밤길은 멀수록 꿈같은 추억을 쌓으며 발길을 재촉했다. 연애하면서 깨를 볶던 이야기 속에, 달빛도 웃음으로 등을 떠밀면 어느새 동네 어귀다. 한여름 밤의 잊을 수 없던 필름들이다.

내일은 또 누구네 집 품앗이하러 가야 한다. 종일 또 담배 짐을 나르고 산길을 오르락내리락해야 한다. 뼈마디가 휘는 중노동이지만, 어젯밤 밤길을 걸으면서 친구들의 고소한 연애담을 회고하면, 그래도 땀이 밴 얼굴엔 미소가 안긴다. 이 매운맛이 못난 농사꾼 자식들이 몸으로 감내해야 할 중노동이지만, 그래도 청춘의 혈기 덕분에 하루해가 또 진다. 아버지도 조실부모했단다. 그런 부모를 원망하는 것은 사람의 도리가 아니라는 것을, 아버지는 술에 취하시면 귀가 따갑도록 듣고 살아온 나였다.

못난 놈들은 늘 산 정상에 지게를 받쳐 놓고 앉아서 혼자 중얼거렸다. '나는 언제 이 신세를 면할 날 있을까? 우리 집은 언제 한 번 쌀밥 실컷 먹어볼 날 있을까? 나도 아침마다 어머니가 차려주는 따스한 밥 먹고, 학교만 가면 안 될까? 이놈의 지긋지긋한 지게 좀 벗을 날은 올 것인가?' 이런 이야기를 하면, 내 친구는 이야기했다.

"야, 숙제야! 등신 같은 이야기는 그만하고, 얼른 일어나 일이나 하러 가자. 오늘 해야 할 일거리가 태산 같다."

어슴푸레 잠자리를 털고 일어나니, 또 꿈이었다. 꿈속 이야기였지만 지금 생각해도 애잔하다. 왜, 자꾸만 꿈자리가 고단했던 시절로 돌아가는 것일까? 죽을 때가 되면 짐승도 머리를 고향 쪽으로 돌린다더니, 그런가 보다.

서산대사가 남긴 시가 생각난다. 김구 선생이 늘 애송했고, 서예로 즐겨 쓰셔서 유명해진 시구다.

"눈 내리는 들판을 걸어갈 때(踏雪野中去)/아무렇게나 어지러이 걷지 마라(不須胡亂行). 오늘 내가 남긴 발자국이(今日我行跡)/뒷사람의 길이 되리니(遂作後人程)."

가난했기에 삶이 무엇인가를, 뼈아픈 중노동을 통해 처절하게 체험했던 나의 우둔한 발걸음에 후회는 없다. 빈곤한 가정에 태어나 제대로 교육받지 못했지만, 사람답게 사는 길이 무엇인지를 몸으로 절절히 너무 일찍, 가슴에 새기는 일도 뒤돌아보니 슬픔이었다. 그 모진 환경 속에서 나를 낳고 길러주신 부모님의 한없는 은공 앞에, 머리 숙여 감사할 뿐, 자식된 도리 다하지 못한 죄 용서를 빌 뿐이다.

세상은 이렇듯 쉬운 일이 없다. 쉬운 길은 힘이 안 된다. 나는 어려운 일이 있을 때마다, 장자의 말에 귀를 기울인다. 그는 말한다.

"무릇 삶에 집착하지 않는 자는 결코 죽지 않고(殺生者不死), 살려고 몸부림치는 자의 삶은 얼마나 부끄러운 모습인지를(生生者不生)." 뜻을 얻는다는 것은 벼슬자리를 말하는 것이 아니다. 영화를 누린다고 교만하지 않고, 가난으로 고생한다고 빌붙지 않으면, 영화로우나 가난하나 아무런 차이가 없다. 어쩌다 이 세상에 오는 것은 때가 되었기 때문이요, 세상을 떠나는 것도 운명에 따른 이치다. 그때를 편안히 여겨 그 운명에 맡기면, 슬픔과 즐거움이 마음을 뒤흔들지 못한다."

찌든 가난이 물려준 담담함 앞에 두려울 일 있으랴. 내일 죽어도 여한은 없다. 이것도 가난이 내게 부여한 특권인 것 같다. 살 만큼 살다 보니, 부모의 은혜가 뼈에 사무치게 그리운 밤이다. 또 꿈길에서 곱게 단장하신 어머님과 따뜻한 손 한번 잡아보고 싶다.

겨울 만다라(曼陀羅)

　겨울은 미물들에게도 힘든 계절이지만, 만물의 영장인 사람의 목숨도 연명하기 벅찬 계절이다. 지금 같은 호시절엔 그때의 이야기가 설화같이 들릴 것이다. 60·70세대가 살아온 험난했던 역사의 뒤안길엔, 처연하게 펼쳐졌던 '겨울 만다라'의 모습이 생활사 전면에 그물처럼 널브러져 있던 시절이 있었다.

　　대한 지나 입춘날
　　오던 눈 멎고 바람 추운 날
　　빨간 장화 신은 비둘기 한 마리가
　　눈 위에 총총총 발자국을 찍는다
　　세상 온통 한 장의 수의에 덮여
　　이승이 흡사 저승 같은 날
　　압정 같은 부리로 키보드 치듯
　　언 땅을 쿡쿡 쪼아 또박또박 시 쓰듯

한 끼의 양식을 찾는 비둘기

하루를 헤집다 공친 발만 시리다

아니다, 잠시 소요하듯 지상에 내려

요기도 안 될 시 몇 줄만 남기면 되는

오, 눈물겨운 노역의 작은 평화여

저 정경 넘기면 과연 공일까?

혼신을 다해 사바를 노크하는

겨울 만다라!

—임영조, 「겨울 만다라」 전문

"언 땅을 쿡쿡 쪼아 또박또박 시 쓰듯" 모진 삶에 매진해도, 꼬르륵거리는 배와 사시나무 떨듯 하는 몸뚱이로 삼동을 겨우 버틴 사람들의 이야기다. 그렇게 초근목피로 연명했어도 사람 사는 세상의 인심을 나눌 줄 알고, 그 험한 세상 속에서도 꿈을 펼칠 줄 알았던 함께 사는 세상을 지향했었다. 그들은 자신을 못났다고 자인했으면서도 얼굴만 부딪쳐도 사람 사는 냄새를 풍기다 간 사람들이었다.

겨울은 힘든 계절이다. 겨울이 가장 힘든 것은 땔감이다. 땔감만 넉넉해도 부러울 것이 없던 세상이었으니, 아침밥으로 새카만 보리밥을 먹고 나면, 우선 나무하러 갈 준비를 했다. 낫도 조선낫은 쉽게 날이 서질 않는다. 보리밥을 먹고선 낫만 갈아도 힘이 소진된다. 숫돌도 그땐 여의찮던 시절이다. 대충 갈아 지게에 얹고, 제 키보다 더 큰 지게를 짊어지면, 일단은 준비 완료다. 그것도 부지런히 눈이 오기 전에 땔감을 준비해 놓아야, 삼동(三冬)이 여유롭다. 동네 가까운 근처의 산은, 산 주인들의 불호령에 언감생심 나무할 마음을 내지 못한다. 십 리 산길을 무거운 지게를 짊어지고 터덜터덜 언 땅을 걷는다. 옷은 얇고 신발은 해진 고무신이다. 나무를 하다가 고무신이 찢어지면, 칡덩굴로 얽어매면 다시 튼튼한 군화가 된다. 무딘 조선낫으로 종일 험한 산속을 뒤집고 다니며, 닥치는 대로 땔감을 짊어 나른 덕분에, 지금도 나의 팔과 다리는 튼튼하다. 나는 그때도 머저리 같았다. 산속에 잠기면 나무할 생각은 잊어버리고, 하염없이 생각에 잠겼다. 매일같이 흙에 묻혀 살면서도 산속은 또 다른 맛으로 나를 품었다. 나무와 흙과 나는 하나였다. 똑같은 하늘의 자식이요, 흙의 후손이기에 서로의 마음이 하나로 이어졌던 것 같다. 어느 시인의 노랫가락처럼 "나무는 그리워하는 마음에 속절없이 꽃을 피우고, 벌 나비 불러 그 맘 대신, 바람에게 전했던 것 같다." 산속의 공기는 질부터가 다르다. 졸졸졸 흐르는 산간수처럼 깨끗하고 청아한 기운이 티가 없기에, 옷깃을 스칠 때마다 알 수 없는 묘한 충만감으로 그리운 이에게 다가가는 느낌이랄까. 우리는 서로가 그런 사이였다.

지금도 고향을 떠나온 지 수십 년이 흘렀지만, 아득히 생각해 보면 옛 시절이 주마등처럼 지나간다. 골짜기마다 봄이면 피는 꽃도 달랐다. 고사리며 할미꽃도 장소를 가려가면서 깊은 산골짜기마다 목 놓아, 우리에게 손짓을 보냈던 것 같다. 그들도 사람이 그리운 마음에 바람결에 그들의 빛깔과 향기를 실어 보냈던 것 같다. 겨울 땔감도 골짜기마다 달랐다. 앞산엔 진달래와 철쭉이 지천을 이뤘고, 뒷산에는 참나무가 군락을 이뤘다. 딱박골엔 찔레꽃 향기가 매서웠고 구절초가 장관을 이뤘다. 연지동엔 무성한 잡초가 무성했고 방아다리엔 가시나무가 즐비했다. 나는 나무를 하기 싫은 날엔, 가시나무로 달라붙었다. 가시나무는 채취하기가 어렵다. 장갑을 끼고 두꺼운 장화나 워커로 중무장해야 한다. 신경을 곤두세워도 날카로운 가시가 온몸으로 어느새 파고든다. 그러나 채취하고 나면 땔감으론 최고다. 불 때기 좋고 불도 잘 붙는다. 화력도 나무랄 데 없이 좋다. 그 속에 고구마를 넣으면 긴긴밤이 외롭지 않다. 어머니는 콩나물시루에 물을 주시곤 부엌으로 가셔서 군고구마를 간식으로 가져오셨다. 군고구마와 삶은 고구마의 맛은 보리밥과 쌀밥의 맛처럼 확연하다. 거기에 얼음이 동동 뜨는 동치미를 곁들이면, 밤이 이슥하도록 꿈결 같은 동화 속에 빠진 듯, 착각했던 날들이 있었다. 부모님과 꿈결 같은 겨울밤을 지낸 추억을 그리면, 지금도 눈시울이 붉어진다.

낮에는 이 산 저 산 휘저으며 나무를 했다. 저녁이면 또 하나둘 모이는 장소가 있다. 친구 아버님이 군불을 잔뜩 짚어 쇠죽을 펄펄 끓여놓으면, 그곳은 동네 사랑방이 된다. 소리 없이 하나둘 모여들면 라면 내기 화투를 쳤다. 비싼 라면은 찔끔만 넣고 막국수와 김치를 잔뜩 넣으면, 둘이 먹다가 하나가 죽어도 모를 정도로 맛이 있었다. 순간 떠들썩한 시장판이 된다. 이렇듯 빈 주먹과 뜨거운 혈기만 간직한 청춘이었지만 고대광실 맏아들이 부럽지 않았다. 남루한 이팔청춘의 모습 속에서도 희망과 의리가 봇물 터지듯 흘렀던, '겨울 만다라' 속 한 폭의 풍경화였다. 누가 가난하고 많이 배우고는 끼어들 여지가 없는, 바보들의 흥겨운 겨울 아방궁이었다.

밤이 이슥해 달빛도 외로움을 타는 날이면, 이웃집 아주머니가 제삿밥을 가져오신다. 이쯤 되면 꿀맛 아닌 게 있을까. 늦은 밤, 한 숟가락 맛보라고 가져오시는 제삿밥엔, 지금 세상에선 찾을 길 없는 값진 보석들이 들어 있었다. 밤길을 헤집고 머리에 이고 온 제삿밥이 눈물겹게 그리워지는 밤이다. 사람 사는 냄새란 지금처럼 넘쳐나서 병인 세상, 물질적 풍요 속에선 찾을 길 없는 묘한 이치인가 보다.

답답할 때마다 가슴 부딪치며 마음을 나누었던 친구 어머님이 돌아가셨다.

어찌 내 마음이 울컥거리지 않으랴. 역경 속에서도 좌절하지 말고 서로 돕고 힘을 내면서 살라고 하셨던 분이다. 병든 몸일망정 곁에 계셨기에 철석같이 믿고서 빈주먹에 희망을 품을 줄 알았던 우리였다. 이제는 부르다가 내가 죽을 이름이 되신 것이다. 말뿐이지 한번 가면 끝이다. 다시는 만날 수 없는 길이, 북망산천 가는 길이다. 초상이 나면 내 일같이 우리는 모였다. 어머니는 머리맡에 기르던 콩나물시루를 옮기면서도 콩알 같은 눈물을 흘리셨다. 흙 파먹고 사는 사람들의 눈동자는 잘못했던 기억들만 새록새록 가슴에 밀려드는 것 같다.

초상이 나면 할 일이 갑자기 많아진다. 시장 보기도 쉬운 일이 아니다. 차일도 쳐야 한다. 만장이 펄럭이고 요령 소리 비수처럼 가슴에 파고들기 전에, 볏짚도 꼬아야 한다. 상여도 가져와야 한다. 한두 사람의 손길로는 힘들다. 객지에 나가 있던 혈육들의 통곡 소리 들어가며, 아낙들은 눈물 반, 콧물 반 전을 부친다. 남정네들은 구실 삼아 어금니를 부드득 갈며 막걸리에 목을 멘다. 콩나물에 동태찌개가 끓고 마당 한복판엔 돼지머리가 삶겨지면, 삶과 죽음은 한바탕 한통속이 되어 빙글빙글 이승과 저승을 넘나든다. 무심하게 흘러가는 세월의 강 속에서, 너와 나는 하나가 되어 거기 슬픔도 얼버무려 알 수 없는 희망으로 건져 올릴 줄 알았다.

삼동(三冬) 내 꽁꽁 언 땅을 미물인 비둘기는 총총총 발자국을 찍으며 양식을 찾지만, 나는 지금 한 많은 세월을 바위처럼 묵묵히 일만 하시다가 간, 친구의 어머니를 묻기 위해 언 땅을 판다. 싸구려 분 냄새도 제대로 맡아보지 못했던 분. 가시는 저승길엔 부디, 이곳일랑 잊으시고 세세생생 정토만을 누리시기를 눈물 콧물을 흘려가면서 언 땅을 판다. 술은 먹어도 먹어도 오히려 눈동자는 환장하게 맑아진다. 병신 육갑 떠는 놈이라고 누군가 손짓하는 것 같지만, 전신에 모질게 달라붙는 이 비통한 심정에 비하면, 남의 욕설은 오히려 새의 깃털보다 가볍다. 꼭꼭 밟고 밟아서 지상 천하의 명당이 되기를 천지신명께 간절히 축원해 본다. '먼 산마루에 쌓인 흰 눈이여, 우리의 이 아픔도 곱게 덮어다오.'

아아, 이렇게 깊어져 가는 한겨울의 만다라처럼 그리운 사람과 아련했던 시절이 있었다는 것은, 조용히 흘러가는 무심한 강가에서, 나도 삽자루에 맡겼던 한 생애가 저물어 간다는 방증일까. 한 생을 무명 속에서 헤집다 공친 파락호의 때늦은 각성의 외침은 아닌지, 그 부끄러움 밀물처럼 밀려온다. 눈물겨웠기에 정분이 넘쳤던 한 생의 가락을 붙잡고 회심에 젖어보는 밤이다. 이 과정만 넘기면 과연 공(空)을 넘어, 적멸(寂滅)로 가는 만다라의 길일까.

봄날은 간다

오늘도 우리네 살림살이는 불난 집 같다. 22대 국회의원 선거철이라 더욱이 심란하다. 계절도 사람의 변덕스러운 심보를 터득한지라, 봄날이건만 쉽지 않은 봄날이다. 물가는 세상인심을 반영한 듯, 하늘 높은 줄 모르고 치솟는 탓에 서민 경제는 갈수록 허리가 휜다. 위정자들은 서민들의 물가엔 관심 없고, 제 밥그릇 싸움에 밤낮 가리지 않고 핏대를 높이는 세상이다. 선거철엔 입이 마르도록 '머슴'임을 강조하다가, 뒤돌아서면 권모와 술수의 달인이요, 독선과 오만으로 온갖 세상을 요지경 속으로 몰아가는 위인들이다.

선거철임에도 불구하고 언론인 출신 한 위인은, 언론과 표현의 자유를 앵무새처럼 남발하면서도 국민을 상대로 겁박하듯, '회칼 테러 사건'을 거침없이 내뱉는다. 통치자도 국민은 안중에도 없다는 듯, 만인의 이목이 쏠린 '해병대 채상병 사건'의 핵심 피의자를 보라는 듯, 해외로 도피성 인사를 단행시킨다. 이렇게 국민을 가볍게 여기는 정부가 또 있었던가? 이러고도 말로는 '공정과 상식'을 입방아처럼 남발하면서 주권을 이야기하고 민생을 거론한다.

『장자』의 「소요유」 편의 이야기다.

요(堯)임금이 천하를 허유(許由)에게 넘겨주고자 했다.

"해와 달이 돋았는데 관솔불을 계속 피우니, 그 빛이라는 게 무엇이겠습니까? 때맞추어 비가 내리는데 물을 대고 있으니, 그 땅을 적신다는게 헛수고가 아니겠습니까? 선생께서 임금 자리에 앉으시면 천하가 저절로 다스려질 터인데, 제가 오히려 임금 노릇을 하고 있습니다. 스스로 돌아보건대 모자란지라, 바라건데 천하를 맡아 주십시오."

이에 허유가 대답하기를

"그대가 천하를 맡아 이미 잘 다스려지고 있는데, 내가 그대를 대신한다면 나더러 장차 이름(名)이 되란 말이오? 이름이란 알 속의 나그네인데 나더러 장차 나그네가 되란 말이오? 뱁새가 깊은 숲에 둥지를 틀지만, 나뭇가지 하나를 차지할 뿐이오. 두더지가 강물을 마신다고 해도 제 배 하나 채우면 그만이오. 그대는 돌아가 쉬시오. 나한테는 천하를 다스린다는 게 쓸모없는 일이외다."

그리고 허유는 요임금 앞을 물러난 뒤, 더러운 말을 들었다고 귀를 씻었다는 전설 같은 이야기다. 인간 이상향이 빚은 정치학이 꿈꿀 수 있는 최고의 고담준론(高談峻論)이다. 그런데 현대의 실상은 이 논리를 보라는 듯 능멸하고 있다. 세상사는 하나를 보면 열을 알 수가 있다. 하나가 모두요 모두가 하나 속에 존재하는 것이 세상사의 섭리다. 의식주가 변변치 않았지만, 옛사람들은 이렇게 맑고 고결한 지조 속에서 자신의 분수를 지킬 줄 알았다. 그리고 천지 만물과 내가 더불어 한 몸이요(天地與我一體), 만물이 나와 더불어 한 뿌리(萬物與我同根)라 생각하며 한 생을 부끄럼 없이 살다 갈 줄 알았다.

우리네 살림살이는 어떤가? 물질적으로는 지상 최대의 풍요를 누리지만, 심성은 썩은 진흙뻘보다 나을 것 없는 인간 말세다. 현대인은 물신(物神)의 노예다. 몸만 현대인이지 정신은 사람의 넋과 혼이 아니다. 정보와 금전의 노예요, 권력과 명예의 질곡 속에서 헐떡거리는 병든 사냥개다. 사냥개의 눈에는 먹이밖에 보이는 것이 없다. 모두가 돼지의 안목으로 걸어간다. 어느 순간 우리는 모두가 물신의 피조물로 전락하였다. 이 어찌 슬프지 않으랴.

목숨보다 소중한 것은 없다. 그러나 세상을 보는 안목도 목숨과 같다. '확연무성(廓然無聖)'이라 했다. 세상에 성스럽지 않은 물건은 없다. 성스러운 것은 권력과 금전과 명예가 아니다. 사람답게 세상을 보는 안목이다. 하느님이 성스럽기 때문에 그가 만드신 세상에는 성스럽지 않은 물건은 없다. 모두가 하느님의 자식이요, 두두물물(頭頭物物) 모두가 부처요, 하늘의 둘도 없는 자식들이다. 그럼에도 이것을 분별하고 사량해서 높은 곳에는 굴종하고, 낮은 것은 짓밟으려 하는 짐승이 현대인이다.

따듯한 봄날이다. 간단하게 소지품을 넣고서 들녘으로 드라이브를 간다. 처처에서 만물이 생동하는 느낌이다. 눈과 귀가 맑은 공기와 접하면 스스로 생기가 돌아 꽃봉오리처럼 벙글어진다. 사람도 흙의 자식인지라 자연과 호흡을 맞추면 붉은 혈기가 생성된다. 혈기는 순환이다. 순환은 소통이다. 흙과 사람이 하나가 되면 순풍이 돈다.

산비탈 언덕 밭에 푸른 기운이 돈다. 개망초와 지칭개가 지천이다. 칼로 곱게 다듬어 솟아내면 거칠지만 손색없는 건강한 천연 식자재가 된다. 물가엔 미나리도 나와 있고 돌미나리도 봄볕에 얼굴이 곱다. 모두가 둘도 없는 토종 진객이다. 곱게 다듬고 씻어내면 피를 맑게 하는 건강한 토종 밥상이 된다. 고기는 병을 부르지만, 언 땅을 뚫고 올라온 봄나물은 모두가 싱그런 보약 같은 재료들이다. 이렇게 거친 음식이 사람의 피와 정신을 맑게 지켜준다.

눈을 들어 앞산을 쳐다보니 목련이 활짝 웃고 있다. 곳곳에서 밀어 올리는 초록 그물들의 향연 앞에 한 폭의 진경산수화를 즐기는 기분이다. 이보다 청빈한 복이 있으랴. 갑자기 시흥(詩興)이 솟는다. 시는 말로 그리는 작업이다. 평범한 일상에 의미를 부여하는 작업이다. 또한 똑같은 사물을 다른 관점으로, 깨달음의 눈으로 새롭게 보는 또 다른 안목이다. 목전에 보이는 대상을 삼켜서 나만의 안목으로 다시 생명을 주입하는 작업이다. 모든 가락은 '하늘에서 내려와 사람에 깃들고, 자연에서 그 품격이 완성된다.' 말한다. 그 가락을 흔들 줄 아는 사람이 시인이다. 시인은 혀를 감추고 어떻게 말하는지 알 수 없게, 가락을 이미지로 형성시키고 민족적 정서 속에 역동적 근원의 힘을 도출시킬 줄 안다. 이 행위가 상상력으로 빛을 발해 정서의 반응을 자극해 잉태된 언어가 시다.

　이렇게 가는 봄날에 시흥에 잠기며 몸을 움직이고 보니 늙고 병든 몸에도 봄날은 보약 같다. 산다는 것은 이렇게 스스로 길을 내고 즐기는 것 아닐까. 항시 작은 것에서 보람을 찾고 만족하면서 감사할 줄 아는 마음보다 복된 창은 없을 것 같다. 마음이 짓는 궁전에서 만족감을 느낄 줄 알면, 처처가 복락이요, 곳곳에 피우지 못할 꽃이 있으랴.

　들판에서 캐온 봄나물을 곱게 다듬고 씻는다. 세수를 곱게 시키니 자태가 새롭다. 삶고 우려낸 뒤, 간단한 양념을 한다. 마늘과 소금에 들기름을 살짝 뿌리고 조물조물 무쳐주면 끝이다. 여기에 삼겹살을 곁들이면 남부러울 필요가 없는 토종 밥상이 된다. 된장은 막판의 백미다. 궁색한 살림살이도 이렇듯 조촐한 운치와 맛으로 즐길 줄 아는 것이 안분지족(安分知足)이다.

　세상에서 큰 복을 찾는다는 것은 부질없는 불꽃놀이다. 큰 복은 결국은 마음이 짓는 복이다. 복은 항시 가까이에 있고 작은 것에 숨겨져 있다. 결국 만족이 복을 일으키는 힘이 아닐까. 이렇듯 세상의 조촐한 복은 마음이 짓는 저울이다. 무심히 흘러가는 봄날, 작은 마음의 저울로 측량해 보니 그래도 세상은 살만하고 아름다운 것들로 넘쳐난다. 너는 나의 꽃이며, 나는 너의 벗으로 모두가 흘러가는 봄날의 잔잔한 물결이었다.

마음의 창(窓)

 사월 중순의 산하가 하루가 다르게 눈부시게 변하고 있다. 삼동내 헐벗은 자태로 수행하듯 인고의 세월을 감내한 수목들이, 시절 인연을 만나 짙은 초록의 향연을 마음껏 펼치고 있다. 귀가 있다고 모두가 듣는 것은 아니다. 똑같은 이, 목, 구, 비를 갖췄지만, 하염없이 흘러가는 무심한 소리와 이유 없이 스쳐 가는 눈앞의 온갖 형상들은 나름의 의미가 내포되어 있다.

 그들의 의미와 깊은 이치를 터득할 수 있는 마음의 경지는 평범한 일상의 안목으로는 접할 수 없다. 마음의 귀와[心耳] 마음의 눈[心眼]이 작동하지 않고는 감히 범접할 수 없는 마이동풍(馬耳東風)일 뿐이다. 문학의 언어도 그렇다. 일상의 평범한 눈과 귀로는 사물의 속삭이는 이치에 접근할 수 없다. 마음의 귀와 눈이 열릴 때, 새로운 경지 새로운 의미가 발견되기 시작한다.

 물소리가 들리고 산의 경치가 보이는 것은 먼저 자신의 껍질을 벗겨내야 한다. 귀가 열리고 눈이 뜨이는 것은 자신의 고정 관념에 사로잡혀 있으면 불가능하다. 자기 마음의 창문을 소통시켜야 사물과 만물의 이치가 제대로 들리기 시작한다. 이렇듯 발견의 참맛과 문학의 언어도 이와 같다. 이렇듯 남다른 상상력이라는 통로를 통해서, 보다 깊이 사유하고 통찰할 때, 사물의 남다른 깊이와 의미 부여에 접근하는 것 같다. 세상과의 소통을 위해 작은 마음의 참을 열어두면, 열어둔 만큼 우리는 우주 생명과 만나게 된다.

공자님의 말씀이 떠오른다. 냇가에 서서 무심히 흘러가는 물을 바라보다가 "지나가는 것은 모두 이와 같구나. 밤낮으로 쉬지 않는구나(逝者如斯夫 不舍晝夜.『논어』「자한」)"라고 말씀하셨다. 삼라만상의 무한한 변화를 무심히 흘러가는 물을 보면서, 순간 터득하신 것이다. 마음의 눈으로 물을 바라보는 순간, 물이 전하는 '한 소식'을 감지 하신 것이다. 이것이 문학의 언어다.

이렇듯 내 마음이 고정 관념을 벗으면 또 다른 세상과 소통할 수 있다. 내가 나를 벗으면 삼라만상이 나의 품 안으로 다가오기 시작한다. 마치 꽃들이 향기를 뿜어내어 벌과 나비를 맞이하듯이 마음의 창을 열면 세상은 온통 향기요, 빛의 세상이며, 뭇 생명과 맞닿는 비밀스러운 통로와 접할 수 있는 것이다.

마음의 문이 열리면 맑고 시원한 물소리가 부처님의 설법으로 들린다. 송나라 때의 시성 동파 소식(蘇軾)은 다음과 같이 노래했다.

"냇물 소리가 바로 부처님의 장광설 설법이요(溪聲便是 長廣舌), 푸른 산빛이 어찌 부처님의 청정법신이 아니랴(山色豈非 淸淨身)."

공자님이 자신의 빈 육신의 껍질을 벗었을 때, 물이 전하는 소리를 들었듯이, 시성 소동파도 마음의 문이 스르르 열리자, 묘한 고무줄 같은 마음자리가 만물과 소통하기 시작하면서, 만고의 절창인 시어(詩語)를 남발하기 시작한 것이다.

우리의 마음자리는 묘한 곳이다. 접할수록 달아나는 묘하디묘한 놈이 사람의 마음자리다. 그 빗장을 열면 하늘 끝이 지척이요, 생과 사도 하나로 연결

짓는다. 그러나 욕심이 돋치면 바늘구멍에다 낙타를 집어넣을 수 있다고 주장한다. 이쯤 되면 사람의 형상이 아니다. 채우면 채울수록 허허로움으로 사무치게 닥쳐오는 것이 묘한 마음자리다. 우리는 백 년 길손일 뿐이다. 우리네 삶이 영원할 것 같지만, 부귀와 영화, 권세와 명예는 허공 꽃이다. 허공 꽃인 줄 모르고 그 향과 물색이 유혹하는 마력에 오늘도 짧은 목숨 아낌없이 불사르다, 타는 줄 모르고 휩쓸렸다가 소리 없이 빨려 들어가는 불구덩이가 우리네 삶의 현주소다.

우리의 육신과 재물, 명예는 영원할 것 같지만, 그것은 인간의 욕심이 순간적으로 빚는 착시 현상이다. 마치 새벽이슬이 아침 햇살에 순식간에 영롱함을 잃고 마는 것 같다. 번쩍하고 순간 빛냈다가 눈 깜짝할 사이에 소멸하는 번개와 같이 순간 사라지는 것이다.

나는 마음이 거미줄처럼 심란할 때, 『금강경』을 읽고 사경을 한다. 내 나름의 기도법이다. 『금강경』은 이름 자체가 나타내듯이 번뇌를 절단시켜 나를 발견하라는 부처님의 간곡한 말씀이다. 한국 불교 화엄학의 대석학이신 무비 대종사(無比 大宗師)는 『금강경』은 인간 고통의 근본 원인인 집착을 깨트리고, 자기 자신 안에 깃든 다이아몬드보다 빛나는 마음자리를 드러내어, 완전한 평화와 행복을 누릴 줄 아는 삶의 길을 가르치는 경전이라 말씀하신다. 그래서 전 인류가 배워야 할 교과서라 칭송하시며, 아집(我執)과 아울러 법집(法執), 진리라는 그 자체까지도 버릴 줄 아는 메시지가 담겨있는 경전이라 소개하신다.

성현들은 한결같은 어조로 말씀하신다. 마음의 창이 열리면 저잣거리에서 난무하는 비웃음 소리와 싸움질하는 소리도 인간의 삶을 향한 진실을 갈구하는 온갖 부처들의 노랫가락으로 들리게 된단다. 마누라의 잔소리도 경 읽는 소리로 들리게 되면 이 경지가 바로 '이순(耳順)'의 경지다. 이순(耳順)의 경지는 들리는 소리마다 묘음이요, 벅찬 생명의 물결처럼 밀려드는 리듬이다. 공자님이 말씀하신 숫자 '60세'를 칭함이 아니라, 마음의 귀가((心耳) 접하는 걸림 없는 경지다. 이렇게 되면 앞산과 개 짖는 소리와 개울물 소리만 법음이 아니다. 똥 친 막대기도 부처요, 돌과 나무와 삼라만상 개개 별별 모두가 빛나는 둘도 없는 하느님의 자식이며, 빛나는 목숨으로 보이기 시작한다. 지렁이도 세상을 빛내기 위해 호흡하는 둘도 없는 생명 자리이다. 이 경계가 되면 안목이 거침이 없는, 눈길 닿는 곳마다 모두가 천당처럼 지극한 안락함을 안기는 마음자리가 된다. 이것은 바로 '목순(目順)'이다. 열린 눈이 펼치는 대방광불화엄(大方廣佛華嚴)의 세계다. 세상이 하나의 꽃으로 화하는 순간이 된다.

이렇듯 마음의 창이 창출하는 의미 부여는 자신의 고정된 틀을 벗어나 세상을 또 다른 안목으로, 관조와 명상으로 모든 생명에게 삶의 충만감과 살맛 나는 세상을 부여하는 '마음의 창'이 제공하는 열낙(悅樂)의 장이다. 이 문이 툭 터지면 모든 것이 새로운 세상, 아름다운 세상이 된다. 충만한 세상이 전개되고 너와 내가 하나를 이루는 세상을 지향하게 된다. 이 문을 열려면 우선 욕심을 버려야 된다. 내가 보는 세계는 객관적으로 존재하는 세계가 아니라, 내 마음이 짓는 내 마음이 받아들인 세계일 뿐이다. 그 세계라는 자리는 내 의식에 의해 전개되는 주관적 인식의 세계다. 주관과 객관은 실재인 것 같지만 일시적 착시 현상일 뿐이다. 내 마음의 창이 분별하고 망상해서 만들어진 자리다. 마음의 창이 막혀 본질을 보지 못하면 깨달음은 요원할 뿐이다.

"무릇 상을 지닌 모든 형상은 허망하다. 고로 현실계의 모든 형상이 진실한 상 자체가 아님을 마음의 창이 접하게 되면 그것이 참 생명의 곳간이란다."

이와 같은 가르침이 샘물처럼 넘쳐나는 『금강경』, 제5분 「여리실견분(如理實見分)」의 말씀에 이름 모를 격한 감회가 가슴 깊이 밀려든다. 그렇다. 우리네 살림살이는 오늘도 불난 집 같다. 그러나 조금만 시간을 내서 순간에도 수십 번씩 변하는 마음자리를 들여다보면, 우리가 무심결에 쫓아가는 세상은 무상하기 그지없는 허망한 꿈길 같은 불구덩이 속이다. 이렇게 변화무상한 순식간의 불덩이 같은 삶이 결국은 한 줌의 흙으로 화하고, 빈손임을 자각하게 되면 보이는 것이 많다. 이 자각이 바로 내가 본래 갖고 있었던 다이아몬드보다 빛나는 마음자리다.

눈 비비고 일어나자마자 앞산을 바라보며 붓을 잡는다. 도연명의 '잡시(雜詩)'를 써본다. 끝부분이 마음을 사로잡는다. 2,000년이 넘는 세월 동안 사람들의 가슴속에 심금을 울린 명문 시구다. 내 가슴에도 짙은 먹물로 아로새겨 본다.

"청춘은 두 번 다시 오지 않고(盛年不重來), 아침 해가 거듭 뜨지 않듯(一日難再晨). 때를 당하여 노력하기를 게으르지 마라(及時當勉勵). 세월은 사람을 기다리지 않는다(歲月不待人)."

그렇다. 잠시도 우주의 변화는 멈추지 않는다. 나라는 하나의 객체도 잠시 머물다 갈 길손이다. 살아 있는 동안 스스로 삶에 의미를 부여하면서, 스스로가 주인공이 되는 것이다. '마음의 창문'을 활짝 열고서 허공처럼 탁 트인 마음으로 여한 없는 삶을 누리다 가자. 작은 것에도 만족할 줄 알고 감사하면서, 부지런히 내 삶을 힘껏 계발하면서 가는 것이다. 이 작은 마음자리를 발견하는 것이 작은 복일까.

빈 배처럼

『장자』, 「산목」편의 '빈 배' 이야기다.

"배 두 척이 물을 건넌다. 한쪽은 빈 배다. 내 배에 와서 부딪힌다면 아무리 성격이 더러운 사람이라도 화를 내지 않을 것이다. 그러나 그 배에 사람이 있다면, 지금 무슨 짓을 하는 것이냐고 화를 낼 것이다. 한 번 말하고 두 번 이야기해서 듣지 않으면, 세 번째는 정말 큰 사단이 날 것이다."

장자가 후세에 하고 싶은 말은 '빈 배처럼' 살아가자는 교훈인 것 같다. 빈 배처럼 자기 자신을 비워서 세상을 살아간다면, 누가 헤치겠는가(虛己遊世)? 절창이다. 그러나 세상살이가 말과 같이 쉽지 않다. 내가 가는 길은 내 생각과 의지의 반영이다. 그것을 남에게 강요할 필요는 없다. 나와 남은 분명 다르다. 빈 배처럼 살고 싶어도, 요즘 같은 부박한 세상은 남이 하는 짓을 가만 보고 있지 못하는 세상사다.

전직 대통령이 퇴임하고, 책방을 차렸다. 먹고 살기 위한 행위는 분명 아닐 것이다. 농사를 짓고 책방을 열면서, 제2의 삶을 세상 사람들과 소통을 나눌 수 있는 공간은 나름, 빈 배처럼 살아가는 행위가 아닐까, 나는 생각한다. 그런데 왜? 우리는 그 빈 배를 산산조각 내서 난파선을 만들려고 혈안이 돼 있는 사람들을 보면서, 문명 천국이 아닌 인간 말세임을 한탄하지 않을 수 없다. 빈 배가 마구 흔들거리며 사정없이 당신네 앞길을 가로막는 것도 아닌데….

우리는 세상살이를 살다 보면 남의 화살에 신음하는 경우가 많다. 화살을 쏜 자를 향한 적개심과 분노로 나를 불태운다. 나를 뒤돌아볼 생각은 전혀 없이, 남만 원망한다. 화살을 맞은 원인은 잊고, 일체를 남과 세상 탓으로 간단히 치부해 버리면, 영원히 치유할 수 없는 길로 함몰될 뿐, 그 비난의 화살을 벗어날 수 없다. 대상은 받아들이는 사람에 따라 그것은 비난일 수도 있고, 자신의 인격 향상을 돕는 밑거름이 될 수도 있다. 그 화살을 계기로 나를 되돌아볼 줄 알고, 방향을 전환하면 부처님을 향한 악마의 화살이 꽃으로 화하듯, 우리네 삶도 한층 비난의 화살로 인해 맑은 영혼을 간직할 수 있을 것이다.

부처님의 한결같은 가르침인 『보왕삼매론』에서는 다음과 같이 말씀하신다.
"세상살이에 곤란 없기를 바라지 마라. 곤란이 없으면 업신여기는 마음과 사치한 마음이 생기나니, 근심과 곤란으로써 세상을 살아가라."

이것이 성현들이 가르치는 삶의 정도다. 미물인 나무도 엄동설한을 묵묵히 인고하면서, 시절을 기다릴 줄 안다. 급히 이룬 성은 순간 쉽게 무너질 수 있는 모래성으로 변할 수 있는 것이 세상사 순리다.

장자의 '빈 배처럼' 살려면, 우선 나를 돌아볼 줄 알아야 한다. 세상에 영원한 것은 없다. 그리고 욕심이 병을 부른다. 욕심만 버리면 아무리 험한 세상 인연을 만나도, 빈 배처럼 살짝 빗겨나 세상을 노닐 수 있다. 물은 자신을 고집하지 않는다. 찻잔에 담기면 차요, 술잔에 담기면 술이 될 줄 알고, 약그릇에 담기면 약이 되기도 한다. 절벽을 만나면 멀리 고개를 돌리고 휘돌아 갈 줄도 안다. 이렇듯 문제는 항상 세상이 아니라 나에게 있는 것이오. 찾으면 답은 항시 가까이 내재해 있는 것. 우리네 살림살이는 화려한 불꽃놀이 같아도, 뒤돌아 자세히 살펴보면 모두가 공허하고 허접한 꽃들의 축제일 뿐이다. 하루살이 뜬구름 같은 허망함뿐이다. 일체는 공(空)한 것이다. 순간 스치는 모진 바람일 뿐이다. 시간이 지나면 또 다른 바람이 불 것이다. 이처럼 공은 허수아비 같은 것. 잠시의 허상일 뿐, 실체가 없는 한바탕 마음이 일으키는 파고일 뿐이다.

우리의 일상에 항상 '공(空)'이라는 각성이 있으면, 집착을 여읜다. 공의 눈으로 보고, 공의 귀로 들으며, 공한 마음으로 세상사를 접하면, 진흙 같은 세상에 살면서도 진흙을 벗어난 연꽃 같은 삶을 누릴 줄 아는 지혜의 안목이 선뜻 다가선다는 것이, 성현들의 가르침이다. 공의 안목은 집착하지 않는 삶이다. 석가모니가 악마가 쏜 화살을 꽃비로 바꾼 비결도 공의 논리다. 상황은 어떻게 받아들이냐의 문제다. 나를 향해 쏜 화살은 분명, 비난일 것이다. 그러나 그 비난의 화살을 나 자신의 '향상일로(向上 一路)'를 위한 밑거름으로 전화위복한다면, 화살은 분명, 내 삶의 새로운 좌표를 설정하는 '향기로운 삶'의 자양이요, 영혼을 더욱 밝고 맑게 밝히는 등불도 될 수 있을 것이다. 이것이 세상을 공의 안목으로 볼 때, 밝은 지혜로 안기는 인식의 대전환점일 것이다.

이것을 시적 언어로 형상화한 분이 만해 한용운 선생이다. 그는 받아들일 수 없는, 민족의 절체절명의 극한 상황 속에서도 희망을 이야기할 줄 알았다.

"쓸데없는 눈물은 스스로 사랑을 깨치는 것인 줄 아는 까닭에, '걷잡을 수 없는 슬픔의 힘'을 옮겨서, 새 희망의 노래를 정수박이에 가득 담자."

고달픈 민중을 설득했다. 그리고 '빈 배'가 되어 남을 탓도 원망도 하지 말고, 흙발로 짓밟을망정, 깊으나 얕으나 급한 여울이나 진흙 같은 세상을 끌어안고 건너가자고, 칠흑 같은 일제 강점기 핍박받는 백성들에게 한 줌의 씨앗을 숨길 줄도 알았다. 그러면서 천천히 낡아가는 것이 뜬구름 같은 우리네 삶 속에서 '공(空)의 논리'라고.

'빈 배'가 되려면 양극단에서 첫째 벗어날 줄 알아야 한다. 극단은 맹목(盲目)이다. 집착을 여위면 중도(中道)가 보인다. 중도는 이것과 저것의 중간이 아니다. 이것과 저것, 양자 모두에 대한 집착이 없는 곳에 저절로 나타나는 것이 중도다. 어디에도 걸리지 않는 길이다. 허공이 불에 타지도, 비에 젖지도 않듯이 말이다. 그럴 때 대자유인의 삶을 영유할 수 있단다. '빈 배'처럼.

바람이 세게 분다. 물질만능의 바람이 현대인의 눈과 귀와 입을 마비시킨다. 그러나 우리의 육신을 휘감고 있는 영원할 것 같은 재물과 명예도, 아침 햇살에 순식간에 영롱함을 잃고 마는 속절없는 허공 꽃이다. 그것에 함부로 빨려 들어갔다가 땅을 치고 후회한 역대 영웅호걸들의 장탄 성을 잊지 말 일이다. 한 번 마음을 빼앗기면 이생에서 희망은 없다. 다음 생은 기약 없는 메시지다. 번거로운 마음만 영겁토록 괴로움 속에서, 원망이 원망을 낳는 악순환의 질긴 고리뿐인 것이 우리네 삶의 실상이다.

생명은 고귀한 것이다. 맑고 고운 달덩이 같은 품성은 하루아침에 이뤄지지 않는다. 모두가 물신 만능에 허덕이는 험한 세상이다. 가슴에 작지만, 영롱한 씨앗을 품고 세상일에 물 안 들고, 적적한 명창 하(明窓 下)에 묵묵히 홀로 앉아, 격한 세월의 강을 건널 비장한 나만의 언어를 조금씩 쌓아가는 연습을 해야 한다. 거울을 닦듯 욕정(慾情)이 담백하면 마음이 평정심을 잃지 않고 밝아져 참삶의 안목이 스스로 열린단다. 쓸데없는 욕심이 끊어지고, 공을 지키면 작은 삶의 진리가 일상에서 무럭무럭 키를 키운다. '공의 논리'로 세상을 관조하면서 '빈 배'가 되어 사바세상을 무대로 멋지게 한바탕 나만의 춤을 추다가, 훨훨— 자취를 남기지 않는 새처럼 가는 것이다.

  마음이, 허공이 불에 타지 않듯 물에 젖지 않듯, 세상사에 걸림이 없으면 그것이 인생사 호시절이 아닐까? 스스로 자위해 보니, 가진 것은 빈손이지만 모두가 감사요, 넉넉함으로 다가오는 하루다.

안분지족(安分知足)

『장자』,「추수」편의 이야기다.

"발이 하나밖에 없는 거(夔)라는 짐승은 발이 많은 지네를 부러워하고, 지네는 발 없이도 움직이는 뱀을 부러워하고, 뱀은 의지하는 데 없이 움직이는 바람을 부러워하고, 바람은 움직이지 않고도 가는 눈(目)을 부러워하고, 눈은 가지 않고도 아는 마음을 부러워한다."

이렇듯 우리네 살림살이는 온통 남의 부러움 속에서 살다가, 짧은 한 생 마칠 수도 있다. 남의 것은 아니 부러운 것이 없는 세상이다. 그래서 뒤지지 않으려고 몸부림치다 보니, 세상이 하루도 편할 날 없는 요지경 속이다. 거기다 과대광고가 난무하는 어지러운 혼돈의 시대다. 눈과 귀를 현란하게 현혹하는 급변하는 세상사다. 모두가 스펙을 쌓으려고 젊은 청춘들은 모든 혈기를 한곳으로 쏟아붓는다. 그러나 그 스펙만큼 녹록지 않은 현실의 삶을 살아가는 세대가 불쌍한 오늘날의 우리들의 자화상이다.

아파트도 자동차도, 학력도 모든 것이 비교 대상이다. 하물며 학력도 가짜가 판을 치는 판국이다. 왜 우리는 이렇게 살 수밖에 없을까. 이유는 간단하다. 만족할 줄 모르기 때문이다. 내 삶의 척도를 무조건 남과 비교하면, 욕심이 발생하기 마련이다. 욕심의 마귀는 한계가 없다. 그것은 결국, 제 발등을 찍는 '자가당착'의 귀결로 마무리되는 블랙홀이다.

또 『장자』, 「소요유」편의 이야기다.

"뱁새가 깊은 숲에 들어도 몸을 의지하는 것은 나뭇가지 하나뿐이요, 생쥐가 강물을 마셔도 제 배를 채우는 데 지나지 않을 뿐이다."

지식도 일종의 병이다. 우리는 병적으로 학위에 목을 맨다. 초등 시절부터 온갖 학습에 자녀는 머리가 아프고, 부모는 허리가 휠 수밖에 없는 세상이다. 청소년기 사생결단으로 집착했던 영어와 수학은, 졸업과 동시에 무용지물로 사장된다. 얼마나 아까운 국력의 손실인가.

공자가 '예(禮)'를 묻기 위해 노자를 찾았다. 그러자 노자는 다음과 같이 말한다.

"당신이 지금 천하를 주유하면서 펼쳐 놓은 '요순(堯舜)' 같은 성현의 예를 말했던, 사람들의 뼈는 모두 썩어 없어졌소. 남아 있는 것은 말만 남아 있을 뿐이오. 진짜 훌륭한 상인은 자신이 가지고 있는 좋은 물건은 꼭꼭 감추고 남에게 보여주지 않는다고 들었소. 진짜 훌륭한 인격과 학식을 갖춘 사람은 겉으로 보기엔 어수룩한 사람처럼 처신하며 자기 능력을 함부로 보이지 않는다고 나는 들었소."

자연의 순수한 이치는 '호박꽃'은 호박꽃의 향기와 빛깔로 세상을 밝히면 되고, 쑥부쟁이는 제 모양과 향기로 세상을 향해 존재의 가치를 밀어 올리는 작업이다. 호박꽃은 절대로 장미를 시기의 눈으로도, 선망의 대상으로 삼지 않는다. 우리네 살림살이만이 금수저가, 흙수저를 차별과 분별로 사람을 개돼지 취급을 하는 금전만능의 굴레와 잣대에서 벗어날 길 없는 썩은 세상이다. 많이 배운 놈일수록 더러운 추태를 일삼고 뱁새의 눈으로 째려볼 뿐이다. 이것이 세상사의 명료한 이치요, 준엄한 자연의 섭리다. 고로 지네가 어찌 뱀을 부러워하고, 또 뱀이 어찌 바람을 부러워하랴마는, 이것은 모두가 장자의 언변술이다.

노자와 장자의 한결같은 가르침은 하나다. 그들의 가르침은 속된 처세술도 아니다. 입신양명의 길은 더더욱 멀다. 냄비같이 펄펄 끓어 넘치는 세속을 벗어나라는 이야기도 아니다. 뜬구름 잡듯 터무니없는 상상 세계에 빠져 꿈결 같은 세상과 적당한 거리를 두고 '만리창공(萬里蒼空)'에서 유유자적하라는 이야기도 아니다. 세상을 잠시 피하라는 얘기도 아니다. 부박한 세상 속에서 마음껏 놀되, 발자취에 연연하지 말라는 권고다.

스스로 묶이지 않을 때, 진흙 같은 세상에 발을 담글지언정, 그 한복판에서 '하늘나라 시민'으로 살아가라는 이야기요, 그럴 때 진흙을 벗어난 연꽃처럼 초연한 나만의 삶을 향유 할 수 있다고 간절히 권하는 이야기일 것이다. 이렇듯 용기가 있는 자의 삶은 눈앞에 닥친 일로 쉽게 희로애락에 함몰되지 않고, 모든 일은 순간 왔다가 정처 없이 떠나는 뜬구름 같은 것이니, 초연한 마음으로 온갖 만상을 가슴 가득 끌어안고 마음껏, 내 삶의 가락과 곡조로 마음껏 뛰놀다가 하늘의 뜻에 따른다.

우리네 살림살이는 분명 문명 천국의 호사를 누리지만, 심성은 썩어 문드러진 인간사 말세다. 인과 의를 주장하면 한물간 병신이요, 천치 오줌싸는 소리다. 그들이 뿌리내리기에는 이미 세상은 구제 밖이다. 그럼에도 우리는 부귀와 영화, 금전만능이라는 브레이크 없는 열차를 갈망한다. 이렇듯 천박한 세상일수록 만복은 오히려 깃털처럼 가벼울 수 있다. 마음 하나만 잘 먹으면 얼마든지 지천으로 널려 있는 것이 마음이 짓는 복이요, 감사함이다. 내 주변의 삿된 욕심을 끊고 '자연의 섭리'에 순응하며 작은 것에서 스스로 족함을 터득하다 보면, 하늘과 자연의 지순한 숨결이 보인다. '영원한 삶'은 스스로 삶에 얽매이지 않고 집착을 여위면 스스로 찾아오기 마련이다.

힘든 세상이다. '상선약수(上善若水)'라는 말이 있다. 참된 삶의 도리가 물의 가르침 속에 있다는 말씀이라고 나는 생각한다. 물은 자신을 주장하지 않는다. 물은 항상 만물을 이롭게 하지만 공을 주장할 줄도 모른다. 고로 다툼이 없다. 그리고 낮은 곳으로 머리를 두른다. 사람이 이렇게 살 수는 없다. 그러나 그런 마음으로 세상 만물을 대하면 급변하는 세상의 속박에서 자유를 구가하면서 나만의 자유로운 삶을 구가할 수 있지 않을까 생각한다.

당나라 때의 석두 희천선사(石頭 希遷, 700-790)에게 제자가 물었다.

"어떤 것이 해탈입니까?"

선사는 즉석에서 대답한다.

"누가 너를 구속하느냐?"

그렇다. 누가 나를 절망에 빠트리고, 누가 나의 마음을 어둡게 하는가. '내가 문제일 뿐이다.' 이 간단한 한마디 속에 천금 같은 진리가 있다. 이것을 읽을 줄 아는 눈을 예수님은 '행복한 눈'이라고 했다. 철부지 같은 아이들과 마음이 열린 자만 볼 수 있는 '행복한 눈', 말이다.

"가을이다. 부디 아프지 마라" 너무도 깨끗하고 맑은 하늘이다. 이 좋은 계절에 마음만 잘 먹으면 모든 것은 내 삶의 자양이다. 특별한 것은 없다. 세간사 주변 모두가 진리의 당체(當體)다. 마음이 평정심을 잃지 않으면, 늘 가슴 속에 '부처와 예수' 님의 말씀이 샘처럼 솟아오를 수 있는 것이, 우리의 심성이다. 가시밭 맨발로 걸을지언정 맑고 고운 달덩이 같은 허심(虛心)으로, 귀와 눈 허공에 맑게 씻으면, 들려오는 소리마다 향기로 품게 되고 손은 비어 있어도 뜻은 만 리를 품을 것이다. 부디 좋은 생각과 맑은 마음으로 세상을 접하면, 쌓이는 것은 축복과 감사함 뿐이다. 세상의 주인공은 나다. 내가 쓸데없는 일에 마음이 걸리지 않으면, 그야말로 세상은 오롯한 호시절, 사바세계를 무대로 멋지게 한바탕 춤을 추다가 가는 것이다.

병상일기

 다리가 이상했다. 화창한 봄 날씨가 마냥 반가워 풍광도 즐길 겸, 마당의 의자에서 점심을 맛나게 먹었다. 식사를 마치고 비탈진 언덕, 매실나무 전지를 하다가 그만 쭈르르 미끄러졌다. 발등의 징후가 불길했다. 순식간에 눈덩이처럼 부어오르기 시작했다. 급한 대로 응급 처치를 했지만, 소용이 없었다.
 병원 응급실 X-레이 사진 결과 발등뼈 3개가 부러졌단다. 또 올 것이 찾아온 것이다. 순간의 방심이 돌이킬 수 없는 화를 부른 것이다. 후회가 막급했다. 그러나 엎질러진 물 아니던가. 다리가 불편하니 매사가 죽을 맛이다. 당장 휠체어에 목발로 운신하려니, 휠체어는 그래도 호사, 목발은 불편한 것이 한둘이 아니다. 설상가상으로 손등엔 굵직한 바늘이 흡혈귀처럼 수액을 빨고, 발등엔 깁스하니 영락없는 중환자 신세다.
 아뿔싸, 인생사 '새옹지마'라더니 그 과녁이 나를 향해 달려들었다. 앞날이 캄캄했다. 그동안 크고 작은 시련 앞에서 방황했던 날 얼마이던가. 지난날들이 주마등처럼 스쳐 지나갔다. 이제 또다시 손과 발이 묶이다니, 참담한 심정에 할 말을 잊는다. 병상에 누우니 만감이 교차한다. 6인용 병실은 어시장 난장판 같았다. 서민들의 고달픈 살림살이가 여과 없이 진열돼 있었다. 허리 아픈 사람, 목을 다친 사람, 혈압과 당뇨에 멍이 든 치매 노인들까지. 그 누구 하나 살면서 마음 편하게, 이 세상을 노닐다 가는 사람은 하나도 없었다. 각자 기구한 운명에 체념한 듯 묵묵부답이었다.

잠시의 인과 연이 모여서 구성된 우리네 몸뚱어리는 복잡한 구조다. 굵은 뼈가 206개요, 관절이 100개가 넘고 근육의 수는 650개다. 혈관의 길이는 96,000km이니 지구를 2바퀴 반을 돌고도 남는 가운데, 수십억 인구 중에서 같은 세포는 허락되지 않는, 신이 빚은 정교한 악기란다. 그러다 보니 우리가 애지중지하는 이 몸뚱이에는 수많은 병 구멍이 호시탐탐 기회를 노리고 있었나 보다.

젊은 청년은 넘치는 혈기를 탕진하다 술과 도박에 취해 스러졌고, 이름 모를 한 장년은 먹고살기 위해 노동 현장에서 일하다, 허리가 부러져 머리를 파묻고 울고 있는 모습이 눈물겨웠다. 칠순의 노신사는 혈압과 당이라는 훈장을 보석처럼 몸에 달고, 밤에는 코를 기차 화통처럼 굴리면서 외쳐댔다.

"내 돈, 내 돈을 훔쳐 간다. 저놈을 잡아라."

나는 병마와 싸우면서도 이 사실 앞에서 울어야 할지 웃어야 할지 망설여졌다. 돈이야 내 돈을 네가 써도 되고 내가 써도 되지만, 염라대왕이 수시로 점검을 하는 목전에서도 놓지 못하는 저 돈이 무엇이던가.

마음이 허깨비에 끌리면 우리는 사물을 제대로 보지 못한다. 마음은 요술 덩어리이다. 날이 맑으면 정신이 돌고 흐리면 병이 도진다. 우리는 지금 한판의 노름을 하는 것이다. 생에 단 하나뿐인 생명을 담보로 잡히고. 솜사탕 같은 애증의 강물에 눈이 멀고, 재물 모으기에 혈안이 되어 있다. 구름 같은 권세를 쫓다 불귀의 객이 된 청산에 묻힌 영웅호걸들이 말없이 지켜보고 있다.

우리는 이렇듯 모두가 정처 없는 외로운 나그네 인생길을 가는 것이다. 처처에 내리는 오색의 향연에 불을 놓는. 향기로운 말소리에 귀를 먹고, 꽃다운 얼굴에 눈이 먼 이 육신, 영원히 보전될 것 같지만 막상 닥치고 나면 내일도 믿을 놈이 못 된다. 올 때 빈손으로 왔듯이 갈 때 또한 빈주먹 쥐고, 오줌똥 싸면서 가는 것이, 우리네 삶의 본질이다. 실체가 있는 것 같지만 잡으려 하면 할수록, 묘한 미궁 속으로 빠져드는 것.

부처님은 『금강경』에서 다음과 같이 간곡하게 당부하신다.

"일체의 현상은 꿈같고, 환상과 같고, 물거품과 같고, 그림자와 같으며 번개와도 같으니 응당 이처럼 마음을 대하라."

제아무리 노력해도 우리네 삶의 행위는 환화(幻化)에 불과하다는 말씀이시다. 이것이 삶의 비애요, 기쁨이다. 가슴 아픈 일이 아닐 수 없다. 삶이 무상하기에 더욱더 열심히 노력하여 살지 않으면 안 된다는 말씀이다. 번뇌가 열반이듯이, 삶에서 찾아오는 온갖 고통과 역경이 인간을 인간답게 장식한다는 말씀이다. 병상에 누워 오늘의 내 처지를 역지사지로 되새김질해 본다. 침묵이 웅변을 자르듯, 병든 육신 속에서 알 수 없는 묘한 작용이 꿈틀거린다. 다리는 비록 절룩거릴지언정 가슴엔 뜨거운 용암이 치솟는다. 그 묘한 힘을 믿기에, 나는 또다시 거친 들판에 도전장을 내밀며 퇴원을 한다.

제4부

옥천의 숨결과 문학기행록

천년고찰, 용암사(龍巖寺)에서

다음은 『상응부경전』의 내용이다.

부처님은 라자가하 교회에 있는 베르바나정사(竹林精舍)에 계셨다. 그때 밧가리(跋迦梨)라는 한 비구 스님이 병이 나서 라자가하의 어느 도공(陶工)의 집에서 요양하고 있었다. 그러나 그 스님의 병은 날로 심해져서 좀처럼 회복할 기미가 보이질 않았다. 그래서 그는 옆에서 시중을 들며 간호하던 도반인 비구에게 부탁했다.

"도반이여, 미안하지만 세존께서 지금 머물고 계시는 베르바나까지 가서 세존께 여쭈어 주면 고맙겠네. 자네가 보다시피 내 명은 점점 악화되어 도저히 회복될 가망이 없다고 생각하네. 마지막 나의 소원이니 세존의 얼굴을 뵙고 세존의 발에 정례(頂禮)를 드렸으면 싶네. 나는 병이 깊어 도저히 세존이 계신 곳까지 갈 수가 없다네. '나를 불쌍히 여겨 세존께서 여기까지 좀 와 주시지 않겠습니까?'라고 여쭈어 좀 주시게나."

병을 간호하던 도반스님은 중병이 든 도반의 간곡한 청을 듣고, 곧장 부처님께 달려가서 말씀을 드렸다. 부처님은 말씀을 듣자 곧 승낙하시고 중병을 앓고 있는 처소로 오셨다. 밧가리는 병상에서 벌떡 일어났다. 그러나 부처님은 밧가리에게 편안한 마음으로 누우라고 설득하셨다. 그리고 머리맡에 앉으셨다.

"어떠냐, 밧가리야. 참을 만한가? 좀 차도가 있는가."

"부처님이시여, 저는 이제 가망이 없을 것 같습니다. 병은 깊어지고 의식도 혼미해지오니, 마지막 저의 소원인 부처님 발에 정례를 드리고, 존안을 직접 뵙는 것이 천추의 소원이었습니다."

그러자 부처님은 그에게 이렇게 말씀하셨다

"밧가리야, 이 썩어 없어질 나의 육신을 보아서 어떻게 하겠다는 것이냐? 밧가리야, 분명히 알거라. 법(진리)을 보는 사람은 나를 보는 것이요, 나를 보는 사람은 법을 보는 것이다."

이 간단명료한 부처님의 천금 같은 말씀에 밧가리는 부처님 앞에서 '확철대오'했다. 그러시면서 부처님은 다음과 같이 말씀하셨다.

"너희 중에 누가 내 옷자락을 잡고 뒤를 따르며 내 발자국을 밟는다고 해도, 그가 욕심이 많고 마음이 청정하지 못하다면 그는 나와 멀리 떨어져 있는 것이다. 왜냐하면, 그는 법을 보지 못하는 자이다. 법을 보지 못하는 자는 나를 보지 못하기 때문이다. 그러나 나와 백 리, 아니 천 리를 떨어져 있어도 그가 욕심을 떠나 바른 마음을 간직한다면, 그는 바로 내 곁에 있는 것이나 다름없다. 왜냐하면, 그는 법을 보고, 법을 보는 것으로 나를 보기 때문이다."

법(法)이란 무엇일까? 우리는 법하면 우선 육법전서(六法典書)를 떠올린다. 세상을 이끄는 법이 진흙탕의 도가니 속으로 유도하는 법이 우리네가 숭상하는 유위의 법이다. 이 법은 법이 아니다. 유위는 모순으로 가공된 승자의 논리다. 가식의 언어이며 최소한의 양심의 가책을 경고하는 말세를 방지하기 위한, 방편의 도구일 뿐, 인간 양심의 최후의 보루를 견지하는 것이 바로 육법전서의 속내다. 예수님과 부처님이 말씀하시는 법은 무루의 법(無漏之法)이다. 이 무루의 법은 인간의 손을 거부한다. 닿으면 닿을수록 존재가치가 희소되는 법이다. 인간의 분별과 망상으로는 도저히 사량할 수 없는 법이 바로 무루의 법이다. 고로 이 법은 맑은 신심에서부터 출발한다. 고로 "한 생각 깨끗한 마음이 바로 청정도량이요, 수없이 많은 칠보로 단장된 탑을 조성하는 공덕보다 뛰어나다(一念淸淨 是 淸淨道場, 勝造恒沙 七寶塔). 칠보탑은 마침내 부서져 먼지가 되겠지만, 한 생각 깨끗한 마음은 마침내 정각을 성취한다."라고 수심결에서 간곡히 말씀하신다. 이렇듯 불교는 마음을 중요하게 다룬다. 그러나 마음은 묘한 놈이다. 마치 조용했던 바다가 바람을 만나면 천만 갈래 물방울과 파고를 일으키듯, 사람의 마음자리는 바다보다 더하면 더했지 덜하던 않는 것이 묘한 마음의 자리이다. 이 마음자리를 잡는 것이 불교의 첫걸음이다.

부처님은 임금의 아들이었다. 그런 그가 세습될 왕좌의 자리를 버리고 몰래, 부모를 버리고 홀로 혈혈단신으로 산속으로 도망을 갔다. 산속에서 봉두난발인 채로, 그는 먹는 것, 입는 것, 자는 것조차 잊고서 사생결단의 자세로 자신에게 묻고 물었다. '나는 도대체 누구이냐고?' 피골이 상접한 채로 6년의 세월을 설산에서 수도한 끝에, 그는 마침내 정각을 달성한다. 오고 가는 일체의 삼라만상은 무상의 자리이지만, 마음자리는 불생불멸이며, 불구부정이며, 불증불감인 경계를 나 홀로 체득을 한 것이다. 임금의 아들이 거지 행각을 벌이면서 몸소 최정각을 달성하자, 그는 그 심오한 경계에 일주일간 심취한다. 그러나 번민에 빠진다. 내가 달성한 이 불구불멸의 법신자리를, 도저히 납득할 사람은 없을 것이다. 그냥 나만 홀로 깨달음을 체득하다가 열반의 경지로 입멸하면 되는 것이다. 이때 제석천의 온갖 신들이 부처님께 간곡히 애원했다. '불쌍한 저 중생들을 제발 버리지 마시라'고 그는 결국 이 애절한 소원을 받아들여 전도의 길을 자청한다.

전도, 그것은 인간이 할 수 있는 불멸의 사자후(獅子吼)였다. 그리고 부처님은 길에서 탄생하시고 걸으시면서 법을 설하시며, 마지막까지 길 위에서 열반의 길로 한 생을 마무리하셨다. 어떻게 보면 부처님보다 비참한 생을 보낸 성인은 인류 역사상 없을 것이다. 이것이 땡초가 어설프게 나열한 부처님의 일대기다.

나는 부처님을 모른다. 그러기에 산을 찾고 책을 탐독하며 경전을 접하지만, 그러나 부처의 법은 과연 어디에 있을까. 지금 그것을 생각하면서 옥천의 명소, 천년고찰 용암사를 찾아서 간다. 이렇게 쥐꼬리만한 사전 정보를 가슴에 넣고서 사물을 접하면 접하는 사물마다 새로운 시야로 다가온다. 마음이 한결 가볍다.

복사꽃이 필 때면 용암사를 찾아서 가는 길은, 길목마다 '무릉도원'을 방불케 한다. 농민들의 부지런한 손끝에서 피어나는 복사꽃 향기가 만 리를 품고도 남음이 있다. 룰루- 랄라- 즐거운 산행길이다. 천천히 비탈진 경사길을 자동차로 오른다. 신록은 중중하고 산새며 물소리 아니 반가우랴. 천천히 가다 보면 보이는 것들이 많다. 급경사 길인지라 그 좋은 풍경들과 일일이 대화를 나눌 수 없는 것이 아쉽다. 진입로가 너무 가파르다. 초보 운전자에게는 감히 쉽게 용납을 허용치 않을 기세다. 대웅전 앞마당에 도착하니 갑자기 속세를 벗어난 듯, 묘한 기운이 압도한다. 바로 전까지 가슴을 짓누르던 옹졸했던 마음이 어디론가 사라져 버린 듯, 마음이 편안하다. 이 맛에 산을 찾는가 보다.

옥천은 국토의 중핵이다. 보라, 하늘은 청정무구 그 자체요, 들은 온통 복사꽃 흐드러진 문전옥답이지 않은가. 무엇을 더 바라겠는가. 철도며 고속도로가 시원스레 들판과 산하를 달린다. 멀리 아스라이 지용 선생의 노랫가락도 들려오는 듯하다. '얼룩백이 황소가 해설피 금빛 게으른 울음을 울었다는 실개천'과, "꿈엔들 잊을 수 있냐고",「향수」의 결구 연마다 바늘 끝같이 고향을 떠나 '향수병'에 속앓이를 앓는 실향민들에게 자문하는 소리가 지금도 들려오는 듯하다. 시야를 돌리는 곳마다 만고에 변치 않을 병풍처럼 펼쳐진 풍광들이 그림처럼 다가온다. 내 고향 옥천이 이러하거늘, 꿈엔들 잊을 수 있단 말인가.

옥천의 천년고찰 용암사, 그곳은 옥천의 문화와 역사가 자연과 함께 공존하는 군민들의 힐링 공간이다. 종교를 떠나서 일상의 묵은 찌꺼기를 정화할 수 있는 최적의 공간은, 아직은 자연과 숲과 역사적인 문화재의 숨결을 간직한 유서 깊은 곳만큼 치유의 공간은 없을 것이다. 고로 외국의 유명한 매스컴도 극찬을 아끼지 않았을 것이다. 봄이면 처처가 들녘 가득한 복사꽃 향기 무르익는 무릉도원이요, 여름이면 시퍼런 눈망울 달빛 향기 머금고 잠자는 포도빛 향 내음을 어찌 잊으리. 거기다 가을이면 운무를 품고 일출하는 풍경과, 겨울이면 눈 덮인 장령산의 절경은, 속세에 찌든 이들의 등반을 쉽게 허락하지 않을 듯하기에, 출사자들의 가슴을 설레게 할 것이다.

대웅전(大雄殿)은 사찰의 심장부다. 부처님을 모신 법당이요, 무언의 진리를 설하시는 중생의 귀의처다. 옥천군 옥천읍 삼청리에 있는 장령산 용암사는, 대한불교조계종의 제5교구 본사인 속리산 법주사의 말사다. 신라 552년(진흥왕 13년)에 신의조사가 인도를 답사하고 와서 창건한 천년고찰이다. 대웅전엔 목조 아미타여래좌상을 주불로 하며, 협시보살로는 관세음보살과 대세지보살을 모셔 놓았다. 불상의 복장 속에는 1651년(효종 2년)에 제작된『다라니경』이 안치되어 있기에 그 진가를 더하는 것 같다. 용암사의 구조는 대략, 대웅전과 천불전, 산신각과 요사채며 범종각이 위로는 고려 중기 조성된 것으로 추정되는 마애불상과, 옆으로는 동서삼층석탑이 부처님의 청정가람을 호위하고 있는 듯하다. 대웅전 처마 끝에서 풍경이 운다. 어느 시인의 노랫가락이 들리는 듯하다. '종이 울리는 것은, 제 몸을 때려가면서까지 울리는 것은, 가 닿고 싶은 곳이 있기 때문이다. 둥근 소리의 몸을 굴려, 조금이라도 더 멀리 가려는 것은, 나팔꽃 같은 귀를 열어 맞아주는, 그분이 기다리고 있기 때문이다.'고 노래했다.

그렇다. 이렇게 만물의 미세한 움직임에도 의미를 부여하면 평범했던 일상이, 더없이 고귀한 빛깔과 향기로 나를 더욱더 풍요롭게 빛낸다. 이것이 작은 발견일까. 우리가 이렇게 삼라만상의 작은 하나하나에 의미의 몸짓을 전달할 때, 그 의미를 부여한 만큼 그들의 존재가치가 드러나고, 신비로운 경이감으로 새로운 안목이 열리는 것 같다.

돌계단을 올라 천불전에 예불드리고, 발길을 웅혼한 자비의 모습으로 중생들의 세계를 관조하시는 마애여래입상 앞에 섰다. 먼저 일심으로 청정한 마음을 모은다. 삼배를 혼신의 힘을 다해 드린다. 내가 나를 정화하기 위한 일종의 자기를 위안하는 행위다. 부처님 전에 드리는 예배는 결국은 내가 나를 향한 예배일 것이다. 내 안에 존재하는 '내 안의 부처'을 향한 경배이다. 신라시대의 어느 솜씨 좋은 도공이 임금의 자리를 계승하지 못하고, 먹물 옷을 입고 출가를 결심한 '마의태자'를 경배하는 마음으로 조성하게 됐다는 마애여래상 부처님이시다. 정지용 선생의 시맥을 면면히 계승하면서, 한국 시단의 중견 시인으로 독보적 자리매김한 '송진권 시인'은 다음과 같이 마애여래상 부처님 앞에서 노래한다.

    내가 설움 주믄 그 설움 고스란히 다 받을 양반이라
    어디 가 말 한마디 못하구 눈만 끄먹끄먹할 이라
    주믄 먹구 안 주믄 안 먹구
    똑 짐성 한가지라
    나 없으믄 그대루 굶어 죽을 양반이라
    좋다는 자리 다 마다하구 아부지 모싯어
    남덜이야 좀 모자란다구 손가락질 해대지만
    우리 아부지 나 새각시 때
    불 때기 좋으라구 가시 달린 낭구는 쇠죽 끓일 때 당신이 때구
    불 때기 좋은 거만 마치맞게 잘라서 들여주던 냥반이여
    고욤이며 고무딸기 익으믄 나 먼저 꺾어다 주던 이여
    그런 냥반을 두구 차마 발걸음이 안 떨어져
    몇 번이나 보따리 쌌다 다시 끌러놨어
    워디 가서 말 한마디나 제대루 할 줄 아는 이어야지
    싫은 내색 한 번이라두 비치믄 금세 눈치를 봐
    이제 아부지 가시니 맥이 탁 풀려
    그랴두 즈아버이며 시어머이 볼 낯은 섰어

                                  —송진권, 「용암사 마애불」 전문

  수도승의 구도 행각같이 한 생애를 살다 간, 한 가족의 일대사가 농익은 사투리와 감성 넘치는 시심으로 어우려져, 한 폭의 가족사를 병풍처럼 펼쳐 놓

을 줄 아는 시인의 재기 넘치는 안목에 돌부처도 파안대소할 듯하다. 이렇듯 어울려 산사의 모든 사물도 하나같이 '인천의 위대한 스승'이신, 부처님의 소리 없는 법문에 미물들도 귀를 쫑긋거리는 듯하다. 꽃과 나무와 새들의 목청도 예사로 들리질 않는다. 금생의 못다 한 습성을 청정하게 씻고서, 밝은 내생을 기약하고픈 몸짓에 자기를 주시해 주는 '눈짓'에 혼신의 힘을 기울여, 기도하는 듯 보이는 것은 나만의 착시 현상일까. 그윽한 산속의 운치에 맞게 풍경과 이름 모를 새들이 운다. 그 풍광이 스님의 독경 소리와 섞여서 대장엄의 화엄 세계를 펼치는 듯하다. 중국 청나라 때 3대 황제였던 순치황제(順治皇帝)도 황제의 황금빛 의상을 벗어버리고, 먹물 옷으로 갈아입고서 다음과 같이 노래했다.

천하총림반사산(天下叢林飯似山) 곳곳이 총림이요, 쌓인 것이 밥이 어니

발우도처임군찬(鉢盂到處任君餐) 대장부 어디 간들 밥 세 그릇 걱정하랴

황금백벽비위귀(黃金白璧非爲貴) 황금과 백옥만이 귀한 줄을 알지 마소

유유가사피최난(惟有袈裟被最難) 가사 옷 얻어 입기 무엇보다 어렵다네.

불급승가반일한 (不及僧家半日閑) 풍진 떠난 산사의 반나절에 미칠손가.

부처님의 화엄 세계(華嚴 世界)는 만물 제동의 세계요, 대동세계와 궤를 같이한다. 장자가 나비요, 나비가 장자가 될 수 있는 세상 말이다. 내가 길가에

피어있는 한 송이 들꽃이라 생각하는 순간, 세상의 만물은 모두가 나의 스승이요, 은혜며 감사의 은총이 아닐까. 화엄이요, 대동세계는 삼라만상이 서로 한 목숨임을 인정하는 세상이다. 마음의 벽이 허물어지면 처처가 개벽 천지요, 발길 닿는 곳마다 무릉도원이 아니랴. 이렇듯 우리네 삶의 화와 복이 동전의 양면과 같듯, 마음먹기에 따라서, 아니 의미를 부여하기에 따라서 화는 복을 잉태시키는 전화위복의 파수꾼이요, 복은 자만과 아상의 넋두리에 휩싸일 경우, 자신을 함정으로 유인하는 재앙의 도가니가 되고도 남는 법이 바로 마음이 짓는 법이 아닐까.

고로 화엄 세계는 인류가 사람답게 살 수 있는 최고의 사상이며, 인류 불멸의 최고의 사자후가 아닐까 생각한다. 분별과 차등의 벽만 허물면, 인간의 영적 존재는 무불위(無不爲)의 힘을 발휘하는 것.

서두에서 부처님이 말씀하신 바와 같이 법은, 거리와 시공을 초월해서 존재한다. 고로 사찰에만 존재할 리는 만무다. 우리네 살림살이가 제아무리 천박하고 비루하다고 해도, 아직 우리가 살고 있는 말세에도 온기는 남아 있다. 보라! 저 화마를 끌어안고 살신성인의 자세로 어린 생명을 구출해 내는 저 소방관들의 흥건히 젖은 땀방울을. 또 묵묵히 세상 풍파를 감내하면서 한 줌의 흙 속에 희망의 불씨를 살리는, 저 고래등 같은 손으로 불굴의 의지를 불태우는 노년의 농군들의 구슬 같은 땀방울을. 저들이 사바세계의 등불을 스스로 끄지 않는 한, 사찰에 존재하는 청정무구한 '법신(法身)'도, 내 이웃들의 따뜻한 옷깃과 웃음 속에 혼재해 있음을.

고로 바람이 나의 등을 밀면서 다시 왔던 길로 가서, 일상의 끈에서 희망의 불씨를 놓지 않는 법을 온몸으로 불사르란다. 이렇게 마음이 조작하는 '긍정의 힘'이 바로 화엄 세계란다. 모두가 법이며 생명이요. 소중한 가치로 빛을

천년고찰, 용암사(龍巖寺)에서

발휘할 수 있는 보물임을, 옥천의 천년고찰 용암사(龍巖寺)를 내려오면서 다시금 가슴에 새기는 날이다. 이렇게 마음을 먹으니 주변이 모두가 부처요, 예수님 아님이 없었다.

옥천 FM공동체 라디오 방송국에 거는 기대

 가을이 깊어가고 있다. 깊어간다는 것은 자신이 스스로를 들여다봄으로써 성찰과 자성을 발견하는 곳에서, 싹이 트는 자기 발견의 과정일 것이다.

 인간은 사회적 동물이다. 사회적 동물이란 혼자서는 살 수 없는 함께 어울려서 가락을 이루고 정을 나누면서, 흥을 일으키는 정서적 작용이리라. 고로 인간은 지구상의 모든 영적 생물 가운데 '천상천하 유아독존(天上天下 唯我獨尊)'의 논리를 주장할 수 있지 않나 생각한다. 이 정서적 작용의 논리와 주장을 표현할 수 있는 유일한 방도가 '언어와 문자'다. 말과 문자의 개발이 인간을 인간답게 표현시킬 수 있는 유일한 수단이리라. 이것을 계발했기에 인류가 만물의 영장으로 추앙받을 수 있던 유일한 수단이라고 생각된다. 이 말과 문자를 기록한 것이 인류 문화의 최고의 보배다.

 인간이라는 영적 존재는 유한의 생명을 간직했기에 늘 영원을 꿈꾸며 미래를 지향한다. 아니 오직 말과 문자를 통해서 현실의 고단한 날개를 '이상'이라는 미래의 가치로 승화시킬 줄 아는 습성이 있다. 이 말과 문자를 변형시킨 문화적 기기가 신문과 방송이다.

옥천은 충절의 고장이다. 아니 문향의 고장이며, 여기서 한 발 더 나가서 '언론의 성지'로 부각되고 있다. 청암 송건호 선생이라는 훌륭한 인적 자산이 계시기에 가능한 것이리라. 송건호 선생의 숭고한 뜻을 계승 발전시키기 위하여, 오늘도 〈옥천신문〉이라는 작고 소박한 지역 풀뿌리 언론이 혼신의 힘을 경주하고 있다.

오늘날의 언론은 이미 언론 본연의 자세를 망각한 지 오래다. 민족지임을 자칭하는 '족벌 언론'들은 이미 국민의 기본적인 눈높이를 한참 벗어나 있다. 개탄스러운 일이다. 언론이 본연의 자세를 망각하고 권력과 자본 앞에 이끌려, 그들의 수구 노릇을 하면서 국민의 의식을 호도하는 행위는, 반민족적 행위로써 역사가 준엄하게 심판을 할 날이 머지않을 것이다.

그런데도 그들은 목전의 이익에 혈안이 되어 개와 돼지처럼 먹이를 향하여 질주하는 모습이 오늘날의 언론의 자화상이다. 이 참담한 언론의 현실 앞에서 분연히 일어나 작지만 올곧게 당당한 보부로, '정론 직필'을 목숨보다 귀한 가치로 여기면서 풀뿌리 지역 언론으로 30여 성상을 뿌리내린 신문이 옥천신문이다.

그들은 송건호 선생이 유훈처럼 남긴 말을 가슴에 비수처럼 새기며, 오늘도 춘추필법으로 지역 사회의 목탁으로 건재하다. 송건호 선생은 말씀하셨다.

"언론인은 벼슬에 욕심을 부리거나 돈에 욕심을 부려서는 안된다. 특히 언론인은 금전 앞에 냉철해야 한다. 언론인은 자주독립 정신이 투철해야 한다. 사회가 민주적이 아닌 환경 속에서는 다양한 양상으로 언론에 대한 탄압과 압력이 가중될 것이다. 언론인은 절대로 정치와 경제로부터 독립을 유지해야 한다."

이것이 언론의 성지요, 대한민국 지성인들이 최고로 존경하는 송건호 선생의 언론인이 지녀야 할 가치관이다. 보라! 어디 하나 후학들이 반론할 여지가 있는가. 존경하지 않을 수 없는 금과옥조며 언론계의 교과서요, 나침판이 아니던가. 송건호 선생의 숭고한 얼과 정신을 계승한 옥천신문과 청암 송건호 기념사업회(이사장 김병국)가, 이제는 한 발 더 디뎌 옥천의 새로운 미디어 문화를 새롭게 창출시키려 한다. 가칭 '옥천공동체 라디오 방송국'이다. 이 얼마나 가슴 뿌듯한 일인가.

방송국이 선생의 뜻을 지향점으로 삼는, 옥천의 언론 독립군들이 개국을 위해서 수많은 난관을 돌파하면서 드디어 감격 어린 정부의 승인을 받았다. 장장 긴 세월 동안 옥천의 언론 독립군들은 수많은 눈물과 피와 땀으로 범벅을 이루면 밤잠을 설쳤다. 긴 시련 앞에서 의지는 강철처럼 단단해졌고 갈 길은 더욱더 명약관화해졌다. 군자는 자금이 부족할수록 뜻은 별빛처럼 영롱한 빛을 발하는 법. 방송국 개국이 기금이 부족해서 '언론 성지의 포문'을 망설이는 것은, 잡 벌레가 무서워 장을 못 담그는 것과 같은 수모가 아닐까.

가칭 '옥천 공동체 라디오 방송국'의 주인은 옥천의 모든 주민이다. 방송은 풀뿌리 지역신문이라는 좁은 지면의 한계를 벗어나, 지역 사회의 모든 영역을 포괄하는 지역 주민들의 사랑방이다. 그곳은 지역의 문화를 계승함은 물론 발전시키고, 새로운 문화를 선도할 수 있는, 지역 주민들의 생생한 목소리가 공존하는 '힐링 공간'으로 자리매김하리라 확신한다. 옥천 주민들의 필수 사항인 '재난 방송'은 물론이요, 지역의 소소한 뉴스와 신문이라는 지면에서는 담을 수 없었던 평범하면서도 잔잔한 이야기가 강물처럼 유장한 물결을 이루면서 흘러갈 것이다.

특히 주목할 점은, 지역 사회의 소외 계층과 약자들의 목소리가 주민들의 가슴속 깊이, 파고를 일으켜 깊은 울림으로 자리매김할 것을 확신한다. 지역 사회의 소외 계층과 약자들은 물론이요, 노동자와 농민들의 주옥같은 피와 땀 방울에 젖은 향내가 전파를 탈 것이다. 장애인과 노령층을 위한 특별한 매뉴얼도 계발되어 옥천군민 누구나가 주인공으로서, 질 좋은 삶의 문화를 향유할 수 있는, 옥천의 자긍심이 곳곳에 묻어나는 공간이라니 벌써부터 가슴이 설레지 않는가. 지역 사회 각계각층의 자수성가한 분들의 '인생 철학'도 방송에 담겨, 모두 하나 되어 손에 손잡고, 어깨동무하며 함께 걷는 '아름다운 동행길'이 될 것은 자명한 사실이다.

 이 뜻깊은 '옥천 공동체 라디오 방송국' 개국이 눈앞에 다가와 있다. 그러나 수많은 난제가 산적해 있다. 자금난이 최고의 난제다. 벌써 아시는 독지가들은 선뜻 거금을 헌납하셨다. 청암 송건호 기념사업회 이사장님이신 김병국 사장님의 물심양면으로 헌신하시는 모습은 눈물겹다. '행운보석' 사장님도 자신의 몸은 지팡이에 의지하면서도 선뜻 쾌척하는 모습 앞에 형언할 수 없는 존경심이 우러난다.

 송건호 선생의 숭고한 족적은 미래의 주인공인 옥천 청년들이, 미래의 지향점으로 삼아야 할 '장래 옥천인의 가치관'이다. 선생의 숭고한 가치관을 기저로 삼고, 옥천을 언론의 성지로 우뚝 자리매김하기 위해선, 지역 주민들의 높은 참여 의식이 뒷받침돼야 한다.

 기부 문화는 공동체 문화를 활성화시키는 동시에, 자신을 또 다른 차원으로 승화시키는 거룩한 통로다. 방송국 개국을 위하여 작은 손 하나가 모이고 모이면, 그만큼 지역 주민의 창구는 주민들의 목소리를 담는 '소통의 창구'가 될 것이다. 옥천군민들의 문화적 소통의 창구를 위해, 자신을 한정시키지 말고 모두가 하나가 되어 작은 성금일지라도, 마음의 창을 활짝 열고 힘을 합한다면, 공동체 라디오 방송국 개국은 옥천 주민들의 높은 시민 의식으로, 어느 곳 어느 지역보다 질 높고 생생한 삶의 충전소로 정착하리라 확신한다.

옥천의 언론 독립군들의 뜻은 유장하나 손이 빈손이다. 일제 강점기 만주벌판을 누비던 우리의 선열들도 그랬다. 빈손으로 하늘을 향해 성심을 다했더니 하늘이 감읍했다. 진인사대천명(盡人事待天命) 앞에 삼가, 옥천군민들의 뜨거운 호응이 있기를 발원한다.

청소년 문학기행을 다녀오면서

　한해 달력의 마지막 칸이다. 그러나 날씨는 포근하다. 얼마나 고마운 일인가. 11월의 끝자락 주말, 옥천중 학생들과 안동으로 청소년 문학기행을 다녀왔다. 안동 이육사문학관과 도산서원을 둘러보는 짧지 않은 여정이다. 다행히 날씨는 청명했고 옥천중 학생들은 기대감에 부풀어 있었다. 두 분의 인솔하시는 선생님과 옥천작가회의 선생님들이 동참했다. 거리가 만만찮은 원거리라 어떻게 내실 있게 학생들에게 파급 효과를 발휘할지, 내심 많은 걱정을 했다. 버스 승차 소요 시간만 장장 5시간 이상 소요되는 거리다. 긴 시간을 창밖의 풍광만 보여줄 순 없었다. 대략적인 진행은 먼저, 간단히 문학기행을 시행하는 이유와 자기소개 시간. 그리고 간략 된 '시학 소론' 강의와 학생들의 장기자랑 시간. 그리고 작가회의 선생님들의 시 낭송 및 퀴즈 문답 풀이로 가는 시간을 소일했다.
　먼저 청소년 문학기행에 거금을 투자해서 옥천군과 옥천문화원이 기획하는 이유를 설명했다. 거기에 부응하는 의미에서 학생들에게도 졸지 말고 경청해주기를 간곡히 당부했다. 그 경청 댓가로 푸짐한 상품권과 간식도 준비돼 있다고 강조했다. 간단한 회장의 인사에 이어, 필자가 담당한 문학기행 시학 강의 '시학 소론'의 시간이 됐다. 긴장했는지 마이크 잡은 손에 떨림이 감지된다. 본래 '시'는 쉽다면 쉬운 언어이지만, 결코 쉽게 생각할 단어는 절대 아니다. 용기를 내서 강의를 시작했다. 먼저 학생들에게 양해를 구했다. 저는 작가회의 회장으로서 오늘의 무거운 주제의 시학 강의를 맡았지만, 솔직히 말씀드린다면, 아는 것은 좁쌀만 하고 모르는 것은 태산보다도 높으니, 강의 내용이 들을 만한 것이 못됨을 양해해 달라고 부탁을 했다.

그리고 시는 세상의 모든 만물과 형상이 본래 시가 아닌 것이 없다고 서론을 끄집어냈다. 학생들이 의아한 눈으로 바라본다. 나는 힘 주어 강변했다. 진정한 시는 종이로 쓰인 시만 시는 아니다. 뙤약볕 아래 구슬땀을 흘리는 농부의 노고가 소리 없는 시요, 공장의 기계 소리에 청춘을 불사르는 노동자들의 힘찬 박동이 진정한 시의 울림이라고 부연했다.

작가는 글을 쓰는 사람만이 작가는 아니다. 이웃집의 거북등 같은 손마디를 가진 아저씨도 흙 속에서 생명을 일구는 작가요, 여러분의 부모님도 자식을 돌보고 보듬는, 세상에 둘도 없는 작가요 문인이라고 서술했더니, 학생들의 눈망울이 토끼 눈처럼 빛을 발하기 시작했다.

우리가 칠팔십 년을 살아도 인생이 무엇인지 모르듯, 아니 국그릇 속에 종일 담겨 있는 국자가 국물 맛을 모르듯, 시도 그와 같은 것이다. '시란 무엇이다', 라고 단언적으로 직설하면 그 진정한 시의 의미는 한참 빗나간 것이라고 서술했다. 어느 시인이 갈파했듯, 세상 만물을 접하되 물감으로 형상화하면 그림이요, 리듬을 부여하면 음악이요, 문자로 옮기면 시가 되듯, 두두물물 일거수일투족이 모두가 그림이요, 음악이며, 시가 아닌 것이 어디 있으랴.

학술적 의미의 시의 정의는 많다. 그러나 나는 시란, 그 언어 자체가 가진 서정을 이미지로 형상화하는 정서적 작용이라고 주장했다. 이 말도 쉬운 단어는 아니다. 가리키는 바를 쉽게 터득할 수 있도록 제시어를 인용해 줘야만 한다. 이렇듯 시는 직설 화법이 아니다. 하늘에 달이 뜨면 하늘의 달만 쳐다보지 말고, 시궁창에 비친 달도 볼 줄 알고, 찻잔에 비친 달과 강변에 사색하는 달도 보라고 했다. 왜냐하면 시의 언어는 비틀기요, 거꾸로 보기며, 상상의 언어로 빚는 주술의 언어이기에. 아니 시의 언어는 은유의 언어요, 환유요, 제유의 언어일 때만 시의 언어로써 비로소 빛을 발휘하기 때문이라고. 고로 고전의 언어는 모두가 비유의 언어다.

한 학생이 장자를 이야기했다. 중학교 3학년 학생들의 수준이 이렇게 높다. 대단한 식견이다. 이렇듯 우리의 학생들은 충실한 알토란 같이 여물어 있었다. 나는 이야기했다. 학생의 말과 같이 장자의 언어도 모두가 비유다. 아니 우언이요, 중언이며, 치언의 화법이다. '우언'은 사물에 빗대서 현실을 비판하고 조롱하는 어법이다. 현실에서 핍박받는 불구자들을 주인공으로 등장시켜서, 군왕과 관리들의 행태를 우회적으로 비판하는 화법이다. '중언'은 성현들의 화법을 차용해서 자신의 주장을 탄탄하게 입증시키는 화법이며, '치언'은 술에 취한 듯 횡설수설하면서 마지막에는 자신의 주장을 입증시키는 장자 특유의 교묘한 화술이라고.

사물을 장악해서 자신의 사고와 의식, 사상을 문자라는 형태로 자기 뜻을 이미지로 형상화하는 작업이 시이지만, 첫째도 둘째도 아는 만큼 사물은 자신의 품으로 들어와 감응하는 만큼, 많은 양의 독서가 최고의 첩경이라고 나는 강변했다.

이육사(李陸史, 1904~1944), 그는 잘 알려진 시인이다. 그만큼 불같은 열정과 투혼으로 짧은 생을 살다 간 문인은 없을 것이다. 나는 학생들에게 이

점을 누누이 강조했다. 40세라는 짧은 생을 살았지만, 그는 살아 있는 동안 한순간도 조국과 민족을 잊은 적이 없다. 40년 생애 동안 20년은 성장기요, 20년은 전 생애를 희생시켜 조국의 광복과 투쟁에 헌신한 기간이다. 전 가족이 독립투사요, 불사조 같은 불굴의 가문이었다. 열혈 독립지사였다. 17번이라는 숫자가 말해주듯, 살아 있는 동안 전생을 바쳐, 중국 만주와 북경에서 의열단으로, 칼과 총으로 일제에 항거했고, 17번의 투옥 기간에는 감옥에서 펜으로 조국 독립의 당연성과 민족혼의 위대성을 글로써 저항한 시인이다.

이육사문학관에서 영상을 제공했다. 영상을 시청하는 내내 나는, 격한 혈류가 역류해 걷잡을 수 없는 눈물을 남몰래 삼켰다. 속으로 강한 다짐의 언어가 밀려왔다. 그렇다. 글을 쓴다는 것은 꽃을 노래하고, 산을 찬미하는 시인은 시인이 아니다. 절체절명의 순간에 자신의 전부를 던져서 조국의 암울한 현실에 불같이 자신을 불사를 줄 아는 식자, 아니 말과 글보다는 행동으로 실천할 줄 아는 사람이 진정한 지성이요, 문인이며 시인의 길이라는 것을, 이를 악물며 자신에게 다짐해 봤다. 이런 시인이 있었기에 아니, 가족 전체는 풍비박산이 돼도, 오직 조국의 독립과 광복을 위해 헌신한 이육사 선생의 가족 같은 분들이 계셨기에, 오늘의 대한민국이 존재하는 것이라고, 재차 학생들에게 강변했다. 이것이 진정한 의미의 '청소년 문학기행'의 의미가 아닐까.

우리는 잊어서는 안 된다. 독립운동 영령들 앞에 다시금 마음가짐을 새롭게 해야, 앞으로의 대한민국이 웅비의 나래를 활짝 펼칠 것으로 생각된다. 다행히 옥천작가회의 정애옥 선생님의 부모님이 독립운동가의 후손이요, 국가유공자라는 사실이 자랑스러웠다.

마침 옥천작가회의 22년도 문학동인지가 청소년 문학기행 전에 출간이 되었다. 동인지에 기행 자료집을 실었다. 그것으로 강의 자료를 대신한 덕분에,

학생들에게 점심을 맛있는 안동찜닭으로 제공할 수 있었다. 다소 안도감을 안겼다.

돌아오는 길엔, 안동이 왜? 한국 정신문화의 요람으로 주목받지 않으면 안 됐는가를 부각했다. 우리 옥천도 문학과 인물면에선 안동에 한 푼도 뒤처지지 않는다. 문인이라면 일번지요, 인물이라면 어느 시대사에 뒤지지 않는 '송건호 선생'이 계시지 않는가. 옥천 사람이 송건호 선생을 잊는 것은, 민족사의 정통성을 지우려는 부끄러운 일이다. 이런 보석 같은 인물을 우리는 아직도 땅속에 묻히고 있다. 아니 보석을 손에 쥐고도 활용할 줄 모르는 우를 범하고 있다. 가슴 아픈 일이다. 안동보다 더 빛나는 인적 자원을 활용할 줄 모르는 어리석음에서 속히 벗어나길, 22년도 옥천 문인과 함께하는 청소년 문학기행을 통해서, 간절히 요망해 본다.

황순원 문학관을 다녀오면서

청소년 문학기행을 5월 20일(토요일) 다녀왔다. 옥천문화원이 주최하고 옥천군과 옥천교육지원청이 후원하는 행사다. 옥천작가회의가 주관해서 관내 중, 고등학교 학생들을 대상으로 '지역 문인과 함께하는 청소년 문학기행'이다.

올해는 양평 황순원문학관을 다녀왔다. 시인과 소설가들의 문학사적 업적과 그들이 남긴 발자취를 견학하고 체험하는 행사다. 옥천여중과 청산고 학생들이 많은 참여를 했다. 평소 학업에 전념하느라 심신이 피곤할 텐데도, 열과 성을 다해 참여하는 진지한 모습이, 아-이것이 바로 살아 숨 쉬는 청소년기의 '고동치는 맥박'임을 실감하는 날이었다. 거리가 거리인지라 많은 고심을 했다. 왕복 5시간 이상이 소요되는 먼 길이다. 평소 학교생활에서는 경험할 수 없는 현장 체험의 산교육장을 만든다는 것이 결코 쉬운 과제는 아니다.

이렇듯 교육의 의미는 넓다. 영어와 수학만 공부는 아니다. 실상 학창 시절에 목숨을 걸었던 '암기 교육'은, 사회생활이라는 직업전선에선 거의 효과가 미미하다. 그런데도 우리는 그곳에다 사활을 건다. 이 사회의 편견이 갖는 교육 가치관이 전도되었기에, 그 피해는 고스란히 자라는 미래 세대의 몫이다. '산교육'이 얼마나 중요한 것이라는, 교육 현장의 화두는 이미 골동품으로 전락한 지 오래다. 그러하기에 문학기행의 의미가 더욱더 무겁게 다가왔다.

문화는 삶의 잣대다. 하루아침에 결성되는 것은 아니다. 이렇듯 문화는 우리네 삶의 총체적 언어다. 삶도 문화요, 죽음도 문화다. 교육도 문화의 한 단편일 뿐, 전부는 아니다. 문학도 그렇다. 사람은 사유함으로써 존재 가치를 스스로 부여할 줄 아는 고등 동물이다. 생각한다는 것은 미래를 준비하는 작업이다. 그 미래는 오늘에 있다. 오늘이라는 짧은 순간은 결코 가벼운 존재가 아니다. 과거와 미래를 더욱 값지고 풍요로운 지름길로 인도하는 것이 바로 오늘이라는 명패다. 오늘을 비록 부족할지언정 후회 없이 불사를 수 있는 열정으로 하루를 보냈다면, 내일은 걱정 안 해도 되는 것 아닐까. 오늘의 삶의 터전을 혁혁하게 빛낼 수 있는 사람이 내일을 방황할 이유는 없기 때문이다. 우리네 삶은 이렇듯 의미를 부여하기 나름이다.

문학기행의 진행은 먼저, 회장의 간단한 인사와 작가회 선생님들의 자기소개. 그리고 회장의 '황순원 문학세계'에 관한 기초적인 강연으로 시작했다. 학생들의 의견 발표와 장기자랑, 작가회의 선생님들의 시 낭송은 웃음바다의 백미를 장식했다. 문화원에서 준비한 간식을 즐기는 것도 여행의 운치다. 또한, 퀴즈 풀이를 통한 문화상품권이라는 특별보너스도 넉넉하게 준비했다. 머리 아픈 강연은 수업시간에 선생님들의 훌륭한 지도 덕분에, 요즘 청소년들은 우리 같은 어설픈 글쟁이들보다 수준이 앞서가는 세태다. 고로 나는 문학이 갖는, 의미를 부여할 줄 아는 방법에 역점을 두었다. 고루한 강연은 학생들의 시야를 벗어난다. 문학은 시와 소설만 문학은 아니다. 우리가 생활하는 자체가 총체적 문학의 대상이요, 소재로 가능하다. 청소년 시기는 청순함이요, 예민한 시기다. 사춘기가 어쩌면 인생의 나침판을 결정하는 중요한 계기가 될 수도 있다.

손택수 시인의 「메주 불」을 인용했다. 메주라는 한 물건도 저 혼자서 이뤄진 것이 아니다. 절집 처마의 메주는, 염불을 들어야 메주가 잘 뜨고 곰팡이가 알맞게 피어오른단다. 거기다가 겨울 햇살과 바람과 먼지, 눈 내리는 소리까지도 가볍게 보면 안 된단다. 눈 속에서 먹이 구하러 내려온 산짐승의 울음소리까지, 몸속으로 두루 빨아들여 피워내야 곰팡이가 알맞게 피어난단다. 산속의 바람 소리와 물소리, 새소리는 당연지사 정겨운 도반이다. 이렇듯 자연의 모든 현상이 공명하며 자양으로 상호작용한다는, 논리가 바로 문학의 언어다. 고로 문학은 인간 문화의 최고의 정수다.

미물들의 이치도 그렇거늘, 우리네 인생도 성공한 인생만 쳐다볼 필요는 없다. 실패한 인생이지만 삶의 정도를 잃지 않고, 사람으로서 가야 할 길을 묵묵히 실천하다가 실패했다면, 우리는 이 실패한 인생을 묵시하는 것은 죄악이다. 이와 같은 논리를 시와 소설이라는 형태로 독자들에게 호소하는 행위가 문학이다. 문학은 고로, 우리 생활의 모든 제반사가 문학이요, 소재이며 훌륭한 삶의 현장이 생생한 교과서가 아니랴.

메주가 온갖 사물을 긍정의 안목으로 수용해서, 나의 힘과 자양으로 활용했듯이, 청소년 시기는 인생에 있어서 거부할 수 없는 황금기다. 고로 모든 사물을 깊이 볼 줄 알고, 생각하는 자세를 기르고, 기록하는 습관을 기를 때, 세상의 주인공은 남이 아닌 '나, 자신'이라는 작지 않은 사실을 자각시켜주는 작업이 바로, 청소년 문학기행의 의미라고 거듭 강조했다.

황순원 선생의 고향은 평남 대동군이다. 그의 고향 황씨 집안은 누대에 걸친 '황고집'이라는 명문의 효자 집안이었다. 이중섭과 학교를 같이 다녔다는 기록도 있다. 아들인 시인 황동규와 손녀 소설가인 황시내, 삼대가 피를 못 속이는 글쟁이 명문가다. 시로 출발해 단편소설과 장편을 두루 섭렵한 '순수' 와 '절제'의 미를 추구했던 이 땅의 '작가 정신의 사표'라 칭송됐던 분이다. 시적 서정성 짙은 언어의 조탁미가 탁월했다. 간결한 문체로 고품격의 심오한 경지를 구가했다는 중평이다. 인간 존재에 대한 심오한 철학적 성찰로, 유장한 문장을 집대성시킨 토속성 짙은 작품들을 그려냈다.

중기 문학은 일제 강점기라는 암울한 현실 앞에서 개인의 운명에 어떤 작용을 부여하는지, 또 그것이 어떻게 작용해, 한 개인 삶의 무늬를 만드는가, 하는 문제에 천착하는 작품으로 형상화했다. 후기 작품에선 인간 존재의 근원적 의미 부여와 탐색이라는 대전제의 작품에 몰입하게 된다.

우리가 찾아간 '소나기 마을'은 선생의 작품을 주제로 활용한 숲속 문학마을이었다. 문학관은 선생의 문학 세계를 조명시킨 곳이었다. 총 14개의 문학마을로 구성된 정경들 속엔 선생의 작품을 배경으로 설정된 느낌을 받았다. 양평군과 황순원 선생과의 관계는 무엇일까. 선생이 실향민이었기에 청순한 소년과 소녀의 지순한 사랑을 노래한 작품 「소나기」의 끝부분에 등장하는, '양평'이라는 지명으로 이사를 하는 장면에서 양평군이 착안해, 황순원 선생을 양평군의 대표적 브랜드로 활용했던 것은 아닌가, 하는 생각이 들었다. 암울했던 일제 강점기 바위처럼 침묵했던 분이다. 읽히지도 팔리지도 않는 작품들을 올곧게 집필하면서, 모국어의 숨결을 간직했던 '황고집' 가문의 투철한 시대정신으로 살다 간 작가였다. 선생의 대표적인 작품을 영상과 모형, 그리고 음성, 애니메이션을 통해 입체적으로 즐길 수 있도록 많은 공을 들인 흔적들이 역력했다.

이렇듯 미래는 준비하는 자의 몫이다. 첨예화되는 현실 속에서 '문학을 통한 인간성 고양'은, 밝은 미래의 창을 여는 백년대계의 초석이다. 청소년 문학 기행에 각별한 관심을 기울이는 옥천군과 옥천문화원, 옥천교육지원청의 모습은, 군민들의 자긍심을 가일층 고취하리라 확신한다.

짧은 하루의 여행이 긴 여운으로 자리매김해서, 옥천의 꿈나무들의 가슴속에 잊히지 않는, 추억의 장이 되기를 마음껏 기원해 본 하루였다.

옥천 청산 한곡리, 동학 유적지에서

후세 사가들의 동학(東學)에 대한 사전적 평가는 이렇다.

동학은 그 교지(敎旨)가 시천주(侍天主) 신앙에 기초하면서도 보국안민(輔國安民)과 광제창생(廣濟蒼生)을 내세운 점에서 민족적이고 사회적인 종교이다. '동학'이란 교조 최제우가 서교(西敎 : 천주교)의 도래에 대항하여 동쪽 나라인 우리나라의 도를 일으킨다는 뜻에서 붙인 이름이며, 1905년에는 손병희(孫秉熙)에 의하여 천도교(天道敎)로 개칭되었다.

창도 당시 동학은 한울에 대한 공경인 경천과 시천주 신앙을 중심으로 모든 사람이 내 몸에 천주(한울님)를 모시는 입신(入信)에 의하여 군자가 되고, 나아가 보국안민의 주체가 될 수 있다는 경천사상에 바탕을 둔 나라 구제의 신앙이었다.

그러나 제2대 교주인 최시형(崔時亨)에 이르러서는 '사람 섬기기를 한울같이 한다(事人如天)'라는 가르침으로 발전하게 되고, 인간뿐만 아니라 모든 자연의 산천초목에 이르기까지 한울이 내재한 것으로 보는 물물천 사사천(物物天事事天)의 범천론적 사상(汎天論的思想)이 널리 서민들의 마음을 사로잡았다.

　손병희는 더 나아가서 사람이 곧 한울이라는 '인내천(人乃天)'을 동학의 종지(宗旨)로 선포하였다. 동학의 사회사적 의의는 양반 사회의 해체기에 농민 대중의 종교가 된 점에 있다. 동학사상과 동학운동은 서민층의 반 왕조적인 사회개혁 운동의 성격을 띠고 있었다.

　사전적 의미가 내포하듯, 동학을 혹세무민이요, 반정(反正)으로 몰아가는 것은 무능의 절정을 스스로 감내할 수 없기에, 선량한 백성의 목을 비트는 절대 왕권의 추악한 오만방자함이다. 그들은 19세기 열강 제국주의자들의 탐욕스러운 지배 야욕이 아시아를 호시탐탐 노리는 국제 정세를 감당할 능력조차 없었다. 오직 '우물 안 개구리'에 만족하면서, 부패의 극치를 자행한 고종 정부는 실정의 처참한 실상을 오직 힘없고 가진 것 없는 무지렁이 같은 백성들에게 전가한 희대의 무능한 군주였다. 오직 즐기는 것은 탐욕스러운 정욕과 기득권 세력의 안위를 지키려는 저열한 통치세력의 혹세무민과 당리당략에 현혹됐기에, 국운이 파산되는지도 감지 못했던 시대가 바로 고종의 정권이다.

　이렇듯 우리 민족의 근대사는 치욕의 굴레다. 그것은 한 왕조의 위정자가 백성 알기를, 너무 가볍게 본 결과다. 세도 정치의 폐단(弊端)을 경험하고도 대원군은, 집요한 정권욕에 사로잡힌 가운데, 왕조를 파멸로 몰아간다. 한 왕조가 썩으면 백성의 꼴은 형극을 걸을 수밖에 없다. 피맺힌 절규의 함성이 결국은 씻을 수 없는 원한이 되어, 횃불을 들기 마련이다. 이렇게 지도층이 부정과 부패가 만연되면, 이를 일러 『사기』의 저자 사마천(司馬遷)은 '이식(耳食)'이라 했다. 귀로다 음식을 먹으려고 하는 놈이라는 비아냥거림이다. 이 이식(耳食) 집단의 원조가 대원군의 가문이다. 일제 강점이라는 피할 수 없는 숙명 같은 암울한 시대를 자초하게 된다.

썩을 대로 썩은 관료들의 가렴주구(苛斂誅求)로, 하늘 무서운 줄 모르는 학정(虐政)을 펼친 시대가 바로 고종의 이력이다. 이를 견디지 못한 민초들은 생계를 유지하던 곡괭이와 낫을 들고, 위정자의 목전에 항거하기 시작한다. 민초는 순한 물이요, 풀이다. 물은 만물을 낳고 기르되 자기주장을 하지 않는다. 물의 '유용성'은 아무리 강조해도 지나침이 없다. 하지만 물이 단순히 순기능으로만 작용하기를 바라는 것은 위정자의 오만 방자함의 극치다. 민심이라는 물은 바람을 만나면 파고를 일으켜, 격한 역반응을 일으킨다. 배를 뒤집는 기능도 불사한다.

'풀'의 기능도 이와 유사하다. 풀은 유약하지만, 절대 밟히지만은 않는다. '역(易)의 경계'를 넘기 위해 잠시 엎드릴 뿐, 자기 혁신의 동력(動力)을 발동하기 시작한다. 그것은 남의 독촉이나 명령에 따른 응답이 아니라 자발적 동기라고, 어느 시인은 '풀'의 해석을 역동적으로 부연한다. 그렇다. 타인의 명령을 벗어나 생명의 당위성을 요구한 민초들의 함성이 바로 '동학운동(東學運動 1894년 고종 31)'이다. 동학은 반란이 아니다. 반란이라 주장하는 것은 역사를 부정하려는 썩은 왕조와 기생충 같은 공맹 사상의 추종자들인 우활(迂闊)한 집권층의 궁색한 자기변명이다. 무지한 백성을 볼모로 잡은 무능한 왕조에 대한, 자발적 갱생의 절규며, 최소한의 자주권 운동이다. 아니 처절한 삶에 대항한 피맺힌 절규, 그 자체였다. 사마천(司馬遷)은 일찍이 『사기』에서 갈파하지 않았던가.

"가장 못난 정치는 백성을 우습게 보는 짓거리요, 고로 백성들과 다투는 정치다."라고. 임금이 오죽이나 못났으면, 제나라 백성을 처참하게 도륙(屠戮)시키려고 일본 놈을 끌어들인단 말인가. 거기에 부화뇌동(附和雷同)한 썩은 유생과 양반 놈들, 그리고 늑대의 탈을 쓴, 일본의 야심이 합작을 이뤄 무자비한 살육을 자행한 것이 동학의 실상이다. 백성의 고혈을 비틀어서 수탈한 자금으로, 현대식 무기를 도입해 제 백성의 가슴을 향해서 무참하게 도륙(屠戮)을 자행한 임금이 고종이다. 힘없는 백성들에게 분풀이를 자행한, 천추에 유례가 드문 폭군이다. 우리는 동학운동의 아우성이 지금도 하늘에 닿아 있는 '우금치'를 잊어서는 안 된다.

우금치 도륙 현장을 목도한 후세의 한 사가는 이렇게 전한다.

"우금치 전투는 일본 놈과의 전투가 아니었다. 그것은 일본을 앞세운 썩은 왕조와 부패한 양반 관료가 합작해서 백성을 처참하게 살육한 광대놀이 마당이었다."

이것이 조선 왕조가 백성을 대하는 자세였다. 이 패륜을 자행해 놓고도 일말의 양심의 가책을 느낄 줄 모르며, 책임을 반정(反正)으로 몰아가는 위정자는 자격을 논할 필요가 있을까.

장자(莊子)는 「응제왕(應帝王)」에서 접여(接輿)의 입을 통해서 위정자들에게 신랄(辛辣)한 촌철살인을 한다.

"천하를 다스리는 것은 바다를 걸어가고 황하를 파는 일이요. 모기에게 태산을 짊어지게 하는 것과 같은 일이다."

장자의 말은 '반어'와 '우언'의 연속선이다. 장자의 시각으로 보면 조선 왕조 선조와 대원군의 가문은, 모기의 혈통을 유감없이 힘없는 백성들에게 발휘한 몽매한 정권의 민낯이었다.

이 민초들의 원한 맺힌 함성을, 역대 독재 정권은 입맛대로 끌어다 '역발상'했다. 비통하게 눈을 감지 못하는 원혼들을 두 번 죽이는 만행이다.

그 암울했던 시기에 "사람이 곧 하늘이다(人乃天)."라고 주장할 줄 알았던 사람들이 바로 동학의 지도자들이었다. 사람은 저마다 하늘의 자식이면서, 그 하늘을 제 가슴속에 모시고 있다. 그래서 '사람이 곧 하늘이다'라는, 가느다란 목소리를 낸 것이 '동학'의 시작이었다. 동학(東學)! 그 정신의 본질은 '생명 운동'이다. 그것도 사람의 목숨만을 주창한 것은 아니다. 내 생명이 소중하듯, 사람이 목숨을 유지하는 한, 무시할 수 없는 동반자인, 하늘과 땅과 자연 만물의 목숨을 하나같이 소중하게 여기자는 생명사상(生命思想)이 바로 동학의 만물에 대한 공경 사상이다. 내가 목숨을 지탱할 수 있는 것은, 오직 생명 현상계의 모든 이웃과 조화로운 공조 속에서 삶을 형성할 수 있다는 민족자존의 종교 사상운동이 바로 동학운동의 핵심 사상이었다. 고로 인내천 사상, '사람이 곧 하늘이다.'라는 주장이 가능했다. 이 기본 사상의 기치 아래 뭇 생명을 중시할 줄 아는(天地與我同根), 삼경설(三敬說)을 주창한 민족자존의 운동이 바로 동학이었다.

  동학의 2세 교주 해월 최시형 선생의 『삼경설』은 첫째 하늘을 섬길 줄 알고(敬天), 둘째 사람을 존중할 줄 아는 마음(敬人) 사상이요, 셋째는 경물(敬物) 사상이었다. 천지 만물이 나와 같은 뿌리이건대, 똑같은 생명공동체이거늘 하물며 인간의 목숨이야 말할 필요가 없다는 것이다. 고로 사람을 하늘처럼 섬기고 만물의 생명을 내 목숨과 같이 받들 줄 알라는 사상이 곧, 동학의 핵심이요, 철학이며, 실천 행동강령이었다.

  그렇기에 최시형 선생은 늘 말씀하셨다.

"밥 한 사발의 이치를 알면, 세상만사의 이치는 자동으로 터득할 수 있다." 밥 한 사발은 사람의 땀방울뿐만 아니라, 하늘과 땅과 만물의 기운이 하나가 되어, 한 사발의 밥이 식탁 위에 오를 수 있는 이치라고. 고로 돌이라는 무생물도, 미물의 벌레 하나하나에도 한울님(신)의 은총이 없는 것은 존재할 수 없는 논리가 사람 사는 세상의 무시할 수 없는 논리라고 주창하셨다.

그렇다. 현대 인류 문명의 역사는 자연을 정복해서 문명을 계발하고 최첨단의 정보로 지구를 정복하는 일일 것 같지만, 인간이 계발한 최첨단의 정보와 무기는, 결국 인간성을 스스로 괴멸시키는 자가당착의 논리가 되어 부메랑이 될 것은 자명한 순리다. 과거도 현재도 미래의 인류 발전의 길은 동학의 논리를 받드는 길뿐이다. 만물과 인간의 생명이 생명공동체라는 의식이 얼마나 시공을 초월한 선명한 이론이라는 사실은 역사가 증명할 것이다.

무능한 군주와 정권욕에 사로잡힌 탁상공론의 우활(迂闊)한 유생들이 벌이는 놀음판은 고루하기 뻔하다. 손 안 대고 코 풀려는, 개, 돼지 취급을 하던 무지몽매한 백성들의 고혈을 짜내서 혈세를 강제 갹출하고, 그 돈으로 백성의 목에 칼을 들이대는 무능한 군주 시대, 꽃송이처럼 산화한 저렇게 비참하게 도륙당한 동학도들을 보라! 한 시대의 위정자가 몽매하면 크게는 국가는 패망을 자초함이요, 민생의 도탄은 누구의 잘못이란 말인가. 어찌 세계 역사에 유일무이한 인내천이라는 사상을 사자후처럼 설한 제 백성의 목숨을 초개만도 여길 줄 모르고, 혹세무민이란 탈을 씌워서 도륙을 자행한 군주가 진정한 군주란 말인가. 19세기에 어느 철학자와 사상가가 '하늘과 사람과 자연의 공존 논리'를 피맺힌 절규로 외쳤단 말인가? 아무리 개, 돼지 같은 백성으로 보일지언정, 어찌 사람이 곧 하늘이요, 제 목숨이 소중하면, 하늘과 땅, 자연 만물의 목숨을 하나같이 소중하게 여기자는, 고로 미물인 벌레 하나하나도 거룩한 나의 스승이요, 인간의 무시할 수 없는 도반이라는 생명 운동이 혹세무민이요, 반정의 행위라고 매도할 수 있단 말인가.

'이순신'이라는 구국의 영웅을 감당할 수 없었던 선조와 고종은 분명 결을 같이 나눈 무능의 극치를 이룬 희대의 군주였다. 치졸한 정권욕에 사로잡힌 나머지 집안싸움에 나라를 패망의 길로 이끈, 아니 빈대를 잡으려다 초가삼간을 태운 군주, 이들을 지존으로 받든 한 많은 조상님이 일제의 잔인무도한 만행 앞에서 소리 없이 피를 토하며 쓰러져갔다. 그 원한과 함성이 아직도 삼천리 금수강산에 잠들지 못하고 떠돌고 있는 것 같다. 이슬처럼 사라져간 백성들의 피맺힌 원성이 주마등처럼 떠오른다. 이렇듯 위정자가 '시대정신'을 상실한 지도자는 만대 백성의 피를 빨아먹는 흡혈귀와 다름없다.

동학은 이렇듯 어느 나라도 감히 언감생심 꿈꿀 수 없는 '생명 사상'의 실천운동이었다. 이 고결한 희생정신의 빛나는 투혼이 면면히 역사의 숨결을 지켰다. 일제에 항거한 독립운동과 3·1 민족 만세운동의 혈류를 관통하는, 부인할 수 없는 정기가 바로 동학운동의 요체요, 중핵이었다. 백성을 도륙한 무능한 군주 앞에서 발화되어 한민족 불굴의 기상을 만천하에 공포한, 3·1독립만세운동에서 유감없이 발현되었다. 물질 만능을 꿈꾸다 하늘도 땅도 만물도 몸살을 앓는, 현대를 살아가는 우리들도 거부할 수 없는 생명 사상운동이며, 후손들이 이어받아 실천해야 강령이다.

옥천군과 옥천문화원이 해마다 거행하는, 청산 한곡리 동학 영령들의 '진혼제'는 후손 된 자의 당연한 책무다. 아니 이 땅에 살다간 조상들의 한 맺힌 절규에, 뒤늦게나마 동행해 경건한 마음으로 뜨겁게 올리는 작은 맹세요, 후손된 인륜의 최소한의 도리다. 시대를 초월하는 '동학 정신'의 숭고한 이념을 가슴 깊이 새겨서, 사람이 곧 하늘인 세상이, 미래 인류가 지향하는 지향점임을 가슴 깊이 명심할 일이다. 이렇듯 사람 살만한 세상과 생명의 길은 쉬운 길이 아니다.

예수님도 말씀하셨다. 깨어날 사람은 주님이 아니라 우리들이다. 나의 깨달음은 내가 깨닫는 게 아니다. 내 안에 계신 주인공이, 나 때문에(나한테 갇혀서) 감겼던 눈을 뜨고 오랜 잠에서 깨어나시는 것이다. 그것이 바로 깨달음이요, 각성일 것이다.

　무능한 군주를 만나서 하소연 한 번 못 하고 절통하게 스러져간, 저 비운의 동학 선열들의 피맺힌 가르침을, 오늘의 후손된 우리들은 항시 반성하고 각성할 일이다. 삼가 질곡 같은 세월 앞에서 하염없이 쓰러져 간 넋 혼들이여! 부디 하늘에선 마음껏 고운 뜻 펼치시길.

가산사에 깃든 호국 정신

임진왜란(壬辰倭亂 1592년, 선조 25)은 왜국의 태합 풍신수길(太閤 豊臣秀吉)의 야욕에 의해, 저질러진 천추에 용납될 수 없는 만행이었다. 조선의 전 국토를 초토화하는 참혹한 전쟁이었다. 조선 왕조 창업 이래 2백여 년을 평화롭게 살아온 조선으로서는 참담한 현실 앞에 국가가 감당할 수 없는 절체절명의 위기를 맞이하게 된다. 백성은 무참하게 도륙당하고 도성인 한양은 불바다가 되었다. 임금인 선조는 개, 돼지 취급을 하던 백성을, 순간에 버리고 북녘 땅으로 몽진하였다.

어떻게 보면 조선 왕조는 '공맹 사상'에 위해 패망한 국가다. 공맹 사상은 이론과 현실의 괴리에서 자신을 죄는 올가미 역할을 했다. 그들이 숭상했던 '인의예지'와 '충효'는 물과 기름같이 겉돌았다. 선비는 책만 읽고 노동과 조세, 군역은 농민과 천민이 부역하는 세상은 이륜 배반의 군자 세계가 이상향을 지향하는 언어도단이다. 어찌 한 백성을 양반과 상놈으로 나눌 수 있단 말인가. 고로, 우활(迂闊)한 선비들은 문자에 집착한 나머지 이상과 현실 사이에서 겉돌 수밖에 없는 문자 식충이로 전락하고 만다.

그들이 천박하게 취급해서 천민 취급을 하던 '불씨 사상-불교'는 삼라만상을 한목숨으로 여기는 사상이다. 내 생명이 있고 하늘이 있으니, 내 생명과 미물들의 목숨을 같이 소중하게 여겼다. '부처를 만나면 부처를 죽이고, 조사를 만나면 조사를 죽이라' 했다. 돼지도 한목숨 귀한 생명이요, 잡초도 똑같은 귀한 목숨으로 여기는 사상이 바로 불교였다. 그런데도 공맹 분자들은 중들을 사람 취급을 안 했다.

임진왜란은 왜국의 침략야욕도 있었지만, 무능한 군주 선조의 안일 무사가 저지른 실정이었다. 왜국으로 통신사를 보내, 왜국의 정세를 정찰하라고 보낸 통신사는 갈 때부터 뜻을 달리해, 알력으로 삐걱거렸다. 군주가 밑바닥 민심을 무시하고 싫은 소리에 귀를 닫으면, 현실을 왜곡하기 마련이다. 군주는 해와 달이 사시사철 변함없이 주행하듯, 늘 긴장 속에서 학문과 덕성을 겸비하고 경륜을 통해 투철한 시대정신을 가슴으로 불태우려 온몸으로 실천하려고 노력할 때만이, 보국안민은 유지되는 법.

옛 성인들은 '법고창신(法古創新)'을 통해서, 자신의 길을 밝혔다. 법고창신은, 어제의 깨침을 오늘의 변화로 유도하는 마음이 짓는 행위다. 스스로가 변화하기 위한 자구책이다. 이렇듯 진정한 자기 연마는 자기 내성의 목소리에 귀를 기울이며 변화하여 생각을 바꾸고 삶을 반조하는 과정이다. 고대 중국의 탕왕은 세숫대야에 다음과 같은 글을 새겨 놓고서, 매일 아침 세수할 때마다 마음을 다잡았단다. "진실로 새롭게, 날마다 새롭게, 또 새롭게 변하라.(苟日新 日日新 又日新)" 이렇게는 못 할지언정, 아첨하고 곡해하는 말에만 귀를 기울이면, 국정은 파탄을 면키 어렵고 민생은 도탄의 와중을 면치 못하는 것이 역사의 가르침이다.

우리 조상들의 혈류엔, '사촌이 땅을 사면 배가 아플 수밖에 없는' 피가, 옛

날이나 지금이나 도도히 잠재해 있는 것 같다. 몽매한 군주 중종을 만나 사화에 희생양이 된 조광조가 그랬듯, 정약용은 실학자로 개혁 군주 정조와 함께 조선의 변화를 그 누구 못지않게 갈망했던 인물이다. 그러나 정조가 죽자 천주교를 믿었다는 이유로 귀양길에 오르게 된다. 하지만 정약용의 유배는 우리 조상들의 가슴에 지울 수 없는 더러운 피 때문이다. 가식과 위선, 그 가증스런 삶의 굴레는 옛날이나 현재나 변할 수 없는 유전자인 것 같다. 하나로 뭉칠 수 없는 근성과 남을 폄훼하고 중상모략을 즐기는 습성은 우리 민족의 씻을 수 업는 병폐. 임진왜란도 이 범주에서 벗어날 수 없는 상황에서 벌어진 참극이다. 정약용도 사색당파라는 고루한 유학자들의 탁상공론의 화살을 피할 수가 없었다. 당파 싸움으로 인한 갈등과 선견지명으로 불철주야 부단한 정진을 통해, 자기 계발에 목숨을 거는 정약용의 탁월한 재능에 대한 질투, 암행어사 시절에 그가 행한 청렴결백한 처신은 오히려 유배라는 화살로 부메랑이 되어 돌아왔다.

　동인과 서인의 끝없는 반목과 갈등 속에서 전혀 가늠할 수 없는 통신사들의 복명 앞에서, 선조는 쉬운 자기 안일을 택한다. 율곡이 주장한 '십만양병설'과 유성룡은 누차 왜의 침공에 대비해야 된다고 강조했다. 오히려 선조는 유성룡의 말을 불측하게 생각했다. 구국의 화신, 이순신이 당한 수모를 유성룡도 어김없이 받는다. 당대 명장 신립과 이일을 경상도와 전라도 해안에 배치해서 병화를 미연에 방지해야 됨을 간곡히 역설했지만, 선조는 부득불 자기주장을 꺾지 않고, 진언하는 신하의 불충을 의심했던 군주가 바로 선조였다. 이에 선조는 평양으로 도망을 가면서도 유성룡으로 하여금 혼자서 서울을 지키게 했다. 혼자서는 지킬 수 없는 불가항력의 상황 앞에서, 바른말을 하는 유성룡을 버리려 했던 군주가 바로 선조다. 이항복의 눈물겨운 주청으로 선조와 합류한 유성룡, 그는 마침내 명나라와의 모든 교섭을 주도하게 된다.

조선 건국 201년 만에 선조는 경복궁을 버리고 도망을 친다. 임진왜란이 발발한 지 한 달도 안 돼 왜군은 서울에 입성한다. 그야말로 폭풍 노도와 같은 거칠 것 없는 행군에 백성들은 개와 돼지처럼 초토화되어, 끽소리 한번 못하고 돌아올 수 없는 객귀의 귀신이 된 것이다. 이에 백성들이 경복궁과 창덕궁, 창경궁을 보라는 듯 불태워 버린다. 형조와 장예원의 노비 문서도 불태워 버렸다. 이 와중에 개와 돼지 취급을 받던 무지렁이 같은 민초들이 의병으로 나섰다. 핍박과 노역에 시달리며 살아오던 이름 없는 백성들이 맨주먹을 불끈 거머쥔 것이다. 충주 탄금대를 배수진으로 치고 달래강에서, 최후의 일전을 불사한 신립 장군과 김여물도 함께 가등청정과 맞서 장렬한 최후를 죽음으로 맞는다. 무능한 군주 옆에서 '인의예지'며 '충과 효'를 설하던 알량한 선비들은 각자도생 길로 숨어버린다. 손에 흙 한번 묻히지 않았던, 선비족들은 울며불며 의주로 도망길을 재촉했다.

선조는 묘향산에 있는 서산대사에게 명을 하달했다. 임금의 부름을 받은 서산대사는 제자 사명대사와 함께 승병 1,500여 명의 승군을 이끌고 전쟁에 참여하게 된다. 당시 서산대사의 나이는 72세의 노령이었다.

"차라리 평생을 못 배워서 무식한 사람으로 죽을지언정, 맹세코 '문자법사'는 되지 않으리라!"

언어와 문자에만 얽매이는 비굴한 사람은 되지 않겠다는 맹세이리라. 나라가 위란 지경에 처하고 중생이 도탄 지경에 허덕이는데, 이를 외면하는 도사는 도를 말할 자격이 없는 땡초다. 중에겐 명예와 권세와 돈이 필요 없거늘, 무엇에 거칠 것이 있으랴. 오직 구국의 일념으로 '선검일여(禪劍一如)'의 정신으로 칼과 화살을 잡고서, 코앞에 닥친 짐승만도 못한 왜적을 무찌르고, 국가를 보위하는 것이 '부처의 가르침'보다 급함을 절실히 자각한 마당에 못 할 짓이 그 무엇이던가. 조선 왕조는 불교를 버렸지만, 불법은 양반과 상놈도 선과 악도 하나이기에, 모든 삼라만상이 부처님 품속 자비심의 자식이 아니던가. 도탄에 허덕이는 중생의 아픔이 있는 한, 중생구제가 바로 부처의 진정한 가르침이요, 보살의 존재 이유이기에 서산대사는 아비규환 속에서 임금도 버린 조선 백성을 차마 버릴 수 없었다. 조선 백성의 귀와 코를 베어 소금에 절여 전리품으로 가져간다는 천인공노할 만행 앞에서 치를 떨었다. 그 와중에 제자 영규대사(靈圭大師)가 왜군 섬멸에 앞장서서 청주성을 회복했다는 소식 앞에선 주체할 수 없는 감회에 젖었으리라. 영규대사는 서산대사의 제자로 공주 청련암에서 무예를 수련했다. 왜란이 발발하자 최초로 승군을 일으켰고, 전국적으로 승군이 왜란의 최전선에서 활약할 수 있는 도화선 역할을 자임하셨던 승려이다.

　서산대사는 당신의 소임을 마친 후, 당신의 제자 사명대사에게 직책을 물려주고 다시 묘향산으로 들어간다. 노구를 이끌고서 묘향산으로 입산을 하면서 남긴 시가 있다. 대사의 이 시 한 편은 지금도 우리에게 전하는 바가 많다.

　"눈 내리는 들판을 걸어갈 때(踏雪野中去)/아무렇게나 어지러이 걷지 마라(不須胡亂行)./오늘 내가 남긴 발자국이(今日我行跡)/뒷사람의 길이 되리니(遂作後人程)."

　그렇다. 위기 앞에서 안절부절못하고 제 백성을 먼저 버리고 도망가는 군주를 향한, 금쪽같은 외침으로 서산대사의 가르침이 들리는 것은, 옹졸한 필자만의 환청일까. 몽매한 군주는 금수강산 산천초목 앞에서 부끄러운 줄도 모르고 울었다. 그러나 이름 없는 의병들은 하나같이 목숨을 초개같이 버릴 줄 알았다. 헛된 삶보다는 참된 죽음으로 허수아비 같은 조국을 위해, 이 한 몸 바칠 줄 알았던 것은 무지렁이 같은 민초요, 무식한 천민이요, 사람대접도 못 받았던 중들이었다. 그들의 뜨거운 피가 엉겨서 이 강토를 그나마 지킬 수 있었다. 의와 예, 효와 충을 입버릇처럼 남용하던 잘난 선비족은 어디로 갔을까? 모두가 각자도생하기 위해 산속으로 숨어 버린 것은 아닐까? 선비들이 산속으로 숨자, 천민 취급을 받던 중들이 산속에서 왜놈들의 만행 소식에 치를 떨면서 사자처럼 뛰어나왔다. 부모도 버리고 형제도 버린 독한 중들이지 않던가. 그들이 친혈육도 버리고 입산수도해 '상구보리 하화중생(上求菩提 下化衆生)'을 갈구하던 중들이, 공맹의 제자들 대신 칼과 망치를 들고 목숨 껏 피를 흘렸다.

바람에 움직이지 않는 단단한 바위처럼, 비난과 칭찬에서 벗어난 길을 자청하는 사람이 수도자다. 서산대사와 사명대사, 그리고 그분들의 제자였던 영규대사는 맑고 고요한 깊은 호수 같은 마음이 칼을 잡고 화살을 날렸다. 공맹의 제자들은 입버릇처럼 수행승을 천박한 천인 취급을 했지만, 불제자들은 도탄에 빠진 백성의 눈물 앞에선, 칼과 창을 죽비로 삼았던 것이다. 나라가 있고 종교가 있음에 살생을 금하는 지엄한 불법의 가르침을, 잠시 버릴 줄도 알았다. 시름하는 중생들을 품에 안고 생사를 같이 나눌 줄 아는 것도, 부처님의 가르침임을 온몸으로 시현한 것이 중들이다. 그리곤 새가 날아간 허공 같은 길로 발자취를 남기지 않고 본래의 산속으로 미련 없이 사라졌다. 백성들이 통곡하는 쓰린 가슴을 깊이 새기면서, 산속으로 돌아가는 저들의 뒷모습을 우리는 결코 망각하면 안 된다. 땅처럼 두텁게 모든 백성의 아픔을 품을 줄 알았다. 이런 뜨거운 선열들의 호국정신 앞에, 오염되지 않은 맑은 샘물 같은 수도승들의 구국의 횃불이, 지금도 면면히 계승되고 있음을 누군들 부인할 수 없을 것이다. 보라! "무릇 삶에 집착하지 않는 자는 결코 죽지 않고(殺生者不

死), 살려고 몸부림치는 자의 삶은 얼마나 부끄러운 모습인지를(生生者不生)"

그들이 입버릇처럼 말하던 군자는 무엇일까. 문자 식충이는 군자 병을 앓는 버러지만도 못한 밥만 축내는 식충이들이다. 말과 글, 행동이 일치를 이루고 유생들이 목숨처럼 받드는 의리를 몸소 실천하고, 그 실천력으로 삶을 운용할 줄 아는 경륜이 바로 진정한 군자가 학문을 추구하는 지향점일 것이다. 그런 점에서 중봉 조헌(重峯 趙憲) 선생은 참된 유학자요, 배움을 몸소 실천한 당대의 드문 도학지사(道學之士)요, 경륜과 도량이 바다처럼 넓은 실학자였다. 율곡 이이(栗谷 李珥) 선생의 참 제자였다. 조부도 조광조의 문하생이요, 부친도 성수침(成守琛)의 문하에서 수학을 했다. 중봉 조헌 선생은 고려말 최고의 의절파인 정몽주-조광조-김종직의 혈맥을 잇는다. 거기에 조선조 최고의 거유인 우계 성혼과 토정 이지함에다, 율곡 이이 선생의 후학이니 학문적 경계야 논할 필요가 있을까.

1589년(선조 22년) 4월 도끼를 들고 당시 절체절명의 위기 상황을 하소연하였으나, 오히려 함경도 길주로 유배의 길을 걷게 된다. 1591년(선조 24년) 풍신수길의 첩자 승려 현소를 보내, 명을 칠 테니 길을 빌려달라고 하자, 또다시 도끼를 들고 대궐 앞에 엎드려 상소를 올렸으나 허용되지 않았다. 드디어 임진왜란이 발발하자 청주에서 1차 의병을 일으켰고, 옥천에서도 의병을 모았으며, 4차례의 의병을 일으켰다. 영규대사와 청주성을 합세하여 수성하기도 했다. 왜병이 전라도로 향하는 길을 막기 위해 금산으로 향했다가, 충청도 순찰사 윤국형(尹國馨)과의 의견 대립, 전공을 시기하는 관군과의 대립으로 의병은 많이 흩어지고, 7백여 명만 남게 된다. 그러나 청주를 떠난 영규대사와 합세했으나 후속 부대가 없는 것을 감지한, 왜군에 의해 금산전투에서 장렬한 최후를 맞게 된다.

정몽주와 조광조의 학풍과 천추에도 변함없는 절의와 기상은 산천초목도 감동하게 한 학자요, 명장임을 유감없이 발휘한 선생이시다. 그 의로운 삶 앞에, 오늘을 사는 우리들의 가슴도 고동치게 만든다.

"이곳이 내가 묻힐 땅이다. 장부는 죽음이 있을 뿐, 구차한 변명은 필요 없다."고 하늘에 맹세한 다음, 산화한 학문과 행실이 일치를 이룬 만세에 빛날 올곧은 선비, 경륜과 처세가 조선조에서 찾기 드문 더 없는 충신의 귀감이 아니랴. 율곡 선생에게 배운 학문과 삶의 도를 나라를 위해 마지막 목숨까지 아낌없이 헌신하셨다. 선비가 지향해야 할 삶의 좌표를 몸소 실천하신 중봉 선생의 호국정신은 만고불변의 역사 교과서다.

'가산사에 깃든 호국정신'을 후손들에게 유감없이 발휘하신 인걸들은 가고 없다. 그러나 영규대사와 중봉 조헌 선생의 구국일념의 추상같은 기상은 지금도 해와 달과 같이 우리를 지켜보고 있다. 우리 고장의 작고 초라한 채운산 가산사가 만고의 호국 도량이라니, 내딛는 발길마다 생각이 깊다. 무심한 풍경소리만 울려 퍼지는 작은 암자에서, 400여 년 전 선열들의 뜨거운 호흡을 재삼 음미하는 감회 비장하다. 삼가 선열들의 피를 토하는 절규와 함성이 지금도 쟁쟁하게 들리는 것 같다.

이렇듯 우리가 발을 딛는 대지는 조상들의 피와 땀과 눈물로 이룬 강토다. 그렇기에 선조들의 뜨거운 호국정신이 깃든 육신과 같다. 고로, 호국정신의 화신이신 영규대사와 중봉 조헌 선생이 피로 지켜려던 그리던 산하가 병풍처럼 드리워진 고향 산천에서, 해마다 거행되는 중봉충렬제 행사는 유장한 강물처럼 만대에 길이 지키고 보존해야 할, 후손의 당연한 책무다.

24년도 지용제 워크숍 동행기

　시는 문화예술의 정수(精髓)다. 고로 좋은 시는 가락이 녹아 있다. 그 가락은 휘늘어진 겨레의 면면한 정조와 숨결이다. 이 가락은 '하늘에서 내려와 사람에 깃들고, 자연에서 그 품격이 완성된다.' 말한다. 그 가락을 흔들 줄 아는 사람이 시인이다. 시인은 혀를 감추고 어떻게 말하는지 알 수 없게, 가락을 이미지로 형성시키고 민족적 정서 속에 역동적 근원의 힘을 도출시킬 줄 안다. 이 행위가 상상력으로 빛을 발해 정서의 반응을 자극해 잉태된 언어가 시다. 고로 시인의 말은 걸음이 아니라 춤사위다.
　"달빛은 무엇이든 구부려 만든다/꽃의 향기를 구부려 꿀을 만들고/잎을 구부려 지붕을 만들고."
　정지용 선생은 '향수'를 구부려 만인의 심금을 울렸다. "그곳이 차마 꿈엔들 잊힐 리야."라는 구절은, 백 년 동안 우리 민족의 흉금을 녹여냈지만, 지금도 향수의 휘늘어진 가락의 힘은 그칠 줄 모른다. 아니 고향을 떠난 실향민들의 송곳이 되어 여린 마음의 한쪽을 후빈다. 나약한 한국인들의 고향 정서를 사정없이 후빈다. '향수'는 고향을 떠나 객지 생활을 하는 모든 이들의 모성이다. 고로 향수는 쉽게 잊을 수 없는 질병이다. '꿈엔들 잊을 수 없는 것'은, 내가 없는 고향의 아늑한 풍경과 연민의 정감들이 비수같이 닿으면서, 걷잡을 수 없는 힘을 분출시키기 때문이다. 그리고 천천히 처음 있던 곳으로 되돌릴 줄 아는 불굴의 힘을 안기는 것이 바로 향수다.

정지용(1902-1950), 그는 분명 불세출의 시인이다. 그가 위대한 것은 하나 둘이 아니다. 1920년대 민족의 가락을 녹여낸 시인은 분명히 있었다. 북에는 민요조의 가락과 북관 문화의 정서를 민족 상실감으로 승화시킨, 김소월이다. 남쪽에는 불교적 형이상학의 고매한 철학적 사상과 민족적 상실감을, 시대를 초월한 선구자적 안목에서 특이한 화법으로, 민족의 정서를 사정없이 분출시킨 만해 한용운이라는 위대한 시인이 분명히 존재한 시기였다. 그러나 소월과 만해의 가락이 진정한 한국시의 표상이라 좌표를 설정하기에는, 한계가 존재한다.

한국의 현대문학사에서 정지용만큼 시의 안목과 견지자적 자세를 준비한 인물은 없었다. 백 년의 세월이 다가와도 정지용을 능가할 인물은 없다. 그는 1930년대에 이미 현대시가 갖추어야 할 여러 가지 면모를 유감없이 제시했다. 특히 지용 선생은 당대를 초월하는 '청신한 감각과 독창적 표현 방식'에선, 자타의 이목을 경악시키고도 남는 측면이 있다. 고로 우리는 정지용 선생을 '현대시의 아버지'라고 추앙하는 것 아닐까. 현대시가 정체성을 갖추기 전에 갖추어야 할 기본적이고도 중요한 사항들을, 교과서를 펼쳐 보이듯, 시의 형식에서 독보적으로 제시함으로써, 한국시의 새로운 지평을 개척하고 고양한 분이 지용 선생의 문학사적 업적이다. 이런 지용 선생의 문학적 얼을 추앙하고 계승하기 위해 축제를 여는 것은 옥천군만의 선택된 축복이다. 그러나 현대는 무한 변화의 시대다. 변화가 시대정신이다. 이 시대정신에 부합하기 위해서는 부단한 노력을 요구한다.

'옥천문화원'이 주최하고 옥천군이 후원하는 24년도 지용제 워크숍 행사가, 2월 22일(목)~23일(금), 1박 2일의 일정으로 한국 문화예술의 심장이라 칭송되는 '통영'에서 진행되었다. 지용 선생이 말년, 청마 유치환 선생의 초청으로 방문했던 유서 깊은 곳이다. 참가자는 행사 전문 기획 교수단과 관계 공무원, 그리고 지역 사회 문화예술 단체와 학생, 구읍 이장단으로 구성되었다. 필자는 『옥천문화』의 편집위원 자격으로 참가했다. 축제의 총감독을 맡으신 민양기 교수의 눈빛은 예사롭지 않았다. 전쟁을 목전에 둔 지장의 모습이 연상됐다. 준비된 강의는 주도면밀함 그 자체였다. 학창 시절의 물리학 수업보다 난이도는 심했고, 심의는 치열했다. 세미나가 진행되는 동안 참가자들의 열정은 불꽃같이 치열했다. 불빛만이 한가롭게 졸뿐, 사위는 긴장의 연속선이었다. 한 행사를 기획한다는 것이 이렇게 고된 작업인 줄 미처 몰랐다. 이렇게 지역 사회가 일심으로 변화된 모습으로 준비를 철저히 해야 함을 뼈저리게 체험했다. 그리고 지역 주민 참여와 예술인들의 호응을 유도해야 한다. 이것도 작은 문제가 아니다. 변화된 축제 속에서 모두가 하나가 될 수 있는

소통과 화합의 장을 창출시켜야 한다는 막중한 책무가 수반된다. 그래야 진정한 흥과 가락이 살아 숨 쉬는 지용제를 준비할 수 있겠다는 마음의 자세가 용암처럼 치솟기 시작했다.

민양기 교수의 100분의 강의는 치열했다. 저 유명한 시구처럼 "꽃잎 하나가 소똥 위에 떨어져 있다. 마치 불꽃처럼."

이처럼 변화를 추구하는 것은 시대정신이다. 시대정신은 헌 옷을 새 옷으로 갈아입는 단순한 의식 행위는 아니다. 지용 선생이 '현대시의 아버지'인 까닭은 단순치 않다. '청신한 감각과 독창적 표현'으로 시를 형상화하는 작업은,

당시의 문단 흐름을 보면 독보적 견지였다. 이렇듯 변화는 고독한 행위요, 부단한 자기 내면의 변화를 요구한다. 지용 선생은 암울했던 일제 강점기에 냉엄한 현실과 격리된 자아의 고립을 추구했다. 그 고립 속에서 순수하고 정갈한 자아의 내부 공간에서 현실에 대응할 저항력을 발산시켰다. "깊은 산 고요가 차라리 뼈를 저리우는데/(…)/오오 견디란다 차고 올연히"

이렇듯 변화는 숭고한 내적 자아의 발견에서 출발한다. 나뭇잎에서 구름을 읽을 줄 알고, 피 묻은 칼에서 연꽃을 볼 줄 아는 사람이 시인이다. 변화는 이렇듯 치열한 내적 자아의 성찰 속에서 잉태된다. 민양기 교수의 37회 지용 문학축제의 추진 동력의 주된 키워드는 '변화와 참여'다. 그 속에서 지역 주민과 예술인이 함께 공유하고 즐길 수 있는 축제 마당을 조성하자는 요지였다. 유정현 문화원장의 강력한 의견도 이와 부합됐다.

문학은 고상한 단어가 아니다. 평범한 일상에 의미를 부여하면, 모든 것이 문학의 언어가 된다. 축제는 놀이다. 놀이는 흥겨움이요, 가락이며, 리듬이다. 놀 줄 아는 사람이 성공한 인생이다. 삶은 어차피 한바탕 꿈인 마당에 징징거릴 필요가 있을까. 시가 가락이요, 리듬이듯 문학 축제도 놀이마당이다. 골목마다 청산 풍물 민속 농악대가 북과 꽹과리로 휘늘어진 가락을 빗어내는 것이다. 시의 등이 켜지고, 시 태극기와 걸개 만국기가 오월 하늘을 수놓는다. '넓은 벌 동쪽 끝에선 얼룩백이 황소도 해설피 울고, 산 꿩도 때를 맞춰서 알을 품고 뻐꾸기도 제철인 양 울 것'이다.

골목을 흥청대는 것이다. '시민(詩民) 나라 골목 문학축제' 마당이다. 지용 선생의 시구로 골목 이름을 짓고, 그 골목에서 부침개도 부치고, 제기도 차고, 시 연등도 날리고, 윷놀이도 펼치는 것이다. 막걸리가 있으면 덩실덩실 춤사위가 있는 골목길을 조성하는 것이다. 지역 청년과 학생들로 '시민 청년

집사'를 모집해서 지역 주민과 문화예술인들의 참여를 유도하고 골목의 담장과 행사장 요소에 대형 걸게를 배치해서 지용 선생의 시 구절을 한 음절씩 자필로 써보는 것이다.

골목길엔 '나태주 시장'(시인 광장)도 펼쳐 놓고, '윤동주 정원'도 조성하는 것이다. 그곳에서 작가와 만남의 장도 펼치고, 함께 골목의 국수도 맛보고, 지역 예술인과 함께 차도 마시면서, 삶과 문학을 논하는 것이다.

이렇듯 분야별 심의 토론은 90분 정도 치열한 난상 토론으로 자유롭게 의견을 개진했다. '향수반'은 시민 나라 시국기 제작 및 게양 방안을 A4용지의 만국기를 만들어 대형 걸게 막에 자필로 쓰는 방안을 제시했다. '고향반'은 축제의 먹거리 창출 방안을 심의했다. '호수반'은 골목 환경을 어떻게 조성해서, 흥겨운 놀이마당으로 지역 주민과 지역 예술인의 참여를 극대화하는 방안을 강구했다. 유정현 문화원장은 지역민과 방문객, 지역 문인들이 함께 놀이마당에 흥을 녹여낼 수 있는 아이템을 창출시켜 줄 것을 교수진과 심의 위원들에게 강력히 요구했다.

지용제의 발전 방향은 과감한 변화와 개혁 속에서 새로운 아이템을 창출하려고 노력한, 이번 세미나와 분야별 토론은 차별화와 특성화를 구축해야 한다는 사명감에 심각한 중압감이 짓눌려 왔다. '뇌수를 쫓는 미싱 바늘처럼'.

동피랑을 거쳐서 마지막 일정은 지용 선생이 통영의 아름다움을 극찬한 미륵산 신선대의 전망대에 마련된 지용 시비 앞에서 기념 촬영으로 갈음했다. 최종 관건은 축제의 흥행이다. 옛날 온 동네가 들썩이듯, 서커스 마당처럼 백중날 씨름판을 벌이는 것이다. 흥행 판의 주인공은 지역 주민과 예술인 그리고 방문객들이다. 옥천군민들의 많은 관심과 성원만이 빛나는 자양이 될 것이다.

24년 청소년 문학 기행록
―정지용 만나러 가는 길

24년도 청소년 문학기행을 떠난다. 올해 문학기행은 예년과 다른 획기적인 구상으로 옥천문화원이 기획했다. 지용 선생 생전 당시, 문화예술인과 호흡을 함께 하던 유적지를 옥천의 문인과 함께 청소년들이 방문하는 뜻깊은 의미가 있다.

"뜬세상의 부박함에 휩쓸리지 않고 시의 권위(威儀)를 높이고 자기 세계를 일구는 시인들이 있다. 좋은 시인은 시가 세월을 견디는 힘과 위안을 주고, 세계에 덧씌워진 허위를 찢고 갱신하는 눈부신 도약과 변환의 동력임을 증명해 보인다."

이 같은 장석주 시인의 말처럼 든든하게 시의 이론과 실재를 증명해 준 분이 바로 지용 선생이 쌓으신 문학적 성취일 것이다. 지용 선생이 남긴 한국 시문학사의 지울 수 없는 금자탑이 전국 곳곳에 역사의 숨결을 타고 매장된 자취를, 미래 세대의 주역인 청소년들과 함께 호흡하면서 발자취를 더듬는다는 의미는 쉬운 일은 아닐 것이다. 선생의 드높은 문학 정신을 고양 계승 발전시키고자, 이 막중한 대사를 전적으로 지원해 주시는 옥천군과 옥천문화원,

그리고 옥천교육지원청의 노고를 학생들에게 누누이 강조했다.

문화는 시와 그림과 음악만 문화는 아니다. 삶의 전 과정이 문화의 뿌리요, 생리다. 삶과 죽음도 문화의 한 축일 뿐 전부는 아니다. 이렇듯 문화와 예술의 경계는 삶의 과즙이다. 자신만의 고뇌와 생각, 삶의 불꽃과 소중한 영혼들이 묻어 있다. 편편마다 그런 정신적 체취의 깊은 단맛이 우러나와야 하고, 생선회처럼 신선한 감칠맛이 있어야 한다. 깊은 예술적 성취는 무언가 참신하고, 즐거움을 주거나, 어떤 깨달음이나 통찰의 세계를 강렬하게 보여준다. 만약 내가 추구하는 예술적 경지가 이러한 성분들이 하나라도 발견되지 않는다면 그건 실패한 작품이다.

시란 무엇일까. 그것을 쉬운 화법이듯, '촌철살인격'으로 자명하게 등불을 밝히신 분이 계신다. 24년도 정지용 문학축제 때 '풀꽃 시학'을 강론하신 나태주 선생님이시다. 선생님이 축제 당일 하신 말씀을 옮겨본다.

마당을 쓸었습니다/지구 한 모퉁이가 깨끗해졌습니다

꽃 한 송이 피었습니다/지구 한 모퉁이가 아름다워졌습니다

마음속에 시 하나 싹텄습니다/지구 한 모퉁이가 밝아졌습니다

나는 그대를 사랑합니다/지구 한 모퉁이가 더욱 깨끗해지고 아름다워졌습니다

그렇다. 나태주 시인의 말씀과 같이 시는 바로 자기 위안이요, 정화다. 이 세상의 주인은 나다. 현대인은 바쁜 일상에서 허덕이면서 삶을 영위한다. 아

침에는 수정같이 맑은 마음이 생활하다 보면 저녁에는 녹초가 되어 더러운 걸레처럼 오염이 된다. 이것이 우리가 숙명처럼 받들지 않을 수 없는 삶의 현주소다. 이런 궁핍한 생활을 벗어날 방법이요, 활로가 바로 시라는 길이다. 이렇듯 시를 읽고 쓰는 이유는 간단하다. 세상의 주인공인 내 마음을 지키는 방법의 일환이 시 쓰기다. 시를 읽고 쓴다는 행위는 고로, 내 마음에 꽃씨를 심는 작업이라고 생각한다. 이렇듯 시와 음악과 그림을 통해서 나의 주인공인, '내 마음에 양식'을 보충하는 작업이요, 녹슬어 가는 마음을 빨아내는 작업이 바로 시와 같이 호흡하는 방법일 것이다.

　나는 시가 무엇인지 모르고 쓰는 사람의 한 축이다. 그런 내가 한창 감수성이 예민한 학생들에게 '기초 시학'을 문학기행을 가는 자동차 안에서 강의한다는 자체는 분명 모순이다. 그러나 시도 일종의 글로 일구는 농사다. 좋은 씨앗을 얻기 위해서는 책을 많이 읽는 방법 외는 없다. 많이 읽다 보면 명료하게 이미지가 그려진다. 이때 펜을 들면 일상의 곳곳에 숨어 있는 보석 같은 글의 소재와 만나게 된다. 이것이 가슴에 와닿아 불꽃 같은 영감을 일으키는 것이, 바로 문학이다. 그래서 무식한 자 용감하다고 했듯이, 토끼 같은 맑은 눈망울을 굴리는 순진한 학생들에게 용기를 내 봤다.

　고로 시는 첫째, 말(문자)로 시적 대상을 이미지화시켜서 그리는 그림이다. 이미지는 우리의 감각에 호소하여 사물에 대한 감각적 경험을 불러일으켜 주는 것이다. 가령 '인생은 무상한 것'이라고 할 때 그것은 하나의 관념이고 추상적 인식에 불과하다. 그러나 '인생은 뜬구름'으로 표현할 때 삶의 무상함을 좀 더 생생하고 구체적으로 인식하게 된다.

　그렇다고 시는, 설명으로 자기의 생각을 드러내는 작업이 아니다. 그렇게 되면 궁색한 설명조의 산문으로 흐를 수 있다. 자기의 생각을 이미지와 이미지로 연결하여 생각의 정서적 구조화를 이루고, 정서를 이미지로 형상화해 자신의 의지를 표출시키는 방법이 시 작업의 첫째 방법이다. 즉 말은 쉽지만, 감성의 시어로 구체화하는 방법은 고혈을 짜내는 중노동이다. 상처 입은 용들이 아니면 감내할 여력이 없는 길이 시인의 고뇌요, 사유의 길이다.

  문학기행을 가는 학생들은 옥천문화원이 옥천교육지원청에 협조 공문을 얻어, 옥천 산업과학고 학생들이 대거 참여했다. 학생들의 눈은 수정같이 맑고 빛났다. 미래의 희망이 그들의 사유 속에 담겼다. 그들이 무엇을 생각하고 실천하느냐가 미래의 관건이다. 요즘 MZ세대는 급변하는 정보의 그늘 속에서 눈 뜨고 잠이 드는 세대다. 정신과 감성의 언어에는 취약하다. 사유도 일종의 노동이다. 마음이 병이 들면 몸은 허수아비 신세다. 그들은 고향과 흙의 진정한 의미를 모른다. 그들 세대의 부모와 조부모 세대는 장난감 없이 살다 간 세대다. 지용 선생은 시에서도 여실하게 드러내듯, 일제 강점기라는 초유의 불운한 세대였다. 옛 선조들은 장난감이 자연, 그 자체였다. 자연은 인간의 거부할 수 없는 위대한 스승이다. 흙에서 나서 흙의 고마움과 산과 물과 바람의 가치를 그들은 온몸으로 체감한 세대다. "흙에서 자란 내 마음, 파아란 하늘빛이 그리워 함부로 쏜 화살을 찾으려 풀섶 이슬에 함초롬 휘적시든 곳"이라고 노래할 줄 안 세대였다. 요즘 청소년 시대는 고난과 역경, 자연의 가치를 모르는 만큼 그것을 극복하는 유일한 방법이 책이다. 많이 읽고 깊이 사유하고 제 생각을 기록하는 문화가 취약한 세대다. 이 부분을 중점적으로 학생들에게 강조했다.

  먼 거리다. 지용 선생님의 자취를 찾아가는 자리인 만큼 먼 것은 당연하지만. 차 안에서 긴 시간을 창밖의 풍경으로 소일하는 것도 일종의 낭비다. 그래서 가는 동안의 프로그램을 알차게 준비했다. 먼저 참가하신 선생님들의 간단한 인사와, 관계자분들의 노고를 위로했다. 특별히 모신 교수님이 계신다. 옥천에 거주하면서, 평생을 지용 선생을 짝사랑한 여인이 있다. 충북 도립대 김묘순 교수가 특별히 동행해서 지용 선생에 관한 일화와 문학사적 위치를 세세히 설명해 주신 덕분에 학생들도 유독, 귀를 기울이고 감명 깊게 관심을 기울였던 것 같다. 모두 문화원 관계자들의 세심한 배려에 감사할 뿐이다.

첫 발길은 통영이다. 통영은 '한국문화예술의 심장'과 같은 곳이다. 미술계의 선각자 '이중섭' 선생과 전혁림 선생이 머물며 찬탄을 금치 못했으며, 음악의 선구자 윤이상 선생, 한국 여류 소설의 대가 박경리 선생의 자취도 작지 않은 향기를 발산하며, 시인 김춘수와 백석의 짝사랑 이야기도 후세 방문객들의 심금을 울린다. 지용 선생의 자취도 지울 수 없는 곳이 바로 문화예술의 메카, 통영이다. 지용 선생은 미륵산에 청마 유치환 선생과 함께 올라, 감탄한 끝에 자신도 글을 쓰는 글쟁이지만, 자신의 한계로는 통영과 한려수도의 비경을 글로 옮길 자신이 없다고 한탄한 비경이 바로 통영의 자연 유산이다. 올해 유독 극심한 무더위 때문에 엄청나게 힘들었지만, 다시 힘을 북돋아 지친 발걸음을 옮겼다.

청마문학관은 청마 유치환(靑馬 柳致環) 시인(1908~1967)의 문학 정신을 보존, 계승 발전시키기 위한 목적으로 2000년 2월 14일 4,038㎡의 부지에 문학관(전시관)과 생가(본채, 아래채)를 복원, 망일봉 기슭에 개관했단다.

"청마의 문학" 코너는 시대별 작품 경향과 대표적 감상을 통하여 청마 문학에 대한 보다 폭넓은 이해를 돕고자 꾸며졌단다. 또한 "청마의 발자취" 코너에서는 청마의 각종 유물과 관련 서적의 전시를 통하여 생전의 숨결과 체취를 입체적으로 느끼면서 고결했던 삶과 치열했던 문학정신을 총체적으로 표명할 수 있도록 꾸며져 있었다.

통영 충렬사와 진주 촉석루는 요즘 회자하는 '역사관 논란' 때문에, 고개를 들 수 없었다. 부끄러운 후손된 자의 죄책감 앞에 용서만 빌었다. '임진왜란'은 조선 백성의 피와 눈물로 얼룩진 통한의 치욕사다. 그 굴욕의 역사를 짧은 혀로 순식간에 호도하려 몸부림치는 위정자들의 얄팍한 술수를 생각하니, 더욱더 울분이 밀려왔다. '2차 진주성 전투'는 일본이라는 이웃할 수 없는 짐승만도 못한 놈들이 벌린, 일종의 조선 백성의 도륙사다. 중과부적의 조선 병사 5천이 9만 왜군과 치열하게 혈투를 펼쳤다. 끝내는 남강으로 투신한 병사들의 시체가 강의 둑을 이룰 정도로 처참하게 살해된 비극의 현장이다. 마지막 자존심을 살린 것은 기생 '논개의 절개'뿐인 것이 '2차 진주성 전투'다. 이 뼈 아픈 통한의 역사를 어찌 쉽게 잊을 수 있단 말인가. 한 글쟁이의 짧은 글로 충혼들의 숭고한 뜻을 기릴 뿐이다. "거룩한 분노는/종교보다도 깊고/불붙는 정열은/사랑보다도 강하다./아, 강낭콩꽃보다도 더 푸른/그 물결 위에/양귀비꽃보다도 더 붉은/그 마음 흘러라."

 1박 2일 일정으로 진행된, 옥천의 문인과 함께한 '청소년 문학기행'은 많은 시간과 경비가 소요된 만큼 값진 자산으로 남으리라 확신한다. 청소년 시기는 인생의 황금기와 같다. 이 같은 시기에 옥천군과 옥천문화원, 옥천교육지원청이 보여준 빛나는 선견적 문학기행의 의미는 참여한 학생들의 무궁한 자산으로 환원되리라 확신한다. 미래는 준비하는 자의 몫이다. 긴 안목으로 젊은 세대들에게 투자된 비용은 먼 미래 보석보다 값진 가치로, 옥천군민의 드높은 자긍심 되어 향수의 고향에 휘날릴 것이다. 값진 자양으로 안긴 빛나는 문학기행은 두고두고 긴 여운으로 남을 것 같다. 왜냐면 뜻깊은 지용 선생의 문학적 발자취를 온몸으로 체감하는 추억은, 죽는 그날까지 한 사람의 일생에서 거부할 수 없는 소중한 추억의 장이기에.

36회 정지용문학상 시상식

정지용 문학 축제의 본행사인 '36회 정지용문학상' 시상식이 2024년 5월 18일(토요일) 오후 5시에 주 무대인 지용 선생의 생가 근처인 옥천읍 상계공원 일원에서 열렸다. 문학상 수상자인 이재무 시인은 물론 역대 정지용문학상 수상자를 비롯한 문학인들이 참석해 문학의 향기를 신록의 계절에 마음껏 즐기는 축제 마당이었다.

정지용문학상을 주관하는 '지용회'의 회장 유자효 시인은 "생명의 소생을 노래한 올해의 수상작"이라면서 이 같은 소식을 전했다. '3월'은 1983년 작품 활동을 시작해 40년 넘게 시력(詩歷)을 쌓은 이 시인이 올해 펴낸 신작 시집 『고독의 능력』에 실린 작품이다.

심사는 나태주 시인이 심사위원장을 맡고 강은교 시인, 문태준 시인, 홍용희 문학평론가, 오형엽 문학평론가가 심사를 진행해 추천됐다.

이재무 문학상 수상 시인은 "정지용 시인은 말할 것도 없이 넘을 수 없는 시 문학의 큰 어른이자 큰 산"이라면서 "후학으로서 부지런히 선생의 뒤를 따르겠다는 의지와 각오로 수상의 소회를 대신할까, 한다"라는 소감을 전했다.

전국 최고의 문학 축제로 명성이 자자한 정지용 선생은 불멸의 시인이다. 그의 명성이 세월이 흐를수록 잊을 수 없는 것은, 그가 남긴 문학적 성취일 것이다. 그는 한국 현대 시단에서 지울 수 없는 금자탑을 쌓은 옥천이 낳은 '현대시의 아버지'다.

정지용 선생이 시를 발표하던 초창기는 한국의 시가 우리의 정서와 사상을 표현하기 위해 그 나름의 형식과 방법을 모색해 가던 현대 시의 태동기였다. 선생은 기존의 김소월과 한용운의 시와는 전혀 차원이 다른 현대시가 갖추어야 할 새로운 차원의 차별화된 면모를 개척함으로써 한국시가 앞으로 지향해야 할 새로운 좌표를 선도했다. 당시 상황에서 참신한 감각과 독창적 표현 방식이라는 영역은 기존의 시인들이 접근하는 데는 한계가 존재하던 시기였다. 정지용 선생이 당대에 펼쳐 든 뛰어난 감각성과 독창적 표현력은 분명, 시대를 앞선 선구적 행위였다.

이와 같은 지용 선생의 문학사적 업적을 기리는, 올해 영예의 수상자는 시력 40년을 자랑하는, 한국 서정시의 혈맥인 이재무 시인의 작품 「3월」이다. 수상 작품은 지용 선생 특유의 간결미와 압축된 시풍을 21세기로 옮긴 듯, 짧은 7행으로 구성된 작품이다. 음미할수록 시적 성취가 안기는 절묘한 운율이 생생하게 서정시의 백미를 이룬다. 옮겨본다.

못자리 볍씨들 파랗게 눈뜨리

풀풀 흙먼지 날리고

돌멩이처럼 순식간에 날아든

꽁지 짧은 새

숲 흔들어 연초록 파문 일으키리

이마에 뿔 솟은 아이

간지러워 이마 문지르리

—이재무, 「3월」 전문

  활기차게 기지개를 켜는 봄날의 기상을 간결한 문체로 명료하게 묘사하고 있다. 시인의 치열한 고뇌와 승화된 사유의 숨결이 읽힌다. 차갑던 대지가 실눈을 치켜뜨고 활기찬 동력을 회복하려는 준동의 몸짓을 예견하고 있다. 시인의 촌철살인 격인 짧은 시구 속에는 푸릇푸릇한 대지의 생기가 팽팽한 활력으로 생동감 있게 묘사되고 있다. 압권은 꽁지가 짤따랗고 몸집이 작은 한 마리의 작은 새의 날갯짓이 일으킬 연초록 물결일 것이다.

  이것이 일상 용어 속에서 고독한 투혼으로 불사른 감성의 언어다. 이처럼 맑은 서정의 시안은 지식의 안목으로 접하는 영역이 아니다. 웅숭깊은 시심의 이력과 예리한 삶을 통찰하는 지혜, 즉 경험된 '마음속 양식의 눈'이 열릴 때만이 접안할 수 있는 시적 성취다. 그럴 때 사물을 장악해서 영혼의 노래를 불러일으키는 장인이 바로 시인이다.

  때가 묻지 않은 영혼의 숨결로 사물을 좀 더 세심히 살필 때, 평범한 일상의 사물 속에서도 생생한 자연의 리듬과 접할 수 있는 경계, 그것이 시어다.

이렇듯 시는 시어가 아름다운 것이 아니다. 사물에 가 닿는 시인의 숭고한 정신이 빚는 깨달음에 시적 성취가 있다고 생각한다.

그렇다. 시란 이렇듯 꼬물거리는 구더기에서 불경(佛經)의 활자를 상상하는 작업이다. 한 방울의 이슬에 담긴 우주의 거대한 숨결을 읽을 줄 아는 선견자적 위치가 바로 시인의 당위다. 이것은 삶의 과즙이 빚은 얼개다. 자신의 고뇌와 생각, 삶의 불꽃과 소중한 영혼의 파편으로 얼룩진 것이 시의 내면이요, 상처받은 용의 노래가 바로 시인들의 노랫가락이 아니랴. 이렇듯 정신적 심연의 세계 속에서 깊은 울림의 맛이 있어야 하는 것이 가락이요, 리듬이다.

시와 음악과 그림의 혈통은 하나다. 하늘에서 내려와 사람에 깃들고, 자연에서 그 품격이 완성된다는 것이 예술의 지론이다. 그 가락과 리듬을 민족의 정서에 맞게 흔들 줄 아는 사람이 시인이요, 예술의 본령이다. 가락을 이미지로 형상화하고 민족적 정서 속에 역동적 근원의 힘을 도출시킬 줄 안다. 이 행위가 상상력으로 빛을 발해 정서의 반응을 자극해 잉태된 언어가 바로 글로 옮기면 시요, 그림으로 형상화하면 그림이요, 악보로 옮기면 음악이 된다.

고로 축제는 흥이다. 창문을 열면 온통 산하에 펼쳐지는 녹색의 향연에 척박한 삶에도 활기가 충만한 오월이다. 대지 만물이 씨눈 하나 빠트리는 일 없이 싹을 틔우는 보이지 않는 손길을 보라. 무위자연의 덕분에 인간이 누릴 수 있는 행복은, '마음의 창'만 열면 저잣거리에서 난무하는 비웃음 소리와 싸움질하는 소리도 인간의 진실한 삶을 갈구하는 온갖 부처들의 노랫가락으로 들리게 된단다. 이 경지가 바로 '이순(耳順)과 목순(目順)'의 경지다. 전국 최고의 문학축제인 정지용 문학축제가 펼치는 이순(耳順)과 목순(目順)의 경지는 시와 노래, 미술이 하나로 녹아들어 들리는 소리마다 묘음이요, 벅찬 생명의 물결처럼 밀려드는 축제 한마당이다. 예술이라는 마력의 혼이 불러일으키는 마음의 귀와 눈이 펼칠 수 있는 걸림 없는 경지다. 그 경지를 지향하는 예술축제의 리듬과 가락을 즐기기 위해서, 전국의 관람객들이 옥천으로 구름같이 찾아오셨다.

전국 각처의 주민과 예술인들이 '문향과 향수의 고향, 옥천'의 정지용 문학축제 현장을 찾는 이유는 이렇듯 간단하다. 지속적인 아이템의 개발과 적극적인 주민들의 호응과 관심 속에서, 지속가능성 있는 문학축제로 거듭 진화되기를 간절히 축원해 본 하루였다.

빈손

2025년 5월 15일 초판 1쇄 펴냄

지은이 _ 조숙제
펴낸이 _ 양문규
펴낸곳 _ 詩와에세이

신고번호 _ 제2017-000025호
주　　소 _ (30021)세종특별자치시 조치원읍 충현로 159, 상가동 107-1호
대표전화 _ (044)863-7652
팩시밀리 _ 0505-116-7653
휴대전화 _ 010-5355-7565
전자우편 _ sie2005@naver.com
공 급 처 _ 한국출판협동조합
주문전화 _ (02)716-5616
팩시밀리 _ (031)944-8234~6

ⓒ조숙제, 2025
ISBN 979-11-91914-83-2 (03810)

* 지은이와 협의하여 인지는 생략합니다.
* 이 책 내용의 전부 또는 일부를 재사용하려면 반드시 지은이와
  詩와에세이 양측의 동의를 받아야 합니다.
* 책값은 뒤표지에 표시되어 있습니다.
* 이 책은 충청북도, 충북문화재단의 예술창작활동지원금으로 발간 되었습니다.